Inhalt

JULIA ONKEN

Geliehenes Glück

*Ein Bericht aus
dem Liebesalltag*

VERLAG C.H. BECK MÜNCHEN

Gedichte ohne weitere Angaben
stammen von der Verfasserin

Die Deutsche Bibliothek – CIP-Einheitsaufnahmen

Onken, Julia:
Geliehenes Glück : ein Bericht aus dem Liebesalltag / Julia
Onken.–Orig.-Ausg.–75.–104. Tsd. – München : Beck,
1992
  (Beck'sche Reihe ; 455)
ISBN 3 406 34047 4
NE: GT

Originalausgabe
ISBN 3 406 34047 4

75.–104. Tausend. 1992
Umschlagentwurf und Foto: Uwe Göbel, München
© C.H.Beck'sche Verlagsbuchhandlung (Oscar Beck), München 1991
Gesamtherstellung: Presse-Druck- und Verlags-GmbH, Augsburg
Printed in Germany

Vorspiel

«Würdest Du bitte Deine ekelhaft quäkenden Wellensittiche von meinem Fenster entfernen!»

«Ja, ja, das ist wieder typisch für Dich! Du denkst immer nur an Dich. Aber meine Vögel wollen auch die Sonne genießen, nicht nur Du!»

«Deine Vögel müssen aber keine Bücher schreiben! Ich brauche Ruhe, Ruhe, nichts als Ruhe!»

«Wie andere mit Deinem Ruhetick zurechtkommen, kümmert Dich wohl nicht.»

«Und Dir ist es egal, wie ich Bücher schreibe. Hauptsache, es klappt.»

«Was haben meine Wellensittiche mit Deinen Büchern zu tun?»

«Sehr viel. Sie hindern mich an meiner Arbeit. Weil sie so elend laut krähen.»

«Meine Vögel krähen nicht, sie zwitschern und singen.»

«Weißt Du was? Ich hab' die Nase voll. Ich ziehe aus! Ich miete mir eine Einzimmerdachwohnung und ziehe aus meinen eigenen vier Wänden aus, damit der Herr mit seinen Krähfritzen tun und lassen kann, was er will.»

«Ja, wenn Du meinst, das ist besser, dann tu es.»

«Das hätte ja gerade noch gefehlt! Glaubst Du tatsächlich, ich lasse mich einfach von zwei winzigen, doofen Pfifferlingen vertreiben?»

«Aber das war doch Dein Vorschlag!»

«Ich will nur endlich mal Ruhe in diesem Haus, damit ich an meinem Buch schreiben kann.»

Diese Szene spielten Felix und ich mindestens einmal pro Woche, stets im gleichen Wortlaut. Ich dachte oft nächtelang darüber nach, wie ich aus dieser Sackgasse herauskommen könnte. Und ich war fest davon überzeugt, daß es seine Aufgabe war, mich endlich glücklich zu machen. Schließlich hatte ich schon eine Ehe hinter mir, in der ich die meiste Zeit grenzenlos unglücklich war, nun sollte mich wenigstens das Zusammenleben mit Felix für alles, was ich durchgestanden hatte, entschädigen.

Göttin, steh mir bei!

Ich saß gerade an meinem Schreibtisch und fertigte einen Maß-
nahmenkatalog an, der mich befähigen sollte, meine Bezie-
hungsqual zu mildern, als mich Adele, langjährige Freundin
und Leidensgenossin aus früherer Zeit, anrief. Wir hatten uns
einige Jahre aus den Augen verloren, und nun wollte sie mich
dringend besuchen. Sie sei ganz zufällig auf mein Buch «Feuerzeichenfrau» gestoßen und wolle mich gerne sehen. Aber vor
allem müsse sie unbedingt diesen Traummann Felix kennenlernen. Selbstverständlich wollte ich sie ebenfalls treffen! Aber ich
ärgerte mich sehr darüber, daß sie annahm, ich hätte mit Felix
das große Los gezogen und könnte das ideale Liebesglück in
vollen Zügen genießen. Bereits am Telefon wollte ich sie vom
Gegenteil überzeugen. Doch sie ließ sich nicht von ihrer Meinung abbringen.

Nach dem Telefonanruf hatte ich die richtige Temperatur,
um mich jenem psychologischen Test von einem unbedeutenden Blatt zu unterziehen, das mir vor drei Wochen ins Haus
geflattert war. Ich hatte den Test auf meinem Schreibtisch von
einer Ecke in die andere geschoben; er sollte angeblich in der
Lage sein, unbarmherzig Licht auf leidgeschwängerte Liebes-
verhältnisse zu werfen.

Mutig unterzog ich mich dann dem Test und beantwortete
die Fragen offen und ehrlich: Das Ergebnis war erschütternd!
Ich landete bei 41 Punkten. 42 war die höchste Punktzahl, die
frau überhaupt erreichen konnte: für absolut hoffnungslose
Fälle wie mich. Nun, irgendwie habe ich es stets geahnt, daß
mit mir etwas nicht stimmen konnte. Gibt es sonst einen über-
zeugenden Grund, weshalb ich mich in einer derart von Misere
und Crux gezeichneten Beziehung herumquäle? Der Test hatte
vollkommen recht (obwohl ich ja sonst von psychologischen
Tests so gut wie nichts halte) und entlarvte schonungslos und

eindeutig meinen getarnten Liebeskummer als Suchtverhalten: Ich lechze nach jeder sich mir bietenden Gelegenheit, mich um und für IHN zu sorgen, für IHN zu denken, mich unentwegt um SEIN Wohl zu kümmern, SEINE Schwierigkeiten nimmermüd auszulöffeln, in SEINEM Problemsaft zu schmoren wie ein sonntäglicher Schweinebraten, für IHN zu leiden, um IHN zu weinen und wehklagend SEIN ungünstiges Sternzeichen zu bejammern, welches haftbar zu machen sei – so ein erfahrener Astrologe – für SEINEN Starrsinn, gekoppelt mit der unglücklichen Fähigkeit, den Ast, auf dem ER sitzt, selbst abzusägen und beim Herunterkrachen alle anderen dafür verantwortlich zu machen und sie heftig zu beschimpfen.

Das Testergebnis brachte mir die düstere Erkenntnis, daß ich tagtäglich die sich stets wiederholenden Beziehungsärgernisse durstig in mich hineingeschlürft hatte, und zwar abwechselnd in harscher Opposition und in gefügiger Duldsamkeit: Morgens, nach Erledigung meines Frühprogrammes, koche ich IHM Kaffee und mir Tee (frau beachte die Reihenfolge!), gehe alsdann in sein Zimmer, knie mich liebevoll zu IHM aufs Bett, beuge mich zärtlich zu IHM hinab, um IHN mit einem erfrischenden Kuß aufzuwecken. Bevor ich diesen jedoch plazieren kann, faucht ER mich unwirsch an, ich solle mich gefälligst nicht mit meinem gesamten Gewicht auf seine Matratze plumpsen lassen, da sonst das Spannleintuch des ausgeleierten Gummibandes wegen (welches ich IHM noch immer nicht straffer genäht hätte!) über die Ecke springe – bei mir sei das ja kein Wunder.

«Soll ich etwa abnehmen, damit der gnädige Herr weiterhin ungetrübt seiner Ordnungshysterie frönen kann und im faltenlosen, spiegelglatten Linnen (das von mir mit emsigen Händchen gewaschen, unter luftigduftigem Himmel getrocknet, mit ordnendem Sinn zusammengefaltet und gebügelt wurde) nach zwölfstündigem Nachtlager daliegt wie eine frisch hingefallene Schneeflocke?»

«Nein, nicht abnehmen! Aber dich wenigstens wie ein normaler Mensch aufs Bett setzen und mich nicht wie ein Walroß plattwalzen.»

Nach diesem Intermezzo schläft ER auf dem Rücken liegend, die Hände andächtig über der Brust gekreuzt, unbeeindruckt weiter. Ich hingegen pendle zwischen Selbstvorwürfen (wieder nicht den richtigen Ton gefunden!) und ohnmächtiger Wut, plane eiskalte Abgrenzungsstrategien und gelegentlich kommt es sogar zu Handgreiflichkeiten. Zerre ich IHN aus den Federn, bin ich hinterher derart außer mir, daß ich nicht mehr fähig bin, auch nur einen einzigen klaren Gedanken zu fassen, geschweige denn zu arbeiten. Lasse ich IHN hingegen einfach schlafend links liegen und rede mir gut zu, dies sei schließlich SEIN Problem und habe mit mir auch nicht das geringste zu tun, sitze ich mindestens ebenso arbeitsunfähig an meinem Schreibtisch und habe alle Hände voll zu tun, sämtliche Seelenkanäle in Richtung auf IHN abzudichten.

In Abgrenzungsphasen sind nach außen hin keine sichtbaren Attribute meiner emotionalen Aufgewühltheit zu sehen. Im Gegenteil! Keine überflüssigen Gebärden, alles wird unter Kontrolle gehalten. Meine Handlungen sind gefaßt, gezielt und gezügelt: eine Frau, die weiß, was sie will, die entschlossen ist, sich knallhart durchzusetzen. Ich versuche das Beziehungsdilemma zu sortieren und fertige dann jeweils Inventurlisten als unentbehrlichen Ausgangspunkt zur Kampfplanung an:

– Wo und wann lasse ich mir zuviel gefallen?
– Wo und wann schlucke ich Kränkungen und Beleidigungen hinunter und fresse Ärger in mich hinein?
– Wo und wann geht ER lieblos mit mir um?
– Wo und wann lasse ich mich von IHM zur Dummfrau heruntermachen?
– Wo und wann sage ich IHM nicht, für wie geistesgestört und total verblödet ich IHN halte?

Nach ausführlicher Auflistung seiner Beziehungsentgleisungen vergleiche ich die Liste mit derjenigen, die ich bei der letzten Bestandsaufnahme erstellt habe (in der Regel in zwei- bis dreiwöchigen Intervallen). Zu meinem großen Verdruß schrumpft die Vielfalt des Konfliktreichtums nicht allmählich zusammen, sondern die Protokolle werden stets umfangreicher, ja, sie könnten es durchaus mit der Menükarte eines chinesischen Restaurants aufnehmen. Die herausgearbeiteten Erlösungsformeln erweitern sich ebenfalls von Mal zu Mal. Laut psychologischem Ratgeber für die emanzipierte Frau sollten sie sich gut im Unbewußten einnisten. Zu Beginn meiner strukturierten Beziehungsarbeit bin ich mit drei schlichten Zaubersätzen ausgekommen:

Block I:

– Das lasse ich mir nicht länger gefallen!

– So nicht mit mir!

– Mir reicht's jetzt – oder: jetzt reicht's mir!

Inzwischen habe ich noch weitere Zusatzformeln ausgetüftelt, um möglichst auf breiter Ebene anzusetzen:

Block II:

– Ich habe ein Recht, geliebt zu werden.

– Es steht mir zu, daß ER liebevoll mit mir umgeht!

– Göttin, steh mir bei!

Wutphasen vollziehen sich allerdings nicht am Schreibtisch, sondern gehen als 987. Aufführung über die Bretter, Bühnenstück für zwei Personen, je ein/e SiegerIn und ein/e VerliererIn. Wer sich als SiegerIn fühlt, verläßt das Szenarium, knallt Türen und fährt mit aufheulendem Motor von dannen. Nach frühestens einer Stunde nimmt der/die Aushäusige telefonisch wieder Verbindung auf. Die zeitliche Dauer der Kontaktsperre richtet sich nach dem Ausmaß gegenseitiger Beschimpfung. Ist das Wort «Trennung» gefallen, kann sich die Funkstille bis auf drei Stunden erstrecken. Hinterher gibt es keinerlei Versöhnungszeremonien (leider auch keine Versöhnungsgeschenke), sondern wir begegnen uns auf dem nüchternen Boden der funktionalen Alltagsbewältigung, ungeachtet ihrer Realisierbarkeit. So fragen wir uns z. B. mitten im Winter: «Soll ich den Rasen noch mähen?», bei zugefrorenem Tümpel besorgt um unsere gemeinsamen «Kinder»: «Hast Du die Goldfische schon gefüttert?», während wir im Sommer liebend darum bemüht sind, uns gegenseitig die Schlittschuhe zum Schleifen zu bringen. Nach solchen Krächen wölbt sich eine süße Glocke reinster Wonne kurzfristig über unser Zusammenleben, und selbst das Leintuch, das ihm dann wie eine aufgescheuchte Heuschrecke ins schlafende Antlitz springt, vermag unser Glück nicht zu trüben.

Wenn unser Zusammenleben so auch gelegentlich etwas Linderung erfährt, so haftet dennoch unserer Beziehung insgesamt etwas unbeschreiblich Schwieriges an. Ich harre im Dauerregen der Glücklosigkeit aus und hoffe dennoch auf bessere Zeiten.

Ich überlegte, ob ich Adele vor unserem Wiedersehen die Testauswertung – als eindeutiges Beweisstück meines beziehungsmäßigen Zustandes – zustellen sollte, um sie darauf vorzubereiten, was sie hier erwarten würde. Ich grübelte an dieser Entscheidung herum – es war inzwischen kurz vor Mittag –, da erschien er noch völlig verschlafen und vernebelt, in seinem abscheulichen Schlabberpyjama sah er aus wie ein verklebtes Bonbon. Zwar hatte ich ihm einst zu Weihnachten – um mich künftig von diesem unsäglichen Anblick zu verschonen – einen dunkelblauen, eleganten Seidenpyjama geschenkt, der ihm in diesem menschenfremden Zustand eine gewisse Würde verleihen möge. Unberührt liegt er das dritte Jahr in der Geschenkschachtel, mit Stecknadeln in Form gehalten, die auch der Grund dafür sein dürften, daß er ihn nicht herausnimmt. Statt dessen ärgert er mich mit diesem kackbraunen, verwaschenen, undefinierbaren Lappen. Ideale Beziehung! Ha, daß ich nicht lache! Dann schlurft er, noch ganz benommen von der großen Anstrengung, zwölf Stunden Dauerschlaf durchgestanden zu haben, in die Küche, schnuppert nach bereits von mir in der Früh zubereitetem Kaffee, greift tapsig nach einer Tasse, schenkt ungeschickt ein und (weil noch nicht ganz wach) daneben, ohne dabei die geringste Mühe zu unternehmen, das Ausgegossene wieder aufzuwischen. Begierig schlürft er mit der rechten Mundhälfte in kleinen Schlücken Kaffee in sich hinein, während er mit der linken in den Trinkpausen hastig an seiner Zigarette saugt.

Ein Anblick, der wahrhaft jedes Frauenherz höher hüpfen läßt!

Zur Krönung und als Höhepunkt meiner Begeisterung über diesen Göttergleichen muffelt er mich vorwurfsvoll an, soweit seine noch schlafschwere Zunge eine differenzierte sprachliche

Artikulation zuläßt: «Weshalb hast Du denn die Zeitung noch nicht aus dem Briefkasten geholt?» Ich schleudere ihm empört eine Erlösungsformel aus Block I entgegen: «Das laß ich mir nicht länger gefallen!» und lege gleich noch aus Block II nach: «Göttin, steh mir bei!»

Unbefangen schlürft und pafft und saugt er indessen sein Frühstück. Nachdem er sich auf diese Weise gestärkt hat und allmählich zurechnungsfähig geworden ist, stakst er ins Badezimmer. Kaum dort angekommen, kehrt augenblicklich seine gesamte Meckerkapazität zurück. Er kläfft, daß es ihn unheimlich nervt, daß ich die Badezimmertüre schon wieder offenstehen ließ, und es nerve ihn, daß der Klodeckel schon wieder nicht zugeklappt sei, er habe es mir doch nun weiß Gott schon hundertmal gesagt, doch umsonst, bei mir nütze alles nichts. Es nerve ihn einfach von Tag zu Tag mehr, er wisse nicht, ob und wie lange er dieses Puff noch aushalte. In der Hoffnung, jenes Schuldgefühl, das mir stets sprungbereit wie ein Affe auf der Schulter lauert, ergreife auch ihn einmal, ein einziges Mal nur (!), gebe ich gekränkt zurück, ich säße schließlich seit 7 Uhr in der Früh an meinem Schreibtisch (was natürlich übertrieben ist). Während ich mich abrackere, penne er unbekümmert vor sich hin. Wenn er sich endlich erhoben habe, gieße er seine gesammelte Unzufriedenheit über mich bienenfleißiges Wesen aus, statt mich und den Morgen mit einem flotten «Kikeriki» zu begrüßen. Es sei doch weiß Gott verständlich, wenn ich, tief in anspruchsvolle, geistige Arbeit versunken, läppische Nebensächlichkeiten einfach vergäße. Während meiner kurzen Verteidigungsrede unterbricht er mich mindestens fünfmal – es nerve ihn unheimlich –, was ich dreimal mit «so nicht mit mir» und zweimal mit «Göttin, steh mir bei» quittiere.

Dieses Mal nun sieht er von seinen sonstigen Maßnahmen ab, die von ihm als pädagogische Nacherziehung ausgeheckt waren, mich aber nicht zum Gehorsam bekehrten, selbst nicht nach mehrmaligem Exerzitium. Im Gegenteil, seine Lektionen verschaffen mir – wenn ich ganz ehrlich bin – Begünstigungen mannigfaltigster Art. Er zerrt nämlich die Badezimmertüre aus der Türverankerung heraus, stellt sie demonstrativ mahnend an die Wand, schraubt den Klodeckel ab, legt ihn in die Badewanne mit wissendem Gesichtsausdruck «Dir-hab-ich-es-aber-gezeigt!» und kommentiert mit gängigen Erziehungsfloskeln, wenn ich schon zu faul sei, Tür und Deckel zu schließen, dann könne MANN sie ebensogut ganz entfernen – was mir durchaus einleuchtet. Er läßt die belehrenden Reliquien einige Tage stehen – Anschauungsunterricht erzielt größeren Lerneffekt! –, was ich als unbeschreiblich wohltuend erlebe; einfach rein ins Badezimmer und raus aus dem Badezimmer, rauf aufs Klo und wieder runter, unbehelligt von seinem ständigen Gemecker. Auch stört mich der Klodeckel in der Badewanne keineswegs, da ich die Dusche benütze, während er als einziger in die Wanne steigt. In solchen Belehrungsphasen wirkt unser Zusammenleben wie Balsam auf die brennenden Blasen unseres Fußmarsches durch die zähen Jahre einer steinigen Beziehungslandschaft.

Daß er dieses Mal auf seine üblichen Lehraktionen verzichtet, ist weder auf seine gelegentlich aufkeimende Hoffnung zurückzuführen, ich könnte mich dank seiner unermüdlichen Hilfe doch noch zu einem einigermaßen brauchbaren Menschen entwickeln, noch seiner körperlichen Indisposition zuzuschreiben, sondern auf eine neue, unerbittliche Reizung der rechten Hirnhälfte: seine Haarbürste, die ich in einem Anflug halsbrecherischen Leichtsinns zu benützen wagte! Er schmiß sie empört aus dem Fenster, was mich wiederum wenig beeindruckte; erstens, weil ich diese Würfe kenne, und zweitens, weil meine Bürste friedlich auf der Ablage ruhte.

Ich zog es dann vor, früher als gewöhnlich aus dem Haus zu gehen, um mich wenigstens in meiner Praxis noch etwas zu erholen, und vor allem, um meinem Abgang aus der Kampfarena noch etwas Nachdruck zu verleihen. Bevor ich jedoch ging, teilte ich ihm mit, falls er nicht überfordert sei, solle er doch bitte den Rasen mähen (Grundstück mit Haus 578 m²) sowie Wohn- und Eßzimmer (36 m²) staubsaugen. Er pfiff mich giftig an, was mir eigentlich einfalle, ich spiele die Madame, sitze in meiner Ordination auf meinem faulen Hintern, während er zu Hause herumschufte und den Kuli mache.

Meine Erlösungsformeln von Block I und II reichten nicht aus, um meiner unendlichen Empörung Ausdruck zu verleihen. Ich trällerte mein altbewährtes «leck mich am Arsch!», knallte die Türe hinter mir zu und schrie mindestens dreimal aus vollem Hals: «Es steht mir zu, daß er liebevoll mit mir umgeht!» Dann fuhr ich mit laut aufheulendem Motor weg und schaltete erst außer Hörweite in den zweiten Gang. Er, der aus purem technischen Verständnis und angeblich aus ökologischen Gründen unentwegt lässig und wichtig mit Zwischengas und sonstigen akustischen Rennfahrersignalen herumschaltete, ärgerte sich besonders über diese Fahrweise.

Und all das soll also das große Glück sein! Nun, Adele würde sich selbst davon überzeugen können. Und bereits jetzt freute ich mich auf den Moment, wo sie mich teilnahmsvoll in ihre tröstenden Arme schließen würde.

Als ich in meiner Praxis ankam, war bereits eine Mitteilung von ihm auf dem Anrufbeantworter, ich solle schnell zurückrufen. Blitzschnell kombinierte ich, daß ihm wohl die Zigaretten ausgegangen waren. Und da ich das Auto mitgenommen hatte und ihm fahrradfahren wohl zu anstrengend war (schließlich sind es mindestens vier Minuten bis zum nächsten Kiosk, außerdem könnte es unverhofft zu regnen beginnen), sollte ich nochmals kurz nach Hause fahren, um ihm welche zu bringen, da ich ja ohnehin zu früh dran war. Ja! Das wäre ganz auf seiner Linie und könnte ihm so passen! Dennoch rief ich mit gespielter Ahnungslosigkeit an. Er wollte lediglich von mir wissen, ob ich versehentlich den Garagenschlüssel eingesteckt hätte. Er brauche nämlich sein Werkzeug, da er die Lampe auf dem Sitzplatz endlich unter Verputz puddeln wolle. Falls ich den Schlüssel hätte, solle ich doch so nett sein und ihn in den Briefkasten legen. Er hole ihn dann per Fahrrad (6 km). Ich hatte den Schlüssel tatsächlich, was ich ihm kleinlaut mitteilte. Er meinte, das sei doch keine Affäre. Er werde jetzt zuerst den Rasen mähen, dann den Vorplatz ausjäten, danach radle er schnell in die Stadt, hole den Schlüssel, verlege alsdann die Leitung, und weil er da wahrscheinlich viel Dreck ins Wohnzimmer hereinschleppe, staubsauge er dann erst zum Schluß – und übrigens, die Fenster müßten auch wieder einmal gereinigt werden, das mache er dann morgen. Ich war gerührt. Zugleich verunsichert. Bildete ich mir mein Unglück mit diesem Mann nur ein? Oder spinnt einfach einer von uns beiden?

Als ich gegen 23 Uhr nach Hause kam, stellte er unverzüglich seinen Fernseher ab (was sonst selten geschieht) und eilte mir freudig entgegen. Beiläufig entdeckte ich, daß er auch noch den Keller mit den Gerümpelecken aufgeräumt und geputzt hatte.

Wir machten unseren nächtlichen Spaziergang. Kurz nach zwölf ging ich zu Bett. Er kurbelte den Rolladen in meinem Zimmer herunter, richtete mir mein Bett, damit ich nur noch hineinzuschlüpfen hatte, setzte sich noch zu mir hin, strich die Decke über mir glatt, gab mir einen zärtlichen Gutenachtkuß, öffnete das Fenster und fixierte es mit einer leeren Parfümflasche. Dann schlief ich zufrieden ein. Vergessen war das morgendliche Desaster.

Ich hab' ein Recht auf Liebe

Als Adeles Besuch näherrückte, steckten wir ausgerechnet in einer jener seltenen Phasen, in der über längere Zeit kein einziges Wölkchen an unserem unsteten Beziehungsfirmament zu sehen war, nicht der leiseste Windhauch, der ein herbes Wort in Bewegung zu bringen vermocht hätte. Absolute Windstille, französischblauer Himmel. Wie ärgerlich! In diesem holden Liebesglück würde sich Adeles Vorurteil prompt bestätigen. Nach allem, was ich aber bereits er- und durchlitten hatte, war ich nicht bereit, meinen Leidensverdienst auch nur um einen Millimeter zu schmälern.

Nun, wenn die Natur nicht dafür sorgt, daß uns Menschen Gerechtigkeit widerfährt, dann müssen wir uns eben selbst darum kümmern. Ich plante umsichtig mein strategisches Vorgehen. Am frühen Morgen des Besuchstages holte ich gleich zum ersten gezielten Schlag aus. Eine Stunde eher als sonst platzte ich in sein Zimmer, knallte die Läden auf, plumpste so schwer wie möglich auf sein Bett, daß ihm das Spannleintuch wie ein im Sturm losgerissenes Segel um die Ohren flatterte, anstelle des Aufweckkusses hielt ich ihm kurz die Nase zu. Er schnellte erschrocken hoch, saß verwirrt in seinem Linnenhaufen, blickte verwundert um sich und begann dann herzlich zu lachen: «Gott sei Dank weckst du mich auf! Ich muß wohl einen fürchterlichen Traum gehabt haben», und fast zärtlich auf das herausgerissene Bettuch blickend, «sogar das Laken habe ich in der Hitze des Traumgefechts herausgezerrt.»

Ich konnte meine Enttäuschung über seine unmögliche Reaktion nur schwer verbergen und zog wie eine geschlagene Hündin vom Schauplatz. Schnell jedoch erholte ich mich, faßte mich, bündelte all meine Frustrationen zu einem einzigen Strahl und holte mit gezielter Entschlossenheit zum nächsten Schlag aus: Ich riß die Badezimmertüre sperrangelweit auf, klappte den Klodeckel auf, riß mir ein paar Haare aus und drapierte sie wie adventliche Silberfäden über seine Haarbürste, damit sie unübersehbar vom Balkon des Spiegelschrankes herunterwedelten. In der Küche kochte ich mir Tee. Seine Kaffeekanne stellte ich kopfüber auf das Abtropfbrett, damit er mit einem Blick erkennen würde, daß dieselbe leer war und keinen einzigen Tropfen seines Antriebselixiers enthielt. Dann sperrte ich noch sämtliche Küchenschranktüren auf – als kleine Zugabe, weil ihn das besonders ärgert. Zufrieden zog ich mich in mein Arbeitszimmer zurück und harrte der Dinge, die nun folgen sollten. Kurz darauf hörte ich ihn kommen. Er ging zuerst ins Badezimmer, dann ins Klo, dann in die Küche – nichts geschah. Ich hörte, wie er mit Geschirr herumhantierte, und wurde unruhig, konnte aber meine Neugierde so weit zügeln, daß ich immerhin an meinem Schreibtisch sitzen blieb – auch wenn ich beinahe zerplatzte.

Nach endlosen Minuten kam er beschwingt mit der frohlokkenden Botschaft, das Frühstück sei zubereitet. Beim Anblick meiner Teetasse übermannte ihn unendliches Mitleid: «Ach, Du Ärmste! Bist schon seit Ewigkeiten an der Arbeit, während ich fauler Sack noch im Bett liege und penne.» Nun begann in mir langsam die Wut zu steigen; das könnte ihm so passen! Einfach unsere Streitrituale zu durchbrechen! Ich nahm mich aber dennoch zusammen (was mir nicht leichtfiel!) und startete den nächsten Versuch. Ich reklamierte, das Ei sei ungenießbar, da zu hart, der Tee bitter, da er ihn mehr als exakt drei Minuten habe ziehen lassen, und von seinem Zigarettenrauch werde mir speiübel. Er entschuldigte sich für Ei und Tee. Selbstverständlich werde er beides neu zubereiten. Und wenn mich der Rauch störe, werde er künftig Rücksicht nehmen («das ist doch ganz klar!»). Er sei zwar etwas überrascht, da ich mich diesbezüglich noch nie negativ geäußert hätte. (Dabei hätte ich nun geschworen, von ihm zu hören, er rauche wann, wo und wie immer es ihm passe.) Ich war zutiefst erschüttert und enttäuscht. Er wollte einfach nicht anspringen. Ich ging nochmals ins Badezimmer, klappte den Klodeckel hoch und sperrte die Türe auf, da er beides lautlos geschlossen und die Haare kommentarlos aus seiner Bürste entfernt hatte. Ich riß mir nochmals neue aus, einige mehr als im ersten Durchgang, schlappte alsdann, ohne die Füße zu heben, über den Eßzimmerteppich, damit es ihn an den Ecken überschlug, zerrte meinen Stuhl mit dem gesamten Aufwand meiner Ungeschicklichkeit hervor, so daß der Teppich Wellen warf, und stellte gezielt ein Stuhlbein auf eine dicke Falte. Dann setzte ich mich auf den schiefen Stuhl. Nun – jetzt mußte er wohl anspringen! Wenn er etwas nicht leiden kann, dann sind es runzelige Teppiche und Vorleger. Stets verdächtigt er mich, Verursacherin sämtlicher Teppichfalten zu sein, da ich angeblich nicht wie ein normaler Mensch gehen könne, sondern mich wie eine Horde Wildschweine durch die Gegend wühle. Schief sitzend bemängelte ich dann das neue Ei, das diesmal unappetitlich schleimig sei, sowie den wäßrigen Tee.

Er betrachtete mich nachdenklich und meinte mit einer fürchterlichen Besorgnis, ob ich mich nicht wohl fühlte, ob ich mich etwa überarbeitet hätte, ob es nicht besser wäre, mich nochmals ins Bett zu legen. Ich schwieg wütend. Ich solle mich doch wenigstens kurz auf seinen Stuhl setzen, was ich unwillig tat. Er kroch unter den Tisch und streckte den Teppich wieder glatt, dann schlug er mir vor, nochmals Ei und Tee zu kochen. Und als Gipfel seiner unverschämten Fürsorglichkeit werde er nun in Badezimmer und Klo Türenschließer anbringen, um mich künftig von dem so lästigen Türenschließen zu befreien. Ich war vor Wut den Tränen nahe. Er bestand darauf, daß ich mich nochmals hinlegte, damit er mir eine wohltuende Fußmassage machen könne. Das hatte gerade noch gefehlt!

Ausgerechnet jetzt flutete seine rührende Wartung meines Wohlbefindens uneingeschränkt, – wo ich es nun weiß Gott nicht brauchen konnte, während ich sonst wie ein Hirsch an versiegten Bächen nach frischem Wasser lechzte. Was würde Adele wohl sagen! Meine Wut flatterte wie ein aufgescheuchtes Huhn in einem Käfig herum und fand keine Spalte, um herauszugelangen. Letztendlich sackte die aufgebäumte Kraft zusammen, brach pulsierend und hämmernd nach innen, ich bekam rasende Kopfschmerzen und mußte mich doch noch hinlegen.

Klar. Nun mußte er Adele vom Bahnhof abholen und würde sie mit seinem jünglingshaften Charme einnebeln und ihr die Sinne für die Realität total verderben. So war es denn auch. Er geleitete sie an mein Krankenlager, strich mir mit fürsorgender Hand über meine Stirn, servierte uns Tee mit Keksen und ließ uns dann allein. Adele seufzte entzückt: «Ganz wie ich es mir vorgestellt habe!» Und ich bekam noch stärkere Kopfschmerzen.

Es hatte wohl wenig Sinn, Adele von etwas anderem überzeugen zu wollen. Ich wollte erfahren, was sich bei ihr alles ereignet hatte. Schließlich waren wir lange Zeit Weggenossinnen durch den finsteren Tunnel von Trennung und Ehescheidung gewesen, manchmal ging es der einen etwas besser und sie vermochte der anderen beizustehen; oft aber stand uns beiden gleichzeitig das Wasser bis zum Hals. Da war es dann einfach tröstlich zu wissen, daß es noch jemanden gab, der die gleichen unerbittlich leidvollen Erfahrungen mit der Liebe machte.

Adele war nun gerade dabei, sich von der ersten postehelichen Liebespleite zu erholen und die Fühler erneut nach einem geeigneten Glücksbringer auszustrecken. Inzwischen hatte sie sich ein klares Bild zurechtgezimmert, mit welchen Vorzügen der Zukünftige ausgestattet sein sollte, damit eine harmonische Beziehung gewährleistet war. Vor allem aber wußte sie, welche Eigenschaften er unter keinen Umständen haben sollte. Denn sie wollte nicht noch einmal in die gleichen Konflikte hineingeraten wie in ihrer Ehe und hinterher in der anschließenden Beziehung. Beide Männer hätten absolut keinen Zugang zu ihren Gefühlen gehabt, hätten nur im Intellekt herumgeturnt und die ganzen Emotionen unter Verschluß gehalten. Wie Granitblöcke seien sie gewesen! Unmöglich, zu seelischen Gefilden vorzustoßen! Von Gesprächen über sich und die innersten Probleme hätten beide nichts gehalten und hätten jede differenzierte Auseinandersetzung abgeblockt.

Anschließend unterhielten wir uns über die Biographien dieser Männer. Selbstverständlich stellte ich diejenige von Felix ebenfalls ausführlich dar, und wir versuchten Verhaltensstörungen, die sich in der Beziehung aufzeigten, anhand lebensgeschichtlicher Ereignisse und Konstellationen zu analysieren. Wir unterhielten uns nur noch über die Männer. Auch überlegten wir, wie man grundsätzlich die Männer dazu veranlassen könnte, ernsthaft an ihrer Entwicklung zu arbeiten. Wir pendelten zwischen Hoffnung und Resignation, wobei Adele zum ersten und ich zum zweiten tendierte.

Wir sprachen lange miteinander. Über die Liebe. Über die ungeheure Kraft, die dahinterstecken muß. Über das Leiden, das mit der Liebe auf geheimnisvolle Weise verflochten sein muß. Dabei vergaßen wir die Zeit – und auch uns. Selbst meine Kopfschmerzen hatte ich vergessen. Und der letzte Zug war ohne Adele abgefahren. Wir beschlossen, Spaghetti zu kochen, hinterher würde ich sie zum nächsten Anschlußzug fahren.

Nachdem ich mich von ihr verabschiedet hatte, fuhr ich im strömenden Regen durch die Nacht. Regentropfen, die sich einen Weg durch meine Gedanken suchten. Scheibenwischer. Tabula rasa. Gedankenrinne. Mit jedem Takt ein neues Bild. Ein altes Bild. Ein neues Bild. Beziehungsbild. Ziehung der Lottozahlen: das große Glück. Alles zieht und hofft auf den Volltreffer. Glückliche Beziehung. Be-Ziehung, als ob das Glück an den Haaren herbeigezogen werden könnte, einfach so als lockere Zugabe, mir nichts, dir nichts, aus purer Heiterkeit vergnügter Gottheiten. Ich ziehe, du ziehst, er zieht, wir ziehenihrziehtsieziehen... ganze Nationen ziehen am Glücksstrang, an dem/der LiebespartnerIn, am Ehegatten, der Ehegattin, am/an der FirmenmitinhaberIn der Familienglücks-Aktiengesellschaft. Jeder/jede wird in die Wünsche und Vorstellungen des Partners hineingezogen, gesaugt, gezerrt, gestoßen, geschoben, gelotst, gelockt, geschubst, gewunden, gewrungen, gezwungen, er/sie wird in die Idealform hineingezimmert, gemeißelt, gebildhauert. Liebe! Liebe, als der große Akt des Gezogenwerdens, als Erziehung zur brauchbaren Marionette im Spiel um das große Glück. Be-Ziehung! Dieses Wort verkündet unverhohlen die große Katastrophe. In der Schweiz wird jede dritte Ehe geschieden. Jeder dritte Griff nach dem großen Glück geht leer aus. Wenn jede dritte Blinddarmoperation danebenginge, jedes dritte Flugzeug abstürzte, jedes dritte Haus zusammenkrachte, jede dritte Mahlzeit giftig wäre, jede dritte Grippe tödlich endete... Wie unendlich groß ist die Sehnsucht, die Hoffnung, der Glaube, das Wagnis! Glück. Glück. Glück... Im Takt der Scheibenwischer. Glück im Tropfenspiel. Oder sind es Tränen? Die unendlich vielen, salzig bitteren, die im Schatten des Glücks ganze Weltmeere füllen. Der Himmel weint. Jede dritte Hoffnung zerplatzt wie eine Seifenblase. Jede dritte Ehe geht schief, wird geschieden, die Partner werden getrennt, wie der Weizen vom Spreu. Was ist das eine, was das andere? Das Urteil ist gefällt; Scheidungsurteil. Wird ein Baum gefällt, reißt er je nach Größe und Fallposition eine Schneise in die Umgebung. Sträucher werden zusammengedrückt, zermalmt, zerquetscht, gepreßt, alles wird plattgewalzt. Ein Holzfäller hat in der Regel sein Handwerk gründlich gelernt. Um den Schaden so gering wie möglich zu halten, achtet er genau auf die Fallrichtung. Und Scheidungsrichter? Woher nehmen sie ihre Urteilsbefugnis? Wer ganz ohne Fehl, werfe... Juristische Steinschleuder, wer bekommt die Kinder, wie hoch sind die Alimente – Besuchsrecht, Regelung menschlicher Verhältnisse. Wer regelt die Gefühle? Welche Verkehrsregeln heilen die Wunden?

Und dann, plötzlich, auf der Straße. Eine Frau taumelt ins Scheinwerferlicht, schwenkt mit den Armen, sucht torkelnd einen Ausweg auf dem milchnassen Asphalt. Ich halte an. Blut rinnt ihr über Stirn und Wange. Sie weint. Ich fahre sie ins Krankenhaus. Muß genäht werden. Ich warte. Was wohl mit ihr geschehen ist? Wie alt mag sie sein? 30? 35? Oder älter? Soll ich sitzenbleiben, bis sie wiederkommt? Oder einfach gehen? Wer würde sie dann nach Hause bringen? Irgendwann kommt sie. Ein dicker Verband deckt das halbe Gesicht ab. Ob ich sie bitte ins Frauenhaus bringen könne. Ich kann. Die Sozialarbeiterin dort kennt sie: «Diesmal hat es Dich aber ganz schön erwischt.» Ja. Es hat. Trotzdem will sie von Trennung nichts wissen. Im Moment. Dreimal die Scheidung eingereicht. Dreimal zurückgezogen. Jetzt ist sie im vierten Monat schwanger. Hofft. Vielleicht wird es mit dem fünften Kind besser. Sie weint. Und hofft. Und ist beschämt.

Ich gehe. Tränen auf der Windschutzscheibe. Ich wische sie mit dem Glückstakt weg. Es weint von neuem. Und wieder weg damit. Glück. Leid. Glück. Leid. Glück. Leid.

Ich will kein Leid.

Ich will Glück.

Ich will endlich glücklich sein!

Schließlich hab' ich ein Recht auf Liebe.

Ich hab' ein Recht, endlich geliebt zu werden! Es steht mir zu!

Meine Zauberformeln fühlen sich etwas wäßrig an.

Aus kleinen Regentropfen steigen alte Bilder auf, aus einer Zeit, in der mir der Himmel unerbittlich das Glück verweigerte.

Das verweigerte Glück

Faux Pas

Es war im letzten Ehewinter. Wir waren zwar stets höflich miteinander, auch intellektuell angeregt, psychologische und philosophische Theorien diskutierend, doch emotional tiefgefroren. Wir hatten uns in all den Jahren in freundlicher Konversation «in süßer Verachtung voreinander herabgeliebt».

Weihnachten stand vor der Tür. Es war uns klar, daß wir die letzte Strophe unserer ehelichen Ballade nicht mehr fehlerfrei singen würden, und wir berieten, wie wir die Feiertage dennoch einigermaßen «heil» über die Runden bringen könnten. Weihnachten einfach übergehen, ein Tag wie jeder andere, wäre der Kinder wegen undenkbar gewesen. Dann kam uns die großartige Idee: Jede dritte Ehe wird doch geschieden, während die restlichen zwei Drittel wohlgeordnet dahinkränkeln. Es mußte also viele Paare geben, die irgendwann in ein Stadium hineingeraten, in welchem der Eheschlitten festsitzt und die Probleme in unzugänglichen Gletscherspalten eingeklemmt liegen. Außerdem sind Festtage nicht nur für uns, sondern auch noch für viele andere problematische Hürden. Weshalb sollten wir uns nicht zusammenschließen? Je mehr Leute, desto besser, um so größer die Möglichkeit, sich vom Partner abzulenken. Wir könnten zusammen eine Hütte in den Bergen mieten und uns in dieser Weise von der Peinlichkeit des trauten Familienglücks in der stillen, heiligen Nacht unauffällig absetzen. Weg von diesen entsetzlichen Familienfesten, bei welchen sich alle das nicht vorhandene Glück vorspielen. Weg von diesen sinnentleerten Traditionen. Ha! Keine Weihnachtslieder. Kein Christbaum! Kein besinnliches Getue!

Den Kindern würde das sicher viel besser gefallen, irgendwo im Schnee! Schluß mit der albernen Schenkerei unter Erwachsenen! Keine schrecklichen Geschenkberge! Kein Verpakkungsmüll! Allen wäre gedient.

Kaum hatten wir die Idee einigen Freunden erzählt, klingelte das Telefon unentwegt. Es meldeten sich alte Bekannte, beinahe schon vergessene, sogar Unbekannte: «Ich habe gehört, daß Ihr...» Alle wollten weg. Raus aus dem Mief. Weg von der beschissenen Kleinfamilie mit ihren beschissenen Familienfesten. Bald stellte sich heraus, daß die vorgesehene Hütte viel zu klein war und wir uns nach etwas Größerem umschauen mußten. Inzwischen hatten sich 17 Erwachsene mit 18 Kindern angemeldet, spontan, gottfroh und erleichtert, für dieses Jahr dem verordneten Familienglück entkommen zu können.

Schließlich fanden wir ein großes Haus, ein ehemaliges Berghotel, weit ab von all dem Trubel und der falschen Heiterkeit, in 1850 m Höhe, dem Himmel näher als drunten der mühevollen Alltagspein. Mit einem Sessellift würden wir in das Schneeparadies hinaufschweben. Anschließend noch 20 Minuten zu Fuß – wie wundervoll! Dem Natürlichen wieder nahe! Keine Zeit für ehelichen Kleinkrieg! Dort oben, hoch in den Bergen, tief in jungfräulichem Schnee eingeschneit, würden wir geschichtslos ohne Vergangenheit und ohne Zukunft leben. Die alten Geschichten würden wir einfach zurücklassen und vergessen können! Mitten hinein in die unverdorbene Gegenwart. Ach, es würde herrlich werden!

Am 23. Dezember war es soweit. Für alle war dieser Tag eine Erlösung. Weg. Raus. Rauf. Dort oben würde alles anders werden! Zwei Familien waren bereits seit dem 21. da, hatten begeistert angerufen und erzählt, seit sie unten weg und oben sind, seien sie alle wie ausgewechselt. Das machte auch mir Hoffnung. Wir wollten so früh wie möglich losfahren, um schnell von hier wegzukommen.

Damit sich die Reise entspannte, fuhren wir mit einer anderen Familie und verteilten uns auf zwei Autos. Ich hatte mich beim Vermieter gründlich über die Straßenverhältnisse erkundigt. Die Straßen seien bis Pas in der Regel schneefrei; lediglich die kurze Strecke bis zum Lift sei sehr steil und unmöglich ohne Schneeketten zu befahren. Ich hatte es allen mitgeteilt.

Kaum unterwegs, schwebten taschentuchgroße Schneeflocken vom Himmel herunter. Im Nu waren die Straßen dick überschneit. Die ersten Autos rutschten ineinander und wir rutschten ebenfalls. Nachdem ich ein sich überschlagendes Auto beobachtet hatte, machte ich den Vorschlag, schon jetzt die Schneeketten zu montieren. Wir wollten anhalten, um es den anderen im zweiten Auto mitzuteilen, mußten aber dann noch ein Stück weiterfahren, weil dieses nicht mehr bremsen konnte und an uns vorbeirutschte. Nachdem es uns gelungen war, beide Autos zum Stillstand zu bringen, stellte sich heraus, daß wir keine Schneeketten dabeihatten. Wir Frauen waren sauer auf die Männer («das sieht ihnen wieder ähnlich»), die Männer waren sauer auf uns («ihr hättet euch genauso darum kümmern können»). Wir versuchten, unterwegs Schneeketten zu kaufen, was zunächst nicht gelang, da alle ausverkauft waren. In einem Warenhaus wurden wir endlich fündig. Während die Männer die Ketten montierten, gingen Adele und ich mit den Kindern in ein Restaurant und tauschten unseren Groll und unseren Ärger über das mangelnde Verantwortungsbewußtsein der Männer aus. Als wir die Fahrt fortsetzen wollten, sprangen die Ketten nach wenigen Metern ab. Dies wiederholte sich noch einige Male. Adele und ich warfen uns vielsagende Blicke zu. Schließlich ließen wir die Schneeketten in einer Garage montieren. Dummerweise hatte es inzwischen zu schneien aufgehört, und bald fuhren wir geräuschvoll über die trockenen Straßen. Die Männer weigerten sich strikt, die Ketten wieder zu entfernen, da sie diese hinterher doch wieder anbringen müßten. Die hupenden und vogelzeigenden Autofahrer, die uns überholten, ignorierte ich, als ob ich mit alldem nichts zu tun hätte. Ich träumte vor mich hin, vom idealen Mann, der fähig war, kompetent Schneeketten zu montieren. Ich hatte mir früher einmal einen Apfeltest ausgedacht. Dieser gab Auskunft über die Geschicklichkeit in sinnlicher Betätigung sowie über die Genußfähigkeit eines allfälligen Bewerbers, zudem war er ein zuverlässiges Thermometer meines Gefühlshaushaltes. Sollte ihm beim Verzehr des Apfels der Saft bis zu den Ellbogen rinnen, war das ein klares Indiz für seine sinnliche Ungeschicklichkeit. Aß er den Apfel, ohne ihn zu genießen (dies galt selbstverständlich auch für andere Speisen), indem er ihn mit großen Bissen verschlang, konnte ich mir seine sexuelle Unsensibilität bestens vorstellen. Solange mich das Geräusch des Apfelessens wie eine Symphonie verzauberte, konnte ich annehmen, daß meine Verliebtheit noch anhielt. Begann es mich hingegen zu nerven, waren dies die ersten ernsthaften Anzeichen einer beginnenden Krise. In Anbetracht der momentanen Ereignisse würde der Apfeltest nicht mehr ausreichen. Beim nächsten Mann würde ich, noch bevor ich mich verliebte, zusätzlich einen Schneekettentest durchführen, um eine zuverlässige Selektion vornehmen zu können.

Die Schneeketten mußten dann doch abgenommen werden, weil wir den Verkehr ziemlich blockierten. Dies hatte zur Folge, daß die Männer sich erneut weigerten, für das letzte steile Stück nochmals Ketten anzulegen. Das erste Auto landete nach wenigen Metern in einem Gartenzaun, das zweite kam überhaupt nicht vom Fleck. Inzwischen war es halb vier Uhr. Um vier Uhr sollte der letzte Lift nach Faux hinauffahren. Viel Zeit zum Experimentieren hatten wir nicht mehr. Es blieb uns nichts anderes übrig, als das gesamte Gepäck auf große Schlitten zu verladen, einschließlich eines über drei Meter langen Christbaumes, den Adele entgegen allen Abmachungen in letzter Minute vor der Abreise gekauft hatte, samt Christbaumkugeln, die ihr Mann Otto in großer Eile auf dem Speicher zusammensuchen mußte und in Plastiksäcke geworfen hatte. So kraxelten wir mit den Transportschlitten den steilen Berghang hinauf, die uns ein einfühlsamer Postbeamter zur Verfügung gestellt hatte. Die Kinder fanden das alles ungeheuerlich lustig, während wir Frauen unheimlich sauer auf die Männer waren und die Männer auf uns.

Wir erreichten gerade noch die letzten Sessellifte, belegten einige Sitze mit Koffern und unserem sonstigen Gepäck. Der Transport des Christbaumes stellte uns vor kaum lösbare Probleme, da er nicht einfach in einen Sessel hineingestellt werden konnte. Auch die Transportvorrichtung für die Skier war für Christbäume ungeeignet, es sei denn, wir hätten sämtliche Äste abgeschnitten. Der Baum mußte also von Otto festgehalten werden, die Plastiktüten mit den Christbaumkugeln ruhten im Sitz daneben. Durch den Fahrtwind entwickelten die Tüten eine Eigendynamik, blähten sich auf und stellten Otto vor die Entscheidung: entweder die Christbaumkugeln retten oder die Tanne ins Tal sausen lassen. So kullerten die glitzernden Kugeln, bis auf wenige, federleicht und unbekümmert über den Schnee ins Tal hinunter.

Rückfall

Nachdem wir unter mühsamen Strapazen unser Gepäck, das zu einem großen Teil aus Lebensmitteln bestand, auf kleine Schlitten verladen hatten, begann der 20minütige Aufstieg durch tiefen Schnee und über steile Hänge. Die Kinder pudelten sich frohgemut über sämtliche Hindernisse hinweg. Der Christbaum stellte freilich ein kaum zu bewältigendes Ärgernis dar. Adele hatte seinen Transport an Otto delegiert, der sich grimmig daran zu schaffen machte. Der Baum kippte auf dem viel zu kurzen Schlitten entweder vornüber oder rutschte nach hinten. Meinen etwas unüberlegten Vorschlag, ihn in einen Schneehaufen zu stecken, als Kuriosum jenseits der Baumgrenze, hätte zwischen den Eheleuten beinahe einen Streit ausgelöst: Otto fand das eine prima Idee, während Adele zutiefst beleidigt war und schweigend weiterging. Also schleiften wir ihn abwechselnd an den Ästen über den Schnee. Als wir erschöpft oben anlangten, sah er reichlich mitgenommen aus. Wir wurden zu unserer Freude mit einer frischgebackenen Pizza und heißem Tee empfangen. Ermattet sanken wir auf die Matratzen des Massenlagers, während die Kinder putzmunter über unseren Köpfen herumturnten. Morgen würden wir dann alles regeln und organisieren.

Am nächsten Morgen küßte mich die Sonne wach. Sie schien mir mitten ins Gesicht, so hell, so klar und strahlend. Wie herrlich! All die Schwere des Alltags war vergessen. Alle waren bestens gelaunt. Die einen waren bereits unterwegs zum Skilaufen, einige Kinder in der Skischule, andere hinterm Haus am kleinen Hügel beim Schlittenfahren, die ganz Kleinen vor dem Haus und auf der riesengroßen Terrasse, die den Blick über die herrliche Schneekulisse freigab. Ich kam mir vor wie in einer anderen Welt, sonnendurchtränkt, vom Glück umarmt. Ach, so müssen sich Göttinnen und Götter fühlen!

Ich holte mir einen Liegestuhl, legte mich mit meiner mythologischen Lieblingslektüre hinein und ließ mich in die hehre Gesellschaft übergeordneter Gestalten gleiten. Die spielenden Kinder wurden zu lieblichen, gelockten Cherubinen, die leidenden Ehehälften zum Chor der Erinnyen und Zentauren, die weniger leidenden zu Nymphen, Nixen und Nornen. Hier oben in dieser Wolkennähe war alles in Ordnung, war alles heil.

Irgendwann trafen noch die letzten der Unterwelt ein. Wir versammelten uns alle an der goldbestrahlten Balustrade, um die Arbeiten zu verteilen. Leiser Einbruch in unsere Himmelswonne. Es wurden Pläne für den Küchendienst erstellt. Jeweils zwei Ehepaare waren für die Zubereitung einer Mahlzeit zuständig. Das erste Team begab sich unverzüglich in die Küche, um das bevorstehende Essen für den Abend des 24. Dezember (schließlich ein Tag wie jeder andere) vorzubereiten.

Ich ließ mich davon nicht stören, kehrte in meinen Liegestuhl zurück und setzte meinen Flug durch die Götterwelt fort: König Admet hatte versäumt, den Göttern regelmäßig Opfer darzubringen. Die Götter, erbost durch den Ungehorsam Admets, verlangten seinen Tod. Durch verschiedene Bittsteller wurde den Göttern abgerungen, daß jemand anderes stellvertretend für Admet in den Tod gehen konnte. Es fand sich niemand. Auch seine alten Eltern wollten nicht für ihn sterben. Da kam seine Gemahlin Alkestis und starb für ihn den Gifttod. In der Totenwelt angelangt, schickten die Götter sie zurück: Sie wollten ihr Opfer nicht. Alkestis mußte ins Leben mit der Lektion: Es gibt Opfer, die niemand will. Sie sind vollkommen nutzlos und überflüssig.

Ich las gebannt. Las auch noch verschiedene Nachdichtungen zu diesem Stoff. Interessant, bei den meisten Versionen erschien irgendein männlicher Retter und entriß Alkestis der Totenwelt. Ich dachte darüber nach, brütete vor mich hin. Plötzlich sah ich Otto und Franz, die beiden Männer der Küchenmannschaft, auf der Terrasse, sich in Liegestühlen sonnend. Ich fragte nach ihren Ehegenossinnen, Adele und Lisa.

«Ach die, die sind in der Küche und richten das Abendessen!»

Ich ging in die Küche, und tatsächlich: Da standen die beiden in diesem schattigen Küchenloch, schälten Kartoffeln und schnitten daraus Pommes frites für 35 Personen!

«Seid ihr völlig übergeschnappt!»

Sie blickten mich verständnislos an.

«Eure Opfer sind umsonst. Niemand will sie haben! Alkestis wurde aus dem Totenreich zurückgeschickt, sie wollte anstelle ihres Mannes den Opfertod sterben, aber niemand wollte ihr Opfer!» Sie brauten mir einen Beruhigungstee. Ich wollte ihn nicht. Ich wollte, daß sie mich verstehen. Ich holte aufgeregt mein Buch. Las ihnen vor. Sie sahen keinen Zusammenhang. Sie redeten auf mich ein. Erklärten sich. Wollten mich beschwichtigen: Heute sei doch Heiliger Abend, da wollten sie die Lieblingsspeise ihrer Männer kochen, und dazu könne man nur Pommes frites servieren.

«Weshalb schälen denn die zwei Könige nicht ebenfalls Kartoffeln, sondern sonnen ihre Bäuche auf der Terrasse?»

«Otto meinte, ich könne das doch viel besser. Und Franz schloß sich dieser Meinung an.»

Etwas benommen ging ich aus der Küche. Himmel und Erde, wie weit klafft ihr doch auseinander!

Das Abendessen war ein kulinarisches Meisterwerk. Adele und Lisa waren dafür auch von 13 bis 18 Uhr in der Küche gestanden. Alle waren vergnügt, aßen, lachten, machten Witze. Niemand dachte daran, daß Heiliger Abend war. Wir planten, nach dem Essen noch eine nächtliche Schneewanderung mit den Kindern zu unternehmen, worauf sich alle freuten. Nach dem Dessert (samt abschließendem Espresso) atmeten alle erleichtert auf, Heiligabend so unspießig und unkonventionell, so unbekümmert und völlig problemlos hinter sich gebracht zu haben. Nur einer konnte es doch nicht lassen: Rolf, der sich besonders für den Verzicht sämtlicher weihnachtlicher Zutaten eingesetzt hatte, stellte plötzlich ein kleines Kassettengerät an. Klägliche Weihnachtslieder erklangen leise. Die Kinder setzten sich davor und begannen mitzusingen. Irgend jemand holte ganz unauffällig die zerzauste Tanne von der Veranda. Immer mehr standen vom Tisch auf und schlichen sich wie geschlagene Hunde in die Weihnachtsecke, dann brannte eine Kerze, bald zwei, die noch verbliebenen Christbaumkugeln wurden rasch an den Baum gehängt. Zu guter Letzt hockten wir alle am Boden, sangen entweder gesenkten Blickes mit oder schauten verlegen in die Ferne. Dann verschwand der/die eine oder andere unauffällig, kam ebenso unauffällig zurück und überreichte der ehelichen Leidenshälfte wortlos oder mit einer speziellen Ermahnung ein Geschenk. Plötzlich befanden wir uns inmitten von Geschenkpapieren und Schachteln, beinah wie zu Hause, nur vielfach multipliziert. Die Kinder, die bereits vor der Abreise ihre Geschenke bekommen hatten, bekamen nochmals welche dazu.

Es herrschte eine ziemlich rührselige Stimmung. Nach dieser emotionalen Anstrengung pflügten wir uns durch den riesigen Berg von geschenklichen Überresten, keine/r hatte mehr Lust auf nächtliches Wandern. Die Kinder waren enttäuscht. Die Frauen versuchten die Männer für diesen Rückfall verantwortlich zu machen, weil Rolf das unglückselige Kassettengerät angestellt hatte, und die Männer beschuldigten die Frauen, weil Adele diesen albernen Christbaum unbedingt hier heraufschleppen wollte.

Adele und Lisa gingen in die Küche, Otto und Franz räumten den Tisch zusammen mit den Kindern ab und setzten sich hinterher in die Männerrunde am Kachelofen, während die meisten Frauen damit beschäftigt waren, die Kinder ins Bett zu bringen. Lediglich die Kinder der Küchenmannschaft durften diesmal länger aufbleiben, da ihre Mütter noch in der Küche beschäftigt waren.

Dieses war der erste Tag.

Adele saß stumm am Frühstückstisch. Sie sprach gedämpft mit ihren Kindern, richtete ihnen Brote und Ovomaltine. Ich setzte mich dazu, wollte mit ihr ins Gespräch kommen. Es gelang mir nicht. Nach einer Weile kam Otto.

«Und, wie willst Du es nun haben?»

«Ich will überhaupt nichts.» Adele sprach leise.

«Vorher wolltest Du aber, daß ich mit Dir und den Kindern zum Skilaufen komme.»

«Du hast mir doch deutlich genug gesagt, daß Du nicht willst.»

«Ich will schon. Aber nicht so, wie Du willst.»

«Nämlich?»

«Ich hab' Dir das schon tausendmal gesagt.»

«Ja, daß Du lieber alleine fährst!»

«Du weißt doch, daß ich auf dem Idiotenhügel einfach keinen Spaß habe.»

«Und mir macht es keinen Spaß, wenn Du nicht dabei bist. Und dann sind da schließlich auch noch die Kinder.»

«Versteh mich doch! Ich möchte richtig Skilaufen. Nicht so!»

«Wenn Du mich wirklich lieben würdest, wie Du doch stets behauptest, dann würdest Du mir diese Freude machen. Auch auf dem Idiotenhügel.»

«Verknüpfe nicht Dinge, die nicht zusammengehören!»

«Und ob das alles zusammengehört!»

Das Gespräch wurde hier kurz unterbrochen, denn Alpha stürzte laut fluchend die Treppe herunter. Hinter ihr Bertrand, ihr Mann.

«Was bist Du doch für eine schlaffe Nummer! Gut, Deine Mutter hat Dich verhätschelt und verwöhnt. Das ist aber noch lange kein Grund, daß Du diesen sonderpädagogischen Umgang auch noch von mir verlangst!»

«Halt endlich Deine Keifklappe!»

«Ich denke nicht daran. Du mußt endlich mal begreifen, daß Dir der Pluto direkt auf der Sonne sitzt und daß Du Deine

Sonne aus dieser Konjunktion befreien mußt. Dann wärst Du endlich erwachsen!»

«Sperr Deinen albernen Pluto in die Hundehütte und laß mich endlich in Frieden!»

Die beiden setzten sich nebeneinander an den Tisch, Bertrand goß sich wütend Kaffee ein und schüttete dabei etwas über Alphas weißen Angorapullover.

«Du Idiot! Das hast Du absichtlich gemacht.»

Sie rannte in ihr Zimmer, zog sich einen anderen Pullover an, trank hastig eine Tasse Kaffee, holte sich ihre Skier und ging. Bertrand saß fassungslos am Tisch und versorgte die Zwillinge mit Butterbrötchen und Honigmilch. «Ich weiß nicht, wie lange ich das mit diesem rechthaberischen Weib noch aushalte.»

Alpha und Bertrand waren ein ungleiches Paar. Sie war vor ihrer Heirat ein Top-Sekretär gewesen. Sie betonte ausdrücklich, daß sie keine «Sekretärin» gewesen sei; die weibliche Form lasse unweigerlich Assoziationen an dienende Funktionen entstehen, nämlich einen männlichen Chef mit Terminen und gutem Kaffee zu bedienen und optisch zu erfreuen. Ein Sekretär hingegen habe damit nichts zu schaffen, habe Kompetenz und Entscheidungsvollmacht. Und so einer sei sie gewesen. Und wer sie kennt, glaubt es ihr aufs Wort. Als sie gerade im Begriff war, eine aufregende Karriere zu starten, da lernte sie Bertrand kennen. Sozialarbeiter bei einer Drogenberatungsstelle. Bald wurde sie schwanger. Sie heirateten. Sie hatten es damals beinahe nicht übers Herz gebracht, mit ihrer Arbeit aufzuhören. Zumal gerade ein halbjähriger Amerika-Aufenthalt bevorstand, bei dem sie ihre Firma hätte vertreten können. «Weshalb müssen denn wir Frauen immer die Kinder kriegen?!» Bertrand beruhigte sie, nach der Geburt könne sie doch weiterarbeiten, selbstverständlich würden sie sich Kinderbetreuung und Haushalt teilen. Unmittelbar nach der Geburt von Zwillingen wurde Bertrand damit beauftragt, ein neues, großangelegtes Drogenrehabilitationszentrum mit umfassendem Psychotherapiekonzept aufzubauen und es nach Fertigstellung auch zu leiten. Gleichzeitig machte er noch verschiedene Weiterbildungskurse in diversen Therapiemethoden. Alpha rotierte zu Hause mit zwei schreienden Säuglingen und fühlte sich im Stich gelassen. Nun wartet sie immer noch darauf, daß Bertrand beruflich reduziert und sie wieder aktiv werden kann. Der denkt jedoch nicht daran, ausgerechnet jetzt, wo sich ihm unerwartet eine derart steile Laufbahn aufgetan hat. Das müsse sie doch verstehen! Sie profitiere doch auch von seinem Erfolg. Er wolle doch nicht seine berufliche Position freiwillig schmälern, um wieder in irgendeiner sozialen Institution in Lohnklasse 15 abgestellt zu werden. Alpha begann sich zu Hause mit Astrologie zu beschäftigen. Jedes Wochenende, an dem Bertrand nicht in Weiterbildungsprogrammen steckte, übergab sie ihm seine väterliche Doppelpflicht und besuchte fleißig Kurse: «Jetzt bist Du dran.» Und weil sie alles, was sie tut, gründlich und gewissenhaft betreibt, sammelte sie nach relativ kurzer Zeit ein beachtliches Wissen an. Sie war bald in der Lage, Bertrand anhand komplizierter Erklärungen aufzuzeigen, daß seine therapeutischen Konzepte zwangsläufig danebengehen müßten, wenn in der Bearbeitung eines Grundproblems die planetarische Situation nicht mitberücksichtigt werde. Sie stritten fast täglich, wer eigentlich denn nun recht habe.

Inzwischen waren Kathi und Max mit der einjährigen Elfie heruntergekommen. Sie waren das einzige Paar, das ausdrücklich darauf bestanden hatte, eines der beiden Zweierzimmer zu bewohnen. Wir anderen logierten im Massenlager, die Kinder in einem Raum, die Erwachsenen im anderen. Max, 58, zum zweiten Mal verheiratet, drei erwachsene Söhne aus erster Ehe. Als Geschäftsmann oft auf Reisen, hatte er die 26jährige Stewardeß Kathi kennengelernt. Zuerst blühte Max auf, war wie verjüngt, die graue Geschäftshülle lockerte er mit bunten Krawatten auf, kaufte sich einen schnittigen Sportwagen und ließ sogar sein ganzes Haus verändern. Seine damalige Frau wußte nicht, was da nun plötzlich vor sich ging. Irgendwann bekam sie eine seltsame Krankheit, von der niemand so genau wußte, was es war. Max brachte sie in einer teuren Klinik unter, mehr könne er auch nicht tun. Während der zwei Monate, die sie dort verbrachte, richtete er ihr eine nette Wohnung ein, wo er sie einquartieren wollte, sagte ihr aber nichts davon, um sie nicht unnötig zu beunruhigen. So fuhr er dann mit ihr statt nach Hause in die neue Wohnung, wo sie nun allein leben sollte. Sie bekam im Treppenhaus einen Schreikrampf, er rief seinen Hausarzt, der gab ihr eine Beruhigungsspritze und wies sie dann in die Psychiatrische Klinik ein, wo sie nochmals dreizehn Wochen blieb. In der Zwischenzeit wurde Kathi schwanger. Die Scheidung ging unter den gegebenen Umständen nicht so schnell voran. Kathi aber wollte kein uneheliches Kind zur Welt bringen, sie setzte Max unter Druck: entweder noch vor der Geburt heiraten, oder er könne sie vergessen (außer den Alimenten). Der Traum war schön, doch kurz: vom alten Mann, der nochmals die Schöpfungskraft in seinen Lenden pulsieren fühlte und eine Frau nach seiner Lust formte; und von der jungen Frau, die aus diesem «netten, aber doch recht braven Stewardeß-Dasein» herauskam und sich zur verwöhnten Luxusgeliebten mit einem Schuß Verruchtheit stylte. Es erinnerte an ein kurzes Theaterstück, bei dem die Darsteller ihre Kostüme auch nach Beendigung nicht ausgezogen haben: «Weshalb tust Du mir das an und trägst diese unmögliche ausgebeulte Trikothose?»

«Ach Max, hier oben, weißt Du, sieht mich doch keiner, und sie ist doch so bequem.»

«Bin ich keiner? Ich muß Dich doch so anschauen. Und Deine Haare! Was hast Du nur mit Deinen Haaren gemacht?»

«Ich habe sie selbst gewaschen, hier oben werde ich sie ohnehin jetzt selbst waschen müssen.»

«Du könntest ohne weiteres ins Dorf hinunterfahren, um zum Friseur zu gehen!»

«Versteh doch, ich möchte mich auch mal wie in den Ferien fühlen und nicht dauernd diesen Äußerlichkeiten nachrennen. Aber wenn es Dir so wichtig ist, werde ich es selbstverständlich tun.»

Max strahlte. Nahm ihre Hand und küßte sie.

Mir blieb mein Honigbrot im Hals stecken. Max nickte mir freundlich zu: «Ist es nicht das Wichtigste für eine Frau, ihren Mann durch optische Alltagsfreuden zu entzücken?»

«Gewiß», gab ich laut zurück. «Wir sind das liebliche Beige-
müse und sollten uns stets adrett und wohlgestaltet um das
Hauptgericht drapieren. Wir sollten den ganzen Tag an nichts
anderes denken, wie wir als bezaubernde Garnitur unserem
Leben Inhalt geben könnten.» Max fühlte sich offensichtlich
verstanden und lächelte triumphierend seiner Frau zu.

«Max», sagte ich warnend, «aber vergiß nicht, daß die schönsten Prinzessinnen ihre ekligen, glitschigen, kalten Frösche an
die Wand klatschen, wenn sie die Nase voll haben.»

Max gab ungebrochen zurück: «Ja, Emma. Aber nicht alle
Frauen sind Prinzessinnen», und blickte dabei mißbilligend auf
meinen unförmigen Pullover. Kathi war empört. Ich solle mich
nicht einmischen. Es sei ja unverschämt, wie ich ihren Max beleidigt hätte. Dann sprach sie nicht mehr mit mir.

Ich machte mich aus dem Staub. Für heute hatte ich von Erwachsenen und Paaren genug. Am liebsten würde ich den ganzen Tag mit den Kindern verbringen. Schlittenfahren und eis-
laufen oder spazierengehen. Nur Kinderstimmen hören. Kin-
derfragen beantworten. Kindergedanken verstehen lernen.
Kinderwelt als Oase!

Am Abend ließen wir uns bis auf wenige Ausnahmen in der
Schüttelmeditation unterrichten und schüttelten uns 20 Minuten lang im riesengroßen Aufenthaltsraum zu einer Musik, die
vorwiegend aus einem einzigen, sich stets wiederholenden
Rhythmus bestand. Dhyanotan (alias Franz), Shanti Arundha
(alias Vroni) und Anand Bahavamo (alias Otto) hatten diese
Methode von einem indischen Trip mit nach Hause gebracht
(ferner einen neuen Namen, rote Kleider, eine Holzkette um
den Hals mit dem Antlitz ihres Meisters und Filzläuse, die sie
beinahe nicht mehr losbekommen hätten). Man müsse den
Körper in Ekstase bringen, alle Ventile müßten sich wieder öffnen, damit die Energien wieder frei in den Meridianen herum-
strömen könnten. Wir seien alle viel zu verkrampft, zu verklemmt und zu steif. Durch diese Schüttelmeditation könne
man, wenn man sie regelmäßig betreibe, sämtliche Probleme
für immer aus sich herausschütteln.

Das klang verheißungsvoll. Ich jedenfalls wollte meine Eheprobleme so schnell wie möglich loswerden, und wenn weiter nichts zu tun war, als sich heftig zu schütteln, dann wollte ich diese Chance nicht verpassen. Deshalb schüttelte ich mich fortan gemeinsam mit anderen Leidgepeinigten jeden Tag mindestens 20 Minuten. Nach der Schüttelphase legten wir uns 10 Minuten flach auf den Boden, und tatsächlich, alles pulsierte und hämmerte zum Zerspringen. Wahrscheinlich war das die blockierte Energie, die wieder zum Fließen kam und nun in den Adern herumraste und die uns endlich dazu verhelfen sollte, von allen Zwängen und Nöten befreit in immerwährende, nimmerendende Ekstase einzutauchen, das ganze Leben als fröhlichen Tanz kosmischer Freuden zu zelebrieren und als Krönung ganz entspannt im Hier und Jetzt in ozeanische Orgasmen zu versinken; so die Anleitung von Franz, Otto und Vroni. Franz und Vroni begannen jeweils hinterher in einer Ecke zu schmusen und aneinander herumzuknabbern: «Ganz unverbindlich!», wie beide versicherten. Rolf, der Ehegatte von Vroni, litt stumm vor sich hin und wurde von allen bemitleidet. Lisa, die Angetraute von Franz, war es bereits gewöhnt, daß er noch mit aushäusigen Liebschaften beschäftigt war: mit Brigitte 6 Monate, mit Erika 1 Jahr und 4 Monate, mit Laurette 1 Jahr und 9 Monate, mit Marion 1 Jahr und 11 Monate und mit Rosalie 3 Monate.

Im Alltag geschah alles klammheimlich; die rote Kleidung war nur symbolisch an irgendeinem Zipfel zu erkennen, vielleicht an einem roten Taschentuch, roten Socken, roten Unterhosen, rotem Unterhemd usw., auch die Holzkette trug er diskret unter seinem Hemd. Als Gymnasiallehrer konnte er sich das öffentliche Bekenntnis nicht leisten, so sehr er das bedauerte. Seinen Schülern hingegen versuchte er die große Philosophie von der Freiheit, der totalen Offenheit und absoluten Ehrlichkeit nahezubringen. Lisa war ganz sicher, daß er sie niemals verlassen würde und niemals wagen würde, sein wahres Gesicht nach außen zu zeigen. Obwohl Lisa dadurch leidvolle Zeiten hatte, versuchte sie, die ganze Angelegenheit im Griff zu behalten und sich mit dieser Situation zu arrangieren. Strikt durchgeführte Turnübungen sollten ihre Eifersucht zügeln.

Was teilweise gelang. Inzwischen hatte sie begonnen, sich mit Bach-Blüten zu beschäftigen, und nahm regelmäßig Anti-Eifersuchtstropfen ein. Sie gab Rolf ebenfalls täglich ein paar Tropfen davon.

Nachdem heute der männliche Teil der Küchenmannschaft wieder auf der Terrasse gesonnt hatte, während die Gemahlinnen in der Küche arbeiteten, schlug ich am Abend vor, neue Einteilungen vorzunehmen, nämlich jeweils 4 Männer und 4 Frauen abwechselnd. Es gab einen Riesenkrach. Max hielt mir vor, ich versuchte ein natürliches Bedürfnis der Frau zu unterbinden. Kathi plapperte nach, was ihr Max vorkaute. Es ging drunter und drüber. Lediglich Alpha, Christiane und Marianne stimmten mir zu. Wir schrieben schließlich stillschweigend den Küchenplan nach unseren Vorstellungen um, setzten aber den Vermerk dazu, daß es denjenigen Frauen freigestellt sei, für ihre Männer den Küchendienst zu versehen, deren weibliches Naturell danach verlange.

Kathi, Adele und Lisa entlasteten ihre Männer, wo immer sie konnten. Einmal übernahm Kathi wieder für Max den Küchendienst und hütete dazu die einjährige Elfie. Ich kam in die Küche und sah, wie sie versuchte, mit dem Kind auf dem Arm noch einigermaßen zurechtzukommen. Ich nahm Elfie mit auf die Terrasse und spielte mit ihr. Doch als sie ihren Vater sah, der sich genüßlich sonnte, krabbelte sie zu ihm hin. Er nahm sie auf den Arm und brachte sie unverzüglich in die Küche zurück. Ich schwieg und dachte: Was bist du doch für ein ungeheuerliches Ekel.

Am Abend saßen die meisten vor dem Kamin. Die Kinder waren schon im Bett. Das Feuer knisterte leise. Zwischen den Paaren knisterte es ebenfalls. Noch unterschwellig. Indirekt. Es roch nach steinalten Konflikten. Hoffentlich geht die Bombe nicht schon heute hoch. Morgen sollten Ralph und Katharina zu uns stoßen. Und Ralph als erfahrener, fachkundiger Ehetherapeut könnte dann sicher das Schlimmste auffangen. So jedenfalls hoffte ich.

Ich zog mich bald in unser Massenlager zurück. Wollte noch etwas in meinem Götterhimmel lesen. Lisa saß ziemlich verbissen auf ihrem Bett im Yogasitz und hatte die Augen geschlossen, Adele schluchzte lautlos in ihr Kissen hinein, während Vroni und Franz noch immer «völlig unverbindlich» miteinander beschäftigt waren.

Ich zog es dann doch vor, bei den Kindern zu schlafen, den niedlichen, süß und friedlich schlummernden Kleinen, und lauschte den himmlischen Tönen kindlicher Traumwelten.

Dieses war der zweite Tag.

Nachtruf

Mitten in der Nacht schreckte ich auf. Das Telefon, das unten im Gang hing, schrillte wie eine Feueralarmglocke. Ich sprang auf und rannte die Treppe hinunter. Ich fand das Licht und somit auch den Telefonhörer nicht auf Anhieb. Dann hob ich ab. Es war Markus, der seit acht Wochen getrennt lebende Mann von Marianne. Er schrie in den Hörer:

«Ich will meine Frau sprechen!»

«Deine Frau schläft!»

«Dann weck sie!»

Ich ging so leise wie möglich in den großen Schlafraum und versuchte, Marianne ausfindig zu machen. Sie stand sofort auf und ging zum Telefon.

«Was willst Du mitten in der Nacht von mir? – Ach. Sehnsucht. Ganz plötzlich? – Kommt überhaupt nicht in Frage, daß Du hierherkommst. Du wolltest Deine totale Freiheit haben. Jetzt hast Du sie. Nun leb sie auch!» Sie legte auf.

Inzwischen hatte ich mir einen dicken Pullover geholt, setzte mich vor den Kamin und legte nochmals Holz auf die Glut. Marianne setzte sich zu mir. Sie war empört. «Was bildet sich dieser Kerl eigentlich ein! Der meint nun...» Das Telefon schrillte erneut. Marianne sprang auf, nahm den Hörer und schrie hinein: «Jetzt hör mir mal gut zu: So einfach kannst Du Dir das auch wieder nicht machen. Du kehrst von Deinem Indien-Trip zurück mit der tiefen Erkenntnis, was Du doch für ein Arschloch bist, weil Du angeblich zu wenig nach Deinen

Bedürfnissen gelebt hast. Deine sexuelle Energie sei total blokkiert, hat Dein Guru diagnostiziert. Das sei ja klar bei diesem verbietenden, lustfeindlichen Vater. Nun hat Dir Dein neuer Vater offenbar die Erlaubnis erteilt, Dich von Deiner Vernunft zu trennen, um all das nachzuholen, was Du bis jetzt verdrängt hast. Du wolltest ja unbedingt mit Deiner Ma prem Pampelmusa zusammenziehen. Ha! Und mich daneben auch noch ein wenig mit Deiner befreiten Lustfrequenz beglücken! Nein, mein Lieber. Nicht mit mir. Robb' Dich quer durch Europa, durch und über sämtliche Prems und Dhivas und Sheilas und Fheilas, bis Dir die Hirnzellen aus Deiner Vorhaut tropfen! Schreib mir zu Ostern eine Postkarte, aber laß mich jetzt in Ruhe!»

Sie war derart außer sich geraten, daß sie den Hörer einfach auf den Boden knallen ließ. Sie schwankte, ich konnte sie gerade noch auffangen. Aus dem Hörer rief es «hallo, hallo, hallo...», inzwischen waren durch den Lärm auch noch andere aufgewacht, Rolf kam herunter und kümmerte sich um den Telefonhörer und war dann mindestens eine Stunde in ein Gespräch mit Markus verwickelt.

Heinz kam ebenfalls herunter, überblickte schnell die Lage und kochte zunächst mal Tee. Nachdem ihn seine Frau verlassen hatte, mußte er sich auf die praktische Alltagsbewältigung einlassen, was ihm ganz gut gelang. Er versorgte die Kinder (5 und 7), führte den Haushalt und übte seinen Beruf als Industriekaufmann weiterhin aus. Ein Balanceakt fürwahr. Er erhielt dafür reichlich Lob und Anteilnahme, wurde von sämtlichen Hausfrauen im Haus rege unterstützt, Hilfe sproß aus allen Ecken. Er selbst meinte, er könne das nicht verstehen. Neben ihm wohne eine alleinstehende Frau mit drei kleinen Kindern, die es um einiges schwerer habe als er. Sie werde eher gemieden, als daß ihr jemand Hilfe anböte.

Das Feuer hatte wieder zu brennen begonnen, wir legten sofort noch einige dicke Scheite nach. Es würde wohl eine lange Nacht werden. Marianne war nun endgültig in ihren Schmerz eingebrochen, sie kauerte in ihrem Sessel, schluchzte vor sich hin. Dann erzählte sie:

«Gut, es war keine aufregende Ehe mehr. Aber wir mochten uns dennoch. Wir lebten eher wie Geschwister zusammen. Ihr versteht..., also... kaum noch Sexualität. Ich habe eigentlich nichts vermißt. Wir hatten viele gemeinsame Interessen, vor allem hatten wir viel Freude an unseren drei kleinen Kindern. Wir wollten sie möglichst frei ohne unterdrückende Erziehungsmethoden aufziehen. Unsere Kinder waren für uns beide das Wichtigste und die schönste Aufgabe. Und wenn wir so als Familie zusammen etwas unternahmen oder einfach zu Hause waren, dann dachte ich oft...» – sie schluchzte so heftig, daß sie beinahe nicht mehr sprechen konnte – «...das... ist... einfach... das... Wichtigste... in... meinem... Leben....» Sie weinte. Wir schwiegen, nur das Feuer unterbrach die Stille, zischte, züngelte, loderte, dazwischen knallte es kurz. Der heiße Kräutertee dampfte aus den Tassen, an denen wir die klammen Finger wärmten. «Als dann Otto, Franz und Vroni nach Indien fuhren, wollte Markus ebenfalls mit. Warum nicht?, dachte ich. Als sie dann in diesen roten Klamotten nach sechs Wochen zurückkamen, mit neuen Namen, da dachte ich wieder, warum eigentlich nicht? Ich dachte die ganze Zeit: Warum eigentlich nicht? Markus bestand dann darauf, daß ich ihn bei seinem neuen Namen nenne, es sei für ihn überaus wichtig, das sei seine neue befreite Identität. Wer ihn nicht mit seinem neuen Namen anspreche, der respektiere ihn nicht in seiner neuen Identität. Nun, ihr wißt ja, dieser unmögliche Name ‹Purjalanyam›, ich brachte ihn anfangs kaum über die Lippen. Er war ein anderer Mensch geworden. Wie von Sinnen! Die Kinder waren nicht mehr wichtig für ihn. Er lebte nur noch nach seinen Bedürfnissen. Manchmal saß er stundenlang da und überlegte, was denn nun sein Bedürfnis sei. Er sei eben schon so kaputt, daß er nicht mal genau spüren könne, was er eigentlich wolle. In unserer Familie ging dann alles drunter und drüber. Ich hatte damals gerade begonnen, an einer Privatschule zu unterrichten. Früher konnten wir uns bestens miteinander die Zeit einteilen: Wenn ich Unterricht gab, es waren 6 Stunden pro Woche, übernahm er gerne die Betreuung der Kinder. Dann aber, nach Indien, war keine Verabredung mehr mit ihm möglich. Er könne doch nicht heute schon wissen, was er morgen für ein Bedürfnis habe! Aber das Schlimmste waren die sexuellen Aktivitäten! Manchmal konnte ich nicht mehr reagieren, mir blieb einfach die Sprache im Hals stecken. Einmal kam ich von der Schule nach Hause, er sollte sich um die Kinder kümmern. Der 8jährige Sascha sprang mir entgegen, bleich, mit starren Augen: ‹Mami, der Papi liegt im Garten auf einer nackten Frau.› Ich ging in den Garten, das Herz blieb mir beinahe stehen. Ich ging zu den beiden hin und bat sie, ins Haus zu gehen. Markus herrschte mich an, ich sei eben einfach verklemmt und ohnehin gestört, und die lieben Nachbarn könnten sich mal ein Beispiel an ihm nehmen, ihre verdammten blockierten sexuellen Energien lösen und zu ihren Bedürfnissen stehen. Sascha weigerte sich dann, weiterhin die Schule zu besuchen. Er wurde einem schulpsychologischen Test unterzogen – über all das konnte ich nicht mit Markus sprechen. Er pendelte dann zwischen verschiedenen Frauen hin und her, schlief bei irgendeiner oder brachte eine mit nach Hause. Ich weiß nicht, ob ihr das verstehen könnt, die größte Enttäuschung war, daß er einfach unsere Familie so mir nichts dir nichts zerfallen ließ. Ich hielt noch eine Weile daran fest, wollte die Familie noch irgendwie zusammenhalten, die Kinder zeigten verschiedene Symptome, mit denen ich alleine zurechtkommen mußte. Ganz schlimm wurde es dann aber, als er Ma prem Pampelmusa oder so ähnlich kennenlernte. Die setzte ihn ganz schön unter Druck. Er sei noch immer ein ganz kleinkarierter Spießer, wenn er sich gelegentlich um seine Familie kümmere. Was heiße denn schon Familie! Und Ehe! Alles völlig veraltete Begriffe, um in irgendwelchen Symbiosen herumzutümpeln. Das habe doch nichts mit der wahren Liebe zu tun. Diese sei viel größeren Gesetzmäßigkeiten unterworfen. Sie schnitt ihm Bart und Haare ab als Zeichen seiner neuen Identität. Die Kinder erschraken und erkannten ihren Vater nicht mehr. Als er dann noch ankündigte, er wolle seine Anwaltskanzlei schließen und künftig gemeinsam mit Otto Männchen aus Wurzeln schnitzen und sie auf dem Markt verkaufen, da habe ich die Forderung der Stunde verstanden und bin mit den Kindern schweren Herzens ausgezogen. Ende der Tragödie erster Teil.» Sie lachte laut, etwas zu laut.

Inzwischen kam Rolf vom Telefon und sagte: «Purjamola... äh, Jujamalo... äh, Purjomal..., also ich bekomm den Namen nicht zusammen, ihr wißt ja, also Markus fühlt sich sehr allein. Und er hätte so dringend das Bedürfnis, bei uns hier oben zu sein. Pampalamunia ist zu ihrer Familie über Weihnachten, und er ist nun sehr allein. Er hat auch solche Sehnsucht nach den Kindern.»

Das war das Stichwort für Marianne. Sie sprang auf. «Das hat ja gerade noch gefehlt. Ich habe ihm angeboten, er könne die Kinder über Weihnachten bei sich haben. Aber wißt ihr, was er mir geantwortet hat? Das könnt ihr euch nicht vorstellen, dieser liebende Vater hat gesagt: So einige Tage am Stück, das sei ihm etwas viel, er hätte doch da auch das Bedürfnis, mit Pampelmusa alleine zu sein. Da hab' ich ihm gesagt, dann mußt Du es eben lassen mit den Kindern.» Das letzte Wort würgte ihr fast die Luft ab. Sie sank in ihren Sessel zurück und weinte. Nur das Feuer knisterte vor sich hin, beinahe gemütlich. Wir fühlten alle einen großen Schmerz und wagten kaum miteinander zu sprechen.

Dann hörten wir vorsichtige, leise Schritte, die sich näherten. Wahrscheinlich war ein Kind aufgewacht. Bei diesem Krach kein Wunder. Die Schritte kamen näher, und dann erschien Kathi, leichenblaß, frierend in ihrem silberlila, tief dekolletierten Spitzennegligé. Rolf zog sofort seinen riesengroßen Wollpullover aus und stülpte ihn über Kathi, die darin beinahe unterging. Sie kuschelte sich in einen Sessel dicht vor dem Feuer und starrte mit großen Augen hinein. Sie zitterte. Rolf besorgte noch eine Decke und wickelte sie um sie herum. Er stand hinter ihr und strich ihr leicht übers Haar. Bei dieser Berührung zuckte sie zusammen, ließ einen kurzen Atemzug in sich hinein und noch einen, dann noch einen, bis sie nur noch nach Luft schnappte. Was für ein Kampf, das Weinen zu unterdrücken! Rolf legte ihr vorsichtig seine Hände auf die Schultern, sie griff nach seiner Rechten: «Bitte, helft mir!» Von oben hörten wir Schritte. Kathi klammerte sich an die Hand von Rolf: «Jetzt kommt er.» Heinz begriff, ging sofort hinauf, Stimmen wurden laut. Die Stimme von Max klang wie Hundegebell, aufgebracht, erregt. Dazwischen Elfies heftiges Schreien. Ich ging ebenfalls hinauf und holte sie herunter. Nach und nach wachten noch mehr Kinder auf. Als Kathi ihr Kind sah, brach die ganze Verzweiflung aus ihr heraus, sie riß es an sich und hielt es schluchzend in den Armen. Oben wurde es nochmals kurz laut, es hörte sich beinahe wie ein Kampf an, dann plötzlich war es still.

Kathi lauschte angestrengt nach oben. Als sie keine Geräusche mehr vernahm, ließ sie Elfie etwas aus der festen Umklammerung los. Rolf stand noch immer wie ein Schutzpatron hinter ihr, die Hände über ihre Oberarme gelegt. Sie schloß die Augen, lehnte ihren Kopf fast unmerklich an ihn und seufzte. Elfie hatte sich bereits beruhigt und schlief schon wieder weiter. Dann erzählte Kathi leise, kaum hörbar, mit geschlossenen Augen: «Ich habe Max über alles geliebt und liebe ihn immer noch. Aber irgend etwas ist mit mir geschehen, denn ich kann seine Nähe nicht mehr ertragen. Es stößt mich wie von ihm weg, beinahe wie ein Widerwille oder... gar...», sie schluckte, Tränen quollen unter den geschlossenen Augenlidern hervor, rannen über ihre blassen Wangen, «oder... gar... Abneigung». Sie schluckte nochmals, als ob sie jetzt endgültig etwas heruntergeschluckt hätte. Aber es wollte nicht unten bleiben. Sie versuchte es nochmals herunterzuschlucken, schluckte, doch stets stieß da etwas wieder auf, das sich nicht einfach so wegschlucken ließ. Sie kämpfte. Und plötzlich spuckte sie die Wörter aus sich heraus: «Es ist wie... es ist wie... Ee... wie... Eee... wie... Eeeeekel, Ekel. Ja. Das ist es. Ekel. Ekel. Das ist es also: Ekel.» Sie atmete auf. «Ja. Das ist es.» Und dann erschrak sie über ihre eigenen Worte: «Mein Gott! Das ist ja grauenhaft! Mit mir stimmt etwas nicht. Wie kann ich mich nur vor einem Menschen ekeln, den ich eigentlich liebe?» Sie blickte fassungslos ins lodernde Feuer. Und dann sprach sie kaum hörbar: «Er ist immer nur an meinem Körper interessiert, was ich als Mensch fühle, ist für ihn unwichtig. Das ist das Schlimmste an allem.»

Ich dachte, jetzt hat sie diesen entsetzlichen Frosch doch noch an die Wand geklatscht. Zugleich schämte ich mich, derartige Gedanken in einem solchen Moment zu haben.

Die Dämmerung zog allmählich über die Berge. Dieses unbeschreibliche Morgenlicht, noch matt und bleich, doch die ganze geballte Lichtkraft in sich haltend. Wir schwiegen alle. Holz hatten wir keines mehr nachgelegt. Die Glut glimmte gelegentlich noch auf. Rolf stand noch immer hinter Kathi. Kathi hatte noch immer ihren Kopf an ihn angelehnt, die Augen geschlossen. Marianne stierte in das langsam erlöschende Feuer.

Dieses war, noch eh' der dritte Tag begonnen hatte.

Tagtraum

Ich lag wieder in meinem Liegestuhl auf der Terrasse. Ich war ganz allein. Zuerst las ich. Dann legte ich das Buch auf mein Gesicht, träumte vor mich hin und genoß die Stille.

Schritte. Christiane sprach leise:

«Schläfst Du?»

«Nein.»

«Möchtest Du lieber alleine sein?»

«Nein.»

Sie setzte sich neben mich. Wir schwiegen eine Weile.

«Was machst Du eigentlich die ganze Zeit, wenn Du hier draußen liegst und die Augen geschlossen hast?»

«Ich träume.»

«Dann schläfst Du also doch?»

«Nein.»

«Du schläfst nicht, wenn Du träumst?»

«Nein.»

«Wie machst Du das denn?»

«Ich mache gar nichts. *Es* macht einfach mit mir.»

«Ohne daß Du es willst?»

«Manchmal will ich es. Manchmal will ich es nicht. Auch wenn ich nicht will: *es* träumt doch.»

«Was träumst Du denn da?»

«Immer dasselbe. Bilder. Phantasien. Vorstellungen.»

«Wünsche?»

«Ja.»

«Aber Du hast doch eigentlich alles!»

«Das sage ich mir auch stets. Aber es nützt nichts. Die Bilder kommen trotzdem.» Ich drehte mich auf den Bauch, stützte den Kopf auf die Hand.

«Vor einigen Jahren hat es damit angefangen. Zum ersten Mal in den Sommerferien. Wir fahren jedes Jahr in ein südliches Land. Mit dem Wohnwagen. Es ist für mich das schlimmste nur Vorstellbare! Es ist etwas ganz Entsetzliches, in einem Wohnwagen hausen zu müssen. In dieser unerträglichen Hitze. Auf diesen schrecklichen Campingplätzen. Einer dicht neben dem andern. Kein Grashalm, keine Bäume, kein schattiges Plätzchen. Die Strände überfüllt. Glühendheiß. Die Menschen auf den Campingplätzen rennen den ganzen Tag mit irgendwelchen Plastikeimern herum, grillen Würstchen oder braten sich selbst in der grellen Sonne. Ich mag die Hitze nicht. Mir ist es nicht wohl dabei. Ich habe jeweils Striche an die Wand bei meinem Schlafplatz gekritzelt, um die Tage zu zählen. Leider sind wir manchmal vier Wochen geblieben.»

«Weshalb fahrt ihr denn ausgerechnet auf Campingplätze?»

«Alle finden es doch schön! Am schönen Meer! In der schönen Sonne! Im schönen Sand! Mein Mann sagt immer, er kenne niemanden, der das alles nicht schön findet. Er hat recht! Die Campingplätze sind übervoll. Alle wollen dorthin, nur ich, ich mach' ein solches Theater! Ich hab' mir dann immer eingeredet, daß es mir doch gefällt. Habe mich dann in den Sand gesetzt, den Sand durch die Finger rieseln lassen und mir dabei immer wieder gesagt: Sand schön. Hab' mich in die Sonne gelegt: Sonne schön. Länger als 10 Minuten hab' ich es allerdings nie in der Sonne ausgehalten, mir wurde dabei übel, und ich bekam Kopfschmerzen. Ich hab' es ernsthaft in den vielen Jahren immer wieder versucht. Ohne jeglichen Erfolg.»

«Was meint eigentlich Dein Mann dazu?»

«Der hat mir dabei sehr geholfen und mich darin unterstützt, daß ich dazu einen positiveren Zugang finden konnte. Ich habe mir dann immer wieder gesagt, daß es mir eigentlich doch gefällt, daß ich mir nur einbilde, es gefalle mir nicht.»

«Und das hat dann geklappt?»

«Ja, das ging dann ganz gut. Aber da fing *es* dann mit den Bildern an. Ich hatte schon übers ganze Jahr Bücher zusammengesucht, die ich dort lesen wollte. Es gab Bücher, die nahm ich jedes Jahr mit und las sie immer wieder. Vor allem Dramen, Liebesgeschichten. Mit der Zeit las ich nur noch einzelne Szenen und spielte sie dann in meinem Kopf weiter. Ich legte mich unter einen Sonnenschirm und kühlte mich mit Bildern aus nördlichen Regionen ab.»

«Kamen denn darin keine Menschen vor?»

«Doch. Selbstverständlich. Aber die Handlung fand immer an Orten statt, wo es angenehm frisch war.»

«Magst Du eigentlich über all das reden?»

«Ja. Es tut gut.»

«Dann erzähl doch weiter.»

«Ich hab' doch schon alles erzählt.»

«Nein. Von den Bildern.»

«Ach ja. Es ist so, irgendwie bin ich dann selbst auch in einem dieser Bilder. Ich spiele mit! Christiane, es sind immer Szenen, eine Figur aus einem Buch, die wie aus den Fluten des Meeres heraussteigt: Ein Mann mit unendlich lieben und interessierten Augen kommt zu mir, schaut mich an, hört mir zu, will alles über mich wissen, wie ich mich fühle, wie es mir geht, was ich denke. Es ist dann so ein wundervolles Gefühl, ein Gefühl des umfassenden Einverständnisses, der Einigkeit. So etwa stelle ich mir das wirkliche Glück vor. Auch wenn es nur in meiner Vorstellung existiert, geht es mir dann augenblicklich wieder besser, selbst wenn ich die Augen wieder öffne und in die andere Wirklichkeit zurückkehren muß. Ich habe übrigens alles meinem Mann erzählt. Wir haben diese Phantasien gemeinsam besprochen, analysiert und dabei herausgefunden, daß es sehr unreife, infantile Schwärmereien sind. Das ist richtig! Es gibt in diesen Phantasien nicht die geringsten Hinweise auf Sexualität. Und das sagt eigentlich schon alles: Mit mir stimmt einfach etwas nicht!»

«Weshalb nicht?»

Ich richte mich auf, sitze direkt vor ihr, sehe mitten in ihr Gesicht und spreche laut und hastig:

«Sexualität ist Freude, ist Lust, ist Tanz und Ekstase! Sexualität ist die wichtigste Lebensenergie!»

«Wer sagt das?»

«Ich nicht!», dann lege ich mich wieder hin. «Ach, ich hab' irgendwie den Anschluß an diese Formel verpaßt... ich denke die ganze Zeit darüber nach, ob es wohl so etwas wie einen seelischen Orgasmus gibt? Weißt Du, wenn zwei Seelen ineinanderfließen – wenn es innerlich nichts Trennendes gibt – das Herz sich weit öffnet, wie wenn eine goldene Sonne den andern wärmt und bestrahlt. Aber ich denke, das kann nicht über die Ventile des Körpers geschehen. Die Geschlechtsinstrumente sind zu dürftig und können derartig feine Schwingungen gar nicht aufnehmen und weiterleiten. Wenn sich die Sexualität nur in den unteren Etagen abspielt, bleiben die oberen Bereiche, wo doch das Eigentliche des Menschen wohnt, unbeantwortet. Ich fühle mich hinterher immer mausallein und habe Heulkrämpfe. Nun, durch meine Träumereien beginne ich darüber nachzudenken, und ein Gedanke beschäftigt mich vor allem: Eine wirkliche Verbindung zwischen zwei Menschen müßte über die Augen vollzogen werden, nur über die Augen: Die Augen, als Antwort des Menschen auf das Licht der Welt. Aber das hat eben wieder nichts mit Sexualität zu tun.»

Ich stand abrupt auf, war irgendwie ärgerlich. Ging in die Küche und machte uns einen Kaffee. Dort saßen Franz und Bertrand, die Hälfte der heutigen Küchenmannschaft. Als mich Franz sah, sprang er auf mich zu: «Ich muß unbedingt mit Dir reden. Ich mache mir Sorgen um meinen ältesten Sohn. Entweder ist der schwul oder hat eine totale sexuelle Blockierung. Er ist nun schon 19 Jahre alt und hat noch nie was mit einer Frau gehabt! Er hat eben angerufen. Er wird uns für einige Tage hier oben besuchen. Könntest Du ihm nicht etwas nachhelfen, weißt Du, wie in anderen Kulturen, wo die Söhne durch reife Frauen in die Kunst der Liebe eingeweiht werden?»

Ich schaute ihn an und ging wortlos hinaus.

Ich hatte keine Lust, Christiane von dem Zwischenfall zu berichten. Ich wollte lieber mit unserem Gespräch fortfahren.

«Die wichtigsten Ereignisse können offenbar nicht in der Wirklichkeit, sondern nur in der Phantasie gelebt werden», philosophierte ich, während ich den Zucker in meinem Kaffee umrührte.

«Ist es nicht möglich, diese Wünsche im Alltag zu realisieren?»

«Theoretisch ja. Praktisch, also jetzt in meinem Fall, nein.» Ich stellte die Tasse auf den Tisch, saß sprungbereit da:

«Christiane, ich will Dir etwas sagen. Die Liebe im Kopf ist was anderes als die Liebe in der Realität. Schau mich an! Schau mich genau an! Mann kann mich schätzen und ein wenig respektieren. Mann kann mit mir Pferde stehlen und auch disputieren, Mann kann mit mir herumalbern oder Projekte realisieren, Mann kann mich ganz nett und witzig finden, mich gar mögen, aber lieben... lieben! Lieben kann Mann mich nicht. Irgend etwas an mir ist nicht in Ordnung. Verstehst Du? Irgend etwas stimmt nicht. Irgend etwas hab' ich nicht, was Frau haben muß, damit sie wirklich geliebt wird. Aber ich bin selbst daran schuld. Ich weiß zwar nicht, was es ist, aber ich weiß genau, daß ich daran schuld bin. Ich bin uninteressant. Ich bin ein offenes, uninteressantes Buch. Nie-Mann-d will in mir lesen. Nie-Mann-d interessiert es, was darin geschrieben steht. Ich mache irgend etwas falsch. Vielleicht, daß ich immer alles erzähle, was ich denke und so. Vor zwei Jahren habe ich einen Mann kennengelernt. Wir gingen zusammen in ein Café und sprachen stundenlang miteinander. Er war an mir interessiert! Er hörte mir zu! Er wollte alles über mich wissen, was ich fühle, empfinde, denke... Er wollte erfahren, wer ich bin. Dann plötzlich spürte ich, wie in mir alles aus tiefgefrorenem Zustand begann aufzutauen, weißt Du, es ging mir wie im Märchen:

> Heinrich, der Wagen bricht.
> Nein, Herr, der Wagen nicht,
> es ist ein Band von meinem Herzen,
> das da lag in großen Schmerzen...

Ich sprang vom Tisch auf, rannte in eine Telefonkabine, rief meinen Mann an und sagte ihm, daß ich gerade im Begriff sei, mich zu verlieben. Er nahm es wohlwollend zur Kenntnis wie eine unbedeutende Zeitungsnachricht. Keine Vorwürfe und dergleichen. Mein Gott, was war ich doch für ein schlechtes, ungeheuerliches Weib! Ich verabschiedete mich rasch. Der Mann wollte mich zurückhalten, ich stürzte in mein Auto und fuhr schluchzend nach Hause. Dort legten sich die eisernen Bande wieder eng um mich und schnürten mich in mein altes Stahlkorsett ein. – Siehst Du, ich bin zu dramatisch, zu theatralisch, übertreibe maßlos, bin hysterisch! So eine Frau kann Mann nicht lieben, Christiane, das ist doch klar! Ich werde nie jemanden für mich interessieren können, der mir wirklich zuhört, der mein Foto auf den Schreibtisch stellt, nur meines, mich allein als einzige liebt, der sagt, wenn er meine Stimme hört: ‹Liebes, wie schön, Deine Stimme zu hören› oder ‹Ich habe mich so nach Dir gesehnt›. Ich habe mich nun in all den Jahren an diesen matten Blick gewöhnt, der mich wie zufällig streift, wenn ich irgendwo erscheine. Doch eine ungeheure Sehnsucht schreit in mir nach einem Du, das ich nicht kenne. Denn ich trage eine tiefe Ahnung in mir. Ich kann mich noch ganz genau daran erinnern, wie im Gesicht meiner Mutter die Sonne aufging, wenn sie mich sah. Diese Sonne ist mir untergegangen, ich steh' im Schatten. Und es wird immer so bleiben. Wohl geordnet, höflich, nett, aber im Schattenreich. Und es liegt alles an mir. Ich bin an allem selbst schuld. Weil ich aus allem ein solches Theater mache. Kennst Du das Gedicht von Erich Kästner: Die unverstandene Frau?

«Er band, vorm Spiegel stehend, die Krawatte.
Da sagte sie (und blickte an die Wand):
Soll ich den Traum erzählen, den ich hatte?
Ich hielt im Traum ein Messer in der Hand.

Ich hob es hoch, mich in den Arm zu stechen,
und schnitt hinein, als sei der Arm aus Brot.
Du warst dabei. Wir wagten nicht zu sprechen.
Und meine Hände wurden langsam rot.

Das Blut floß lautlos in die Teppichranken.
Ich hatte Angst und hoffte auf ein Wort.
Ich sah dich an. Du standest in Gedanken.
Dann sagtest du: Das Messer ist ja fort...

Du bücktest dich. Doch war es nicht zu finden.
Ich rief: So hilf mir endlich! Aber du,
du meintest nur: Man müßte dich verbinden,
und schautest mir wie einem Schauspiel zu.

Mir war so kalt, als sollte ich erfrieren.
Du standest da, mit traurigem Gesicht,
und wolltest rasch dem Arzt telefonieren
und Rettung holen. Doch du tatst es nicht.

Dann nahmst du Hut und Mantel, um zu gehen,
und sprachst: Jetzt muß ich aber ins Büro!
und gingst hinaus. Und ich blieb blutend stehen.
Ich starb im Traum. Und war darüber froh...

Er band, vorm Spiegel stehend, die Krawatte.
Und sah im Spiegel, daß sie nicht mehr sprach.
Und als er sich den Schlips gebunden hatte,
griff er zum Kamm. Und zog den Scheitel nach.»

Ich sprang auf und ging aufgeregt, beinahe aufgebracht auf der
Terrasse hin und her – ich stand kurz vor einer Explosion.
Dann drückte ich all das, was sich in mir aufbäumen wollte,
wieder unerbittlich in die alten, wohlbekannten Schranken zurück: «Ich mache aus kleinen Mücken Riesenelefanten! Ich will
diese Giganten auf ein anständiges Mittelmaß schrumpfen lassen!» Ich setzte mich wieder hin, schaute mit leerem Blick in
die Ferne – und wurde allmählich ruhiger.

Von weitem hörte ich Kinderstimmen. Ich sagte zu mir:
«Das sind meine Kinder.» Sie kraxelten heiter plaudernd und
spielend den Berg hinauf, die Schlitten hinter sich herziehend,
«Mami, Mami, Mami, Mami», sie sprangen auf die Terrasse,
und auf meinem Gesicht ging ganz kurz eine kleine Sonne auf.

Am nächsten Tag stand ich früh auf. Ich war ziemlich aufgeregt, weil ich zusammen mit Marianne und Christiane Küchendienst hatte. Ein schweres Amt für mich. Nicht weil ich so
grenzenlos faul bin, sondern weil ich, was das Kochen betrifft,
keine glückliche Hand habe. Obzwar ich mich qualvoll ko-
chend durch all die verheirateten Jahre gezwungen habe, ist es
mir nicht gelungen, im Laufe der Zeit irgendeine Besserung
herbeizuführen. Ich hatte hier nur diesen einzigen Küchentag
zu bewältigen, da ich die anderen gegen sonstige Arbeiten ein-
getauscht hatte. Jetzt konnte ich nicht kneifen. Ich lag fast die
ganze Nacht wach. Statt wie sonst in meinem Götterhimmel zu
lesen, blätterte ich in verstaubten Kochbüchern herum, die ich
in der Küche gefunden hatte, und hoffte auf nützliche Hinweise. Ich hegte schon lange den Verdacht, daß es sich nicht einfach um ein rein handwerkliches Unvermögen handelte, sondern die ganze Angelegenheit viel umfassender war. Ich stand
schon früh mit dieser Tätigkeit auf Kriegsfuß, nachdem mir
meine Mutter gesagt hatte, wenn ich nicht Kochen lernen wollte, würde ich nie eine richtige Frau werden. «Dann verzichte
ich eben darauf», war meine Antwort gewesen. Meine Mutter
war erschüttert.

Auf die Gespräche mit Marianne und Christiane freute ich
mich hingegen sehr. Beide Frauen kannte ich schon seit Jahren
und schätzte sie sehr. Christiane bewunderte ich unumwun-
den. Was diese Frau geleistet hatte, sprengte jegliches Vorstel-
lungsvermögen. Sie hatte zufällig herausgefunden, daß ihr
Mann über Jahre hinweg ihrer besten Freundin «geschlechtlich
beiwohnte», dies mindestens einmal pro Woche, wenn sie als
Aushilfe jeweils am langen Donnerstag in einem Modegeschäft
arbeitete. Einmal war sie unerwartet früher nach Hause gekommen. Das Arrangement zu dritt, welches er mit Hilfe eines
Ehetherapeuten auszuhandeln versuchte («Schließlich liebe ich
beide!»), scheiterte. Christiane blieb hart. «Entscheide Dich!»,
so lautete ihre Aufforderung. In unserem Freundeskreis wurde
ihre Einstellung als sehr unreif, auf der untersten Bewußtseins-

rille («Besitz-Trip») eingestuft und erhielt wenig Verständnis. Besonders Franz und Otto versuchten sie damals umzustimmen. «Ihr wollt wohl, daß ich genauso halbtot herumhänge wie Eure Ehegattinnen! Lisa leidet im Yogasitz, tropft Bach-Blüten in die ausgetrocknete Kehle, Adele bindet sich nachts heilende Kristalle aufs blutende Herz! Beide hoffen inbrünstig, irgendwann einmal aus dieser elenden Pein erlöst zu werden. Schaut doch Eure Frauen nur ein einziges Mal an! Wie unbeschreiblich glücklich sie sind!» Franz und Otto blieben bei ihrer Version, Christiane sei eine ganz kleinkarierte Spießerhexe, ihr Mann Georg sei mit so einer zutiefst zu bedauern. Dieses Bild änderte sich erst, als Georg gleich nach der Scheidung seine langjährige Geliebte heiratete. Nicht, daß er das gewollt hätte, wie er seinen Freunden versicherte, aber sie habe heftig darauf gedrängt, denn sie wollte schließlich abgesichert sein. Sie nahm ihn stramm an die Leine. Bei Hunden, die die Tendenz haben wegzurennen, ist es wohl ratsam, sie schnellstens an standesamtliche Ketten zu legen.

Christiane hatte während ihrer Ehe nicht gearbeitet, sondern sich um die zwei Kinder gekümmert. Übliche Geschichte: Aufgabe sämtlicher Fähigkeiten und Interessen – Verlust ihres Selbstvertrauens und Selbstwertgefühles – Aufgabe ihrer Selbständigkeit. «Ich kann nichts! Ich bin nichts!» Das Leiden brachte schließlich ihre seit Jahren unterdrückte Wut zum Vorschein. Wut macht Mut. Sie sprang ins Nichts. Er ließ sie in ihrer wirtschaftlichen Abhängigkeit schmoren, knauserte um jeden Franken, kniff, wo er konnte. Während er wohlbetucht und weich im Eigenkapital gebettet war, pudelte sie sich durch knappe Jahre hindurch. Sie nahm ihr Leben in die Hand, übernahm die volle Verantwortung für sich und die Kinder. Sie straffte die Zügel, ging in psychologische Frauengruppen, las Frauenbücher, besuchte Seminare, machte einen Kurs für Wiedereinstiegsfrauen, gewann allmählich wieder ihr Selbstvertrauen zurück, lernte ihre Begabungen und Fähigkeiten kennen. Nach fünf Jahren stand sie da als Geschäftsleiterin eines großen Modehauses, das sie mit viel Geschick und erfolgreich führte. (Georg hatte inzwischen wieder eine heimliche Geliebte, von der die Ehefrau nichts wußte.) Christiane war für mich ein Stern am düsteren Himmel der Ausweglosigkeit...

Marianne und Christiane waren bereits in der Küche, als ich erschien. «Nimm's nicht so tragisch, wir machen das schon», ermutigten sie mich.

Ich übernahm die Zubereitung der Salate und des Desserts (Fruchtsalat).

«Übrigens, gestern abend spät ist Andreas, der Sohn von Lisa und Franz, angekommen. Er hat nur zweieinhalb Stunden für den Aufstieg vom Tal benötigt und war überhaupt nicht erschöpft.»

«Kein Wunder. In dem Alter!»

«Wie alt ist er denn?»

«Ich weiß nicht, siebzehn, achtzehn. Könnte zwar auch älter sein. Er macht einen sehr erwachsenen Eindruck.»

«Ein paar erwachsene Männer könnten wir hier oben schon brauchen! Als Ausgleich zu den Kindsköpfen.»

Ich raspelte an den Rübchen herum, ohne mich am Gespräch zu beteiligen. Es war angenehm, einfach so dabeizusein, ohne mitreden zu müssen.

«Christiane, wie haben eigentlich Deine Kinder die Scheidung verkraftet?»

«Sie haben düstere Stunden hinter sich. Sie haben viel gelitten. Und sehr viel dabei gelernt.»

«Hast Du denn nicht das Gefühl, Deinen Kindern habe das alles sehr geschadet?»

«Ich habe aufgehört, in derartigen Kategorien zu denken. Für mich zählen nur noch die Lektionen, die unerbittlich auffordern, etwas ganz Bestimmtes zu lernen. Machst Du Dir vielleicht Sorgen, was noch alles auf Dich und die Kinder zukommt?»

«Ich habe immer wieder Schuldgefühle den Kindern gegenüber. Darf ich das den Kindern antun? Darf ich sie einfach vom Vater trennen?»

«Ich kann Dich gut verstehen. Ich schwankte auch immer zwischen Schuldgefühlen und ohnmächtiger Wut und Schmerz hin und her. Irgendwann habe ich mir dann gesagt, daß ich doch nur für meine Hälfte Verantwortung übernehmen kann, die andere liegt nicht in meiner Kompetenz. Ich will alles tun, was mir möglich ist, aber ich kann den Kindern nicht den fehlenden Vater ersetzen. Übrigens, bist Du schon einmal einem Mann begegnet, der sich Vorwürfe machte, weil er irgendein Techtelmechtel begonnen hatte und damit die Ehe in die Luft sprengte? Wann machen sich Väter Vorwürfe, haben Schuldgefühle und dergleichen?»

«Verstehen kann ich das alles. Aber ich hab' trotzdem Schuldgefühle.» Marianne wischte sich verstohlen eine Träne weg und putzte sich die Nase.

Ich raspelte weiter und dachte über diese eigenartige Verknüpfung von Frau und Schuld nach. Es gibt so etwas wie eine klassische Frauenschuld: Wenn es in der Ehe nicht mehr klappt (ohne daß der Mann säuft oder sie und die Kinder zusammenschlägt oder straffällig wird), ist die Frau schuld. Wenn es mit den Kindern Schwierigkeiten gibt, ist die Frau schuld. Wenn es zur Scheidung kommt, ist die Frau schuld. Wenn hinterher oder schon vorher Störungen bei den Kindern sichtbar werden, ist die Frau schuld. Wenn die Kinder als Erwachsene neurotische Symptome aufweisen, ist selbstverständlich die Mutter schuld. Wenn sie kriminell werden, ist die Mutter schuld. Wenn sie Drogen nehmen, ist die Mutter schuld. Wenn sie nicht selbst für sich sorgen können, ist die Mutter schuld. Wenn es dann irgendwann in der Partnerschaft/Ehe Schwierigkeiten gibt, ist die Mutter schuld. Sollten sie später ihrerseits Probleme mit den Kindern haben, ist selbstverständlich wieder die Mutter respektive die Großmutter schuld. So einfach ist das alles! Ha! Schließlich war schon Eva an allem schuld, denn sie hat doch verbotenerweise den leckeren Apfel gepflückt, hineingebissen und den armen Adam verführt, davon zu essen. Die gesamte Psychoanalyse basiert also auf Adam und Eva. So einfach ist das also. Wär' ja doch auch zu kompliziert, andere Ansätze herauszuarbeiten! Wär' doch weiß Gott zu umständlich, sich zu überlegen, ob die Eva vielleicht mit ihrem albernen Adam gefrustet war, derart, daß sie nach oraler Lustbefriedigung fahndete und schließlich in den knackigen Apfel hineinbiß. «Schluß mit dieser Rübchenrasplerei! Die Bibel hat doch recht: Wir sind an allem schuld!» rief ich.

Und Marianne meinte: «Ja. Du bist selbst schuld. Du hast tatsächlich viel zu viele Rübchen geraspelt. Wer soll denn das alles essen?»

Die Rechnung ging wieder auf: Die Mütter sind selbst schuld, wenn sie zuviel Grießbrei kochen und hinterher die Reste in sich hineinstopfen und fett werden. Selbst schuld, wenn Du so viel frißt. Selbst schuld, wenn Du es nicht besser machen kannst. Selbst schuld, wenn Dir der Frust zu den Ohren raushängt. Wir sind an allem schuld. Es gibt nur schuldige Frauen und schuldige Mütter. Wir können es drehen und wenden, wie wir wollen, es läuft daneben. Selbst wenn wir versuchen, die väterlichen Mängel auszulöffeln, haben wir hinterher einen verdorbenen Magen. Wenn wir versuchen, Vater und Mutter zugleich zu sein, und die Sache schiefgeht, haben wir den Beweis dafür, daß wir wieder etwas falsch gemacht haben. Wir laden die gesamte Pflicht des Ehegemahls auf unsere Schultern und geraten in größte Schuldgefühle, wenn sich unter dem großen Gewicht unser Rücken zu krümmen beginnt.

Hier hörte ich auf weiterzudenken. Meine Denkspirale hatte mich in beängstigende Nähe des Abgrunds der eigenen Probleme geführt.

Beim Gurkenschälen erfuhr ich, daß Ralph, der Ehetherapeut, und seine Frau Katharina gestern nicht gekommen waren. Ralph habe gegen Abend angerufen und mitgeteilt, er könne leider erst am nächsten Tag kommen. Und zwar nicht mit Katharina, sondern mit seiner Assistentin.

«Ich hab' gar nicht gewußt, daß er eine Assistentin hat.»

«Ach, die heißen doch nur so!»

Ich wußte nicht so recht, wie ich das verstehen sollte, jedenfalls gefiel mir die ganze Sache nicht. Ich kannte Katharina gut, hatte mich auf ihr Kommen gefreut und konnte mir nicht vorstellen, daß die Geschichte mit Ralph und der Assistentin in ihrem Sinne war.

Ich war gerade dabei, die geschälten Gurken auszukratzen, als ich hinter mir eine sympathische Stimme hörte: «Gibt es zu dieser vorgerückten Stunde noch einen Kaffee für mich?» Ich drehte micht um. «Übrigens, ich bin Andreas.» Ich blickte in zwei helle, wache und klare Augen. Als erster Gedanke schoß mir blitzschnell eine verwunderte Empörung durchs Hirn: Wie kommt ein Mann wie Franz zu diesem Sohn? Inzwischen hatte ihm Marianne eine Tasse Kaffee gebracht, er bedankte sich und fragte, ob er uns helfen könne. Christiane spannte ihn ein. Ich schnitt die sechs Gurken in feine Scheiben und wurde diesen Gedanken nicht los: Wie kommt der Franz zu diesem Sohn? Franz, der nirgends etwas Klares hat, bei dem alles verschwommen und konturlos ist. An seinen Liebschaften nascht er bei Nacht und Nebel, verschleiert, mogelt, täuscht, schwindelt, trickst. Wenn Lisa nicht diese detektivischen Antennen hätte, könnte sie heute noch meinen, mit dem treuesten aller Ehemänner verheiratet zu sein. Seit neuestem tröstet sie sich selbst mit der Erklärung, daß Franz wohl im letzten Leben in einer Kultur gelebt hat, in der er stets noch irgendeine Nebenfrau besaß. Nun habe er sich in seiner neuen Inkarnation noch nicht an die Einehe gewöhnt. Ihre Erklärungen linderten freilich ihre Qual kaum. Hier oben fummelte und knabberte er ständig an Vroni herum (und sie an ihm). Sie hatte ihr Nachtlager direkt neben ihm aufgeschlagen. Die Geräusche waren auch für mich unangenehm. Ich hatte vor allem beim Einschlafen immer wieder Bilder von Treibjagden vor Augen, wo ein Tier herumgehetzt wird und schnauft und keucht. Lisa saß dann die ganze Nacht im Yogasitz daneben und träufelte sich Antieifersuchtstropfen auf die Zunge. Ich hatte mir vorgenommen, am nächsten Tag nach Pas hinunterzugehen, um mir Ohropax zu besorgen. Außerdem wollte ich die Angelegenheit in einer abendlichen Runde zur Sprache bringen, wartete aber wohl besser damit, bis der Fachmann Ralph da war. Konnte man doch nie wissen, was dadurch für eine Lawine ins Rollen kommt.

Mit der letzten Seilbahn kamen Ralph und seine Assistentin Vivian. Katharina sei zu ihrer Mutter nach Frankreich gefahren. Vivian, ein bildhübsches Mädchen im gleichen Alter wie Ralphs Tochter, 22 Jahre, war mir sofort sehr sympathisch. Sie studiere Psychologie (wie seine Tochter) und assistiere Ralph gelegentlich in seiner Praxis. Sie belegten das zweite, leerstehende Doppelzimmer.

Über dem Abendessen lag eine unendliche Spannung. Alpha und Bertrand stritten. Max mäkelte ständig an Kathi herum. Heinz war sauer auf Max, weil Kathi schon wieder kuschte. Zwischen Vroni und Rolf zischten giftige Pfeile, «ich möchte mehr Freiraum» gegen «siehst Du denn nicht, was ich alles für Dich tue und wie unendlich ich dabei leide?». Für Marianne klingelte wieder das Telefon, der reuige Gatte wollte partout doch noch kommen. Franz und Otto waren unheimlich sauer auf Marianne, die das unter keinen Umständen wollte. Christiane hatte eine mörderische Wut auf Franz und Vroni, die ständig wie räudige Hunde hintereinander herschnupperten. Lisa versteinerte immer mehr und kündigte an, sie werde wahrscheinlich den Rest ihres Lebens nur noch im Yogasitz verbringen und sich von Bach-Blüten ernähren. Adele und Otto schwiegen. Ralph und Vivian blieben auf ihrem Zimmer. Sie seien von der Reise sehr müde. Über unseren Köpfen hörten wir das Knarren ihrer Betten. Die Kinder illustrierten bildhaft die Szenerie: Torsten haut Willi, Willi stößt Claudia, Claudia kneift Sandra, Sandra zwickt Tina, Tina boxt Marci, Marci schubst Natascha, Natascha rammt Melanie, Melanie zerrt Ferdi, Elfi schreit wie am Spieß und spuckt das Essen über den Tisch. Polo knallt samt Stuhl nach hinten und schlägt mit dem Kopf am Kachelofen auf, Sascha springt auf Polo, will mit ihm raufen, und Corinna versucht alle zu beschwichtigen.

An diesem Abend ging ich gerne in die Küche. Ich bestand darauf, das ganze Geschirr alleine abzuwaschen, abzutrocknen und wegzuräumen. Eine geschenkte friedliche Stunde, zwischen Pfannen und Küchenabfällen!

Ich verzichtete auf die abendliche Gesprächsrunde. Viel würde heute wohl nicht dabei herauskommen.

Ich schlief diesmal wieder bei den Kindern. Erst wenn ich im Besitz von Ohropax sein werde, wage ich es wieder unter Erwachsenen. Einige Kinder waren noch wach. Sie kuschelten sich zu mir ins Bett, und ich las ihnen eine Geschichte vor.

In dieser Nacht konnte ich lange nicht einschlafen, verschiedene Szenen der vergangenen Tage tauchten auf. Karussell der Gedanken. Es waren immer wieder die gleichen Gedankenpferde, die an mir vorbeiglitten. Ich wollte abschalten. Das Karussell anhalten. Wollte die Pferde schlafen legen. Sie sprangen weiter. Ungehindert. Dann versuchte ich noch mit einer winzigen Leselampe zu lesen, mich mit meinem Götterhimmel von diesen unsäglichen Beziehungsleiden abzulenken: «Zeus und Hera stritten unaufhörlich. Verärgert durch seine Untreue, erniedrigte sie ihn oft durch ihre listigen Pläne. Obwohl er seine Geheimnisse mit ihr teilte und auch manchmal ihren Rat annahm, vertraute er ihr niemals voll und ganz...» «...Von den Töchtern wurden einige entführt und bei verschiedenen Gelegenheiten von Zeus, Poseidon und Apollon vergewaltigt. Als auch die jüngste, Aigina, die Zwillingsschwester der Thebe, der Lüsternheit des Zeus zum Opfer gefallen und verschwunden war, machte sich Asopos auf, sie zu suchen. In einem Wald bei Korinth überraschte er Zeus sozusagen in flagranti. Zeus, der unbewaffnet war, floh schamlos durch das Gebüsch und verwandelte sich, als er außer Sicht war, in einen Felsen, an dem Asopos achtlos vorüberging... Als Hera erfuhr, daß Aigina dem Zeus einen Sohn namens Aiakos geboren hatte und daß dieser König von Oinone geworden war, beschloß sie, alle Einwohner seines Reiches zu vernichten...» «Minos lag bei der Nymphe Paria, deren Söhne Paros kolonisierten und später von Herakles getötet wurden, bei Androgeneia, der Mutter des kleinen Asterios, und mit noch vielen andern. Besonders versessen war er auf Britomartis von Gortyna, eine Tochter der Leto. Sie erfand das Jagdnetz und war eine stete Begleiterin der Artemis, deren Hunde sie an der Leine führte...» «Pygmalion, Sohn des Belos, verliebte sich in Aphrodite. Da aber die Göttin unerreichbar war, schnitt er ihr Bild in Elfenbein, legte es in sein Bett und flehte es an, ihn zu erhören...»

Es gelang mir nicht, mich von meinen Gedanken zu befreien, und ich knipste das Licht der kleinen Lampe aus: Wie im Himmel also auch auf Erden.

Dieses war der vierte Tag.

Bereits beim Frühstück gab ich bekannt, daß ich ins Tal hinun-
tergehen wollte, um mir Ohropax zu kaufen. Für Kathi sollte
ich noch Haarspray mitbringen, Lisa waren die Bach-Blüten-
tropfen ausgegangen, Alpha wollte dringend mal wieder was
Richtiges zu lesen haben und verlangte nach dem «Wirtschaftsmagazin», und Ralph schrieb mir diskret auf einen Zettel «Präservative!!».

Heinz und Marianne wollten nicht mit ins Dorf kommen,
sondern lediglich mit bis zur Talstation der Seilbahn hinunter
Schlitten fahren und hinterher gleich wieder hinauffahren.

Wir rechneten uns für die Abfahrt ca. 35 Minuten aus. Länger würde es wohl nicht dauern. Wir waren gerade dabei, uns
die passenden Schlitten herauszusuchen, da kam Andreas:
«Wohin geht Ihr?» – «Ins Dorf, Verschiedenes einkaufen.» –
«Ich komme auch mit!»

Wir fuhren los. Zu Beginn war alles noch recht harmlos. Der
Weg, den wir auch als Fußweg benutzten, war ziemlich ausge-
treten und glücklicherweise uneben, mit Mulden und kleinen
Höckern. Erst weiter unten begann die offizielle Schlittenab-
fahrt, direkt bei der Seilbahnstation. Die Schlittenbahn wird
gewartet, Unebenheiten werden behoben, Neuschnee wird
plattgewalzt, so daß die Schlittenfahrer in immer schneller wer-
dendem Tempo ins Tal hinunterjagen. Ich hatte natürlich
Angst, ließ die anderen an mir vorbeibrausen, um möglichst
nicht noch von hinten gerammt zu werden. Irgendwelche
Bremsmanöver auszuführen, war völlig überflüssig, die vereiste
Bahn ließ das nicht zu. Mit dem Steuer gezielt einzugreifen, er-
wies sich ebenso als hoffnungslos. Es gab wohl nur eine Möglichkeit: sich der halsbrecherischen Fahrt einfach hingeben,
was die anderen auch hemmungslos und offenbar völlig angst-
frei taten. Ich bekam Herzklopfen, schaute sehnsüchtig zu den
aufgetürmten Schneewällen an den Seiten der Bahn und hätte
mich am liebsten bäuchlings darübergerobbt. In meiner Not
versuchte ich die steilsten Strecken quer zur Bahn schräg von
einem Seitenwall zum andern hinter mich zu bringen. Doch

selbst auf diese Weise erreichte ich eine ungeheuerliche Geschwindigkeit und stürzte jedesmal kopfvoran in die Schneemassen. Obwohl schon ziemlich mitgenommen, konnte ich mir immerhin noch ausrechnen, daß ich die ganze Abfahrt auf diese Weise nicht überstehen würde, ohne einen Hirnschaden zu erleiden. Nach ungefähr zehn Stürzen warf ich mich bäuchlings auf den Schlitten und raste wagemutig in die Tiefe. Noch vier kleine Stürze, nicht schlimm, eine Prellung am rechten Oberschenkel, eine am linken Oberarm, zwei, drei Schürfungen an Knöchel und Knie sowie einige Beulen am Kopf. Das war's. Unten wurde ich von den anderen freudig erwartet, was mich besonders ärgerte. Sie standen alle lässig da, als ob sie in Sänften heruntergetragen worden wären. Ich lag auf meinem Schlitten wie eine niedergeschmetterte Schmeißfliege, von der man noch nicht genau weiß, ob sie dem Schlag ganz erlegen ist oder sich vielleicht wieder erholen wird. Ich sammelte mich gedanklich wieder, stützte mich mühsam auf meine Hände, die mir jedoch den Dienst versagten, so daß ich wieder zusammensackte.

«Sollen wir Dir helfen?»

«Um Gottes willen. Nur nicht!»

Ich war davon überzeugt, ein helfender, durchaus gutgemeinter Griff würde mich wie ein morsches Ruderboot auseinanderkrachen lassen. Ich bat sie, zu gehen und mich meinem Schicksal zu überlassen, was sie leider nicht taten. Nach geraumer Zeit gelang es mir, mich zunächst einfach mal von diesem entsetzlichen, bockharten Fahrzeug zu trennen, indem ich mich auf den Boden rollte. Der Schnee, um einiges weicher als die Holzbretter, tat mir gut. Mit der nächsten Anstrengung gelangte ich auf alle viere, dann in die Knie, und langsam konnte ich mich wieder, wenn auch ächzend und krächzend, aufrichten. Das Gehen fiel mir zunächst noch schwer, alles schmerzte bei jeder Bewegung.

Ich würde mich zuerst in ein Café setzen und mich erholen und ausruhen. Die anderen wollten ja gleich wieder mit der Seilbahn hinauffahren, und ich hätte Zeit für meine vollständige Genesung. Marianne und Heinz verabschiedeten sich rasch.

Andreas meinte, eigentlich habe er auch gleich wieder mit hinauffahren wollen, aber «... in diesem Zustand kann man Dich ja nicht allein lassen».

«Ich brauche keinen Krankenpfleger! Ich bin sowieso lieber alleine.»

«Mag sein. Ich bleibe trotzdem.»

Ich war ziemlich verärgert, daß er sich einfach so aufdrängte. Wir gingen schweigend das letzte Stück ins Dorf hinunter nebeneinander her.

«Am besten ist es, wir setzen uns zuerst in ein Café und trinken etwas.»

«Das wollte ich ohnehin.»

Er steuerte auf das nächstliegende zu.

«Ich möchte aber nicht in dieses hier, sondern in das da hinten.» Ich zeigte mit dem Finger ans Ende der Straße.

«Aber da mußt Du Dich ja noch weiter schleppen.»

«Dieses hat aber viel schöneres Geschirr.»

Dort angekommen, bestellte ich mir eine Portion Schwarztee, und Andreas trank einen Kaffee.

Auf einem ovalen Silbertablett stand klein und stolz ein rubinrotes, bauchiges Teekännchen in feinstem Porzellan mit geschwungenem Schnabel und Griff, dazu passend das Täßchen in Form einer zaghaft sich öffnenden Knospe, das mich ganz besonders faszinierte. Ein etwas größeres, weniger bauchiges Kännchen ohne Deckel war mit heißem Wasser zum Nachgießen gefüllt. Die Teeblätter ruhten in einem rosenholzfarbenen Porzellanei, welches ich nach der von mir gewünschten Zeit in das Teekännchen eintauchen konnte. Ein rundes Schälchen mit gleichem Dekor wie Kännchen und Tasse, durch einen geflochtenen Porzellanrand zusammengebündelt, bot dreierlei Zucker an: ein Silbersäckchen mit weißem Zucker, ein goldenes mit braunem und dazwischen lagen einige topasfarbene Kandiszucker. Ein weiteres tiefkelchiges Schälchen stand bereit, um das tropfende Tee-Ei aufzunehmen. Die fingerhutgroße Winzigkeit Cremière war das Tüpfelchen auf dem «i». Ich zelebrierte mir weltvergessen den Tee, rührte sorgfältig vergnügt mit einem filigranziselierten Silberlöffelchen um, nippte, goß ein wenig nach und ließ mich durch dieses wunderschöne Puppengeschirr verzaubern. Dabei vergaß ich meine schmerzenden Glieder, auch Andreas, der aus einem anderen zerbrechlichen Porzellankelch seinen Kaffee trank.

Irgendwann gingen wir.

Als wir später in die kleine Dorfdrogerie gingen, konnte ich lediglich das Haarspray für Kathi kaufen. Bach-Blüten führten sie keine, der Name sei ihnen auch völlig unbekannt, und Ohropax sei ausverkauft. Die Drogerie im nächsten Dorf habe aber bestimmt welche. Und was die Besorgung der Präservative anbetraf, so war ich der Meinung, daß Ralph sie sich gefälligst selbst besorgen sollte. Ich hatte zwischendurch eine Riesenwut auf ihn. Wie kann der Typ es wagen, ohne Katharina hierherzukommen, sich als Fachmann in Partnerschaftsdingen aufzuspielen und mir den Auftrag erteilen, ihm diese verdammten Präservative zu besorgen. Nein! Ich wußte bereits jetzt, was er mir antworten würde: daß ich, wie immer (!), die Probleme anderer zu meinen eigenen machen würde, mich nicht abgrenzen könne, mich mit den Opfern identifiziere usw. Ferner würde er oder Franz oder Otto (denn Ralph würde ja die Geschichte sofort Franz und Otto erzählen) mir vorwerfen, ich sei eine elend prüde Tante, und es wäre endlich mal an der Zeit, meine Infrastruktur zu modernisieren.

Andreas und ich stiegen in den Regionalbus, um zum nächsten Dorf zu fahren. Dort bekam ich tatsächlich meine gewünschten Ohropax und war überglücklich, denn das würde mir nun ermöglichen, mich wenigstens nachts gegen die Außenwelt mit ihren unangenehmen Geräuschen hermetisch abzuschließen. Wir grasten sämtliche Kioske ab für Alphas «Wirtschaftsmagazin» – jedoch ohne Erfolg.

Andreas machte den Vorschlag, zurück nach Pas zu wandern, es sei ein wunderschöner Weg oben über die Höhe, mit weitem Blick auf die Alpenkette. Ich war sofort einverstanden. Meine Glieder schmerzten überhaupt nicht mehr.

Es war angenehm mit ihm. Wir redeten kaum, und wenn, über das, was wir gerade sahen. Irgendwo entdeckte ich ein Schild «Honig zu verkaufen». Da wollte ich unbedingt hin.

Eine ältere, freundliche Frau öffnete die Türe. Zuerst wollte ich eigentlich nur ein Kilo kaufen. Als ich aber die Gläser dastehen sah, die einen goldgelb wie die Sommersonne, andere milchiggelb, nebelgelb, blaßtrüb, durchsichtig glänzend oder walddunkel und nächtig, da hätte ich am liebsten von jeder Sorte kaufen mögen. Schließlich begnügte ich mich mit drei Gläsern zu je einem Kilo. Andreas trug sie in einem Plastiksack.

Zurück in Pas war ich ziemlich müde und schlug deshalb vor, nochmals etwas zu trinken. Wir gingen wieder in das Café mit dem schönen Geschirr. Diesmal war das ganze Lokal mit SkifahrerInnen genagelt voll, die auf ihren Bus warteten. Wir bekamen gerade noch einen Platz. Ich bestellte mir nochmals einen Tee. Wir sprachen nicht miteinander. Andreas war hungrig und verlangte einen Käsetoast. Obwohl ich keinen Hunger hatte, wollte ich mir die Gelegenheit nicht entgehen lassen, die Spezialität des Hauses zu genießen, und bestellte mir ein Stück Schokoladenkeks. Das ist eine etwas profane Bezeichnung für das, was einen da erwartete. Um dem auch nur einigermaßen gerecht zu werden, müßte es wohl eher Pralinétranchetrüff heißen. Es zerfließt auf der Zunge, hinterläßt ein paar aufregende Trüffsplitter, die den Genuß köstlich verlängern.

Das Café leerte sich allmählich, die Busse kamen, füllten sich und brachten die SkifahrerInnen heim. Dann schaute ich auf die Uhr. Wir hatten die Zeit vergessen! Die letzte Seilbahn war weg. Andreas meinte, für ihn sei das überhaupt kein Problem, aber für mich sei der Aufstieg gewiß sehr anstrengend. Der Meinung war ich auch. Nun, da wir ohnehin zu Fuß gehen mußten, konnten wir ruhig noch ein wenig sitzenbleiben, um uns für den Aufstieg zu stärken. Deshalb bestellte ich mir nochmals ein Stück Schokoladenkeks.

Allmählich machten wir uns auf den Weg. Andreas trug die Plastiktüte mit dem Honig. Oben würde ich mir ein dickes Vollkornbrot üppig mit Butter bestreichen und darüber diesen zähflüssigen, schwarzgoldenen Waldhonig fluten lassen! Dann würde ich mir Ohropax in die Ohren stopfen und meine müden Glieder auf das Lager niederstrecken, noch ein bißchen in meinem Götterhimmel lesen, und alles um mich herum würde ins Nichts versinken. Wir gingen stumm nebeneinander her. Und ich versank dabei in meine Bildträumerei: Wie ich in inniger Verliebtheit mit einem Waldarbeiter, Förster oder sonst irgendeinem landwirtschaftlichen Mann daherschreite. Er wüßte alles über Tiere und Wälder, könnte Schäferhunde erziehen, Rosenschneiden und wüßte genau Bescheid über Schneckenvertilgungsmittel. Mit einer unbeschreiblichen Gelassenheit könnte er einem unförmigen Jeep in gefährlicher Steillage Schneeketten anlegen. Ich würde ihm unendlich viele Fragen stellen über die Bäume. Was fühlt ein Baum, wenn ihm einfach ein Ast abgesägt wird? Wie sieht eine Tanne unter dem Erdboden aus? Wie sehen die Wurzeln aus? Wie wachsen die Wurzeln in die Tiefe? Können Wurzeln in dieser unendlichen Finsternis sehen? Er würde mir alles beantworten und mir noch weit mehr darüber erzählen. Ich wäre mäuschenstill und würde diesen Schilderungen lauschen und immer noch mehr darüber wissen wollen. Er würde bei einem bestimmten Baum stehenbleiben, würde mit ihm sprechen und ihm die schreckliche Mitteilung machen, daß er ihn nächste Woche fällen müsse. Er würde ihn um Verzeihung bitten für diese Ungeheuerlichkeit, hätte Tränen in den Augen. Und der Baum würde mit einem zarten Vibrieren der Äste antworten und ihn mit einem Hauch Schnee überpudern. Der Mann würde mir gestehen, daß Bäume fällen die schwerste Arbeit für ihn sei. Vor allem aber würde er mich als einzige lieben. Ich wäre das allerwichtigste in seinem Leben. Er hätte ein Foto von mir in seinem Geldbeutel. Wenn ich nicht bei ihm wäre, würde er sich schrecklich nach mir sehnen. So einen Mann würde ich lieben wollen!

Während ich mir dies alles vorstellte, blickte ich mir selbst über die Schulter: «Was bist Du doch für ein unmögliches, unreifes Weib! Wünschst Dir ja nur einen allwissenden Vater! Träumst noch immer wie ein Kind! Wann wirst Du endlich erwachsen?»

Plötzlich hörte ich Andreas sagen: «Wir haben vergessen, oben anzurufen und Bescheid zu geben, daß wir später kommen. Nun sind sie sicher beunruhigt und wissen nicht, was mit uns los ist.»

«Wieso?»

«Weil die doch keine Ahnung haben, daß wir die Seilbahn verpaßt haben! Sie haben sicher Angst, uns sei was zugestoßen.»

Er war sichtlich besorgt über das Versäumnis, nicht angerufen zu haben. Ich konnte seinen Kummer nicht nachvollziehen. Er versuchte mir nochmals nachdrücklich klarzumachen, daß sich die anderen doch um uns Sorgen machten. Dann begriff ich: «Ja! Deine Eltern, sicher! Aber meine Mutter ist nicht hier und wird sich deshalb auch keine Sorgen machen können.» Andreas blieb stehen, schaute mich fragend, beinahe etwas ärgerlich an: «Wie meinst Du das?»

«Wie ich es gesagt habe. Meine Mutter ist nicht hier. Also gibt es niemanden, der sich meinetwegen bangt. Um mich macht sich hier oben niemand Sorgen. Ich werde nicht vermißt. Die Kinder werden nach mir fragen. Aber sie sind bestens aufgehoben. Man wird ihnen sagen, die Mami kommt, wenn ihr schon eingeschlafen seid. Ihre Welt ist in Ordnung. Und sonst gibt es keine Menschenseele, die mich vermissen könnte.»

Wir gingen weiter. Andreas wirkte bedrückt. Hatte ich etwas Falsches gesagt? Nach einer Weile blieb er wieder stehen: «Was Du eben gesagt hast, beschäftigt mich!»

«Was denn?»

«Daß Dich niemand vermißt!» Er schaute auf den Boden, zog mit seinem rechten Fuß unruhig Halbkreise in den Schnee.

«Ach, mach Dir nichts draus», sagte ich unbekümmert. «Ich hab' mich daran gewöhnt. Ich hab' doch zwei herrliche Kinder, sie sind mein ganzes Glück. Ich bin eben ein äußerst schwieriger Mensch, verstehst Du. Ich bin irgendwie nicht so, wie ich sein sollte, belastend, beinahe eine Zumutung. Ich bin wie eine bittere Medizin, an die Mann sich auch mit dem besten Willen nicht und niemals gewöhnen kann.» Ich klang beinahe fröhlich. Und irgendwie war mir sogar wohl dabei.

«Hör auf!» Andreas war ärgerlich. «Es dreht mir fast den Magen um, wenn ich Dich so sprechen höre.»

«Entschuldige. Das wollte ich nicht.»

Ich ging weiter. Andreas blieb stehen. Ich stapfte durch den

Schnee, der hier etwas höher lag. Langsam braute sich in mir eine Wut zusammen. Jetzt soll ich mich wohl auch noch um ihn und seine jugendliche Gefühlsmenagerie kümmern! Das hat mir ja gerade noch gefehlt! Dieses hyperzarte Mimöschen hat ja vom Leben überhaupt keine Ahnung! Kann sich eine verheiratete Pein überhaupt nicht vorstellen! Was soll ich denn da für Erklärungen abgeben!

Ich ging ein Stück voraus, und nachdem ich mit großen Schritten den Wald hinter mich gebracht hatte, kam ich in eine märchenhafte Lichtung, was mich beinahe etwas ärgerte: Wie kann ein Mensch anständig wütend sein, wenn er umringt ist von so einer lieblichen Spielzeuglandschaft! Kein Wunder, können wir SchweizerInnen nicht so kraftvoll wie die Deutschen auftreten, sondern verkleinern selbst eine ehrliche Empörung auf ein unbeholfenes Achselzucken.

Andreas holt mich ein, wirft den Plastiksack mit den Honiggläsern in den Schnee, packt mich an beiden Schultern und schreit mich an: «Ich will Dir jetzt sagen, was ich denke!»

Ich will mich losreißen, doch er hält mich mit starkem Griff fest und schreit mir ins Gesicht:

«Du spielst Dir selbst und uns allen ein Theater vor! Du spielst die Lässige, die Gelassene, die glückliche Mutter, die Selbständige, die Starke, die Witzige, je nachdem, in welchem Stück Du gerade auftrittst. Aber wie bist Du wirklich?»

«Laß mich in Ruhe!», schreie ich zurück und versuche mich nun beißend zu befreien, was mir nicht gelingt. Er ist von meinem Befreiungsakt völlig unbeeindruckt und spricht erregt weiter: «Im Grunde genommen bist Du eine unglückliche und einsame, ja, eine einsame Frau.» Das sitzt. Ich stehe da. Wie angewurzelt. Ziehe kalte Schneeluft in mich hinein. Alles hämmert zum Zerspringen. Er kommt mit seinem Gesicht näher und spricht direkt in meine Fassungslosigkeit: «Ich mach' mir Sorgen um Dich.» Ich krache wie durch eine Eisschicht hindurch, die mich jahrelang getragen hat. Ich taumle, wäre wohl hingefallen, hätte er mich nicht aufgefangen. Ich weiß nicht, wie lange ich in dieser Winterkälte heiße Tränen weine. Andreas hält mich umschlungen und tröstet meine aufgerissene

Seele mit behutsamen, heilenden Worten. Sternenklar die Nacht um uns.

Nach Mitternacht kamen wir oben an. Das Haus lag friedlich da. Mir war, als ob ich alles zum ersten Mal sehen würde.

Aufbruch

Obwohl ich den Rest der Nacht nicht geschlafen hatte, stand ich früh auf. Ich war nicht müde. Ich hatte mich in dieser Nacht mit meinem dicken Schlafsack auf den Boden zwischen die Betten meiner beiden Kinder gelegt, ihrem Atem gelauscht und ihre kindlichen Laute in mein jubelndes Herz hineingetrunken. Ach, wenn ich ihnen nur erzählen könnte, was mit mir geschehen war! Ihnen, die mir am nächsten sind, um deren Glück ich bange, für deren Wohlergehen ich alles hinnehmen würde. Diese Kinderherzen, die mir wie kleine, leuchtende Flammen entgegenschlagen, uneingeschränkt, ungehindert. Was gäbe ich darum, daß ihnen der eigene Liebesstrom niemals versiegt. Sobald sie wach sind, werde ich sie in meine lebendig gewordenen Arme schließen. Mein aufgetautes Herz wird laut pochen und pulsieren. Meine heißen Wangen werde ich an ihre drücken, und sie werden mit mir die verlorenen Jahre vergessen. Und wenn sie zu jungen Frauen herangewachsen sind, werden wir über all das miteinander sprechen. Und ich werde sie um Verzeihung bitten für jene unendliche Eiszeit in mir, die mich oft tagelang für ihre Heiterkeit nicht empfänglich gemacht hat.

Die ersten Morgenstrahlen drangen vorsichtig durchs Fenster hinein. Was hat die Schöpfung wohl damit gemeint, als sie dieses Licht erfand? Dieses Morgenlicht, das leise über dem Abgrund heraufzieht. Und jeder Morgen bringt den Neuanfang, als wär's der erste.

Ich ging hinunter. Andreas saß noch immer vor dem erloschenen Kamin, eine dicke Wolldecke um sich geschlungen. Schlief er? Er hörte mich kommen, stand auf, kam auf mich zu. Wir blickten uns wortlos an, und aus unendlicher Tiefe stieg ein warmer Glanz, der mir so vertraut war. Und auf seinem Gesicht ging heiter und strahlend die Sonne auf – als Antwort auf mich. Und aus mir brach der Jubel einer unbekannten Dankbarkeit.

Bald kamen die ersten Kinder heruntergesprungen und wollten schnell hinaus. Andreas und ich richteten ihnen das Frühstück, waren den Kleineren beim Anziehen behilflich. Dann gingen wir mit ihnen zum Schlittenfahren hinters Haus. Mit leichtem Schwung glitten wir über die weichen, kristallglänzenden Hügel hinweg, von der goldtrunkenen Sonne geküßt, umringt von heiteren Kinderstimmen. Ach, wir waren dem Leben so nah!

Am Nachmittag lagen wir gemeinsam mit anderen auf der Sonnenterrasse. Christiane setzte sich zu mir: «Störe ich Dich bei Deinen Traumbildern?»

«Christiane, sie sind weg. Wie vom Erdboden verschwunden.»

Sie lächelte mich an. Dann blickte sie zu Andreas, der neben mir auf einem Liegestuhl lag und schlief. Christiane nahm meine Hand und drückte sie lang und fest mit beiden Händen. Du und ich, wir Moosfrauen, wir Sumpfblumen, wir kennen die sehnenden Rufe im Mitternachtsmoor.

Als es langsam etwas frischer wurde und uns die Sonne nicht mehr rundherum wärmte, gingen Andreas und ich nochmals zum Hügel. Eine letzte Schlittenfahrt noch, um diesen Tag bis auf den letzten Tropfen auszutrinken. Auf dem Weg dorthin berührten wir uns kaum. Und doch war es eine Nähe von inniger Intimität, ein seelisches Ineinanderschwingen. Wir fuhren noch einmal hinunter, unbekümmert wie Kinder, er hatte seine Arme um mich gelegt. Mit geschlossenen Augen spürten wir, wie der Hügel allmählich abflachte, die Fahrt wurde sanfter, bis unser Fahrzeug schließlich stillstand. Noch hielt ich die Augen fest verschlossen, noch hielten mich seine Arme. Er drückte mich fester an sich: «In drei Tagen geh' ich für ein Jahr weg.» Er sprach leise und etwas gequält. Ich schwieg. Und ich empfand keine Trauer darüber, nicht einmal ein leises Bedauern legte sich mir auf die Seele.

Letzte Sonnenstrahlen brachen sich an den Felsen.

Wir schlenderten gemächlich sonnenwärts, das Berghotel stand stolz und groß im Abendlicht, ahnungslos wir beide. Bereits von weitem sahen wir Ungewohntes: Hektik, Ein und Aus auf der Terrasse. Als wir näher kamen, hörten wir laute Stimmen, alle schienen aufgeregt, es herrschte ein großes Durcheinander: Katharina war unerwartet angekommen! Am Abend vorher hatte sie angerufen und wollte mich sprechen. Dabei hatte sie beiläufig erfahren, daß Ralph hier oben war und nicht, wie er ihr erzählt hatte, an einem Supervisionstreffen für EhetherapeutInnen teilnahm. Als sie Vivian mit Ralph hier oben antraf, die sich gerade wieder in ihr Zimmer zurückgezogen hatten, explodierte sie wie ein Vulkan. Sie ging zuerst auf Vivian los – Otto konnte gerade noch eine Schlägerei verhindern. Vivian flüchtete auf die Terrasse, und Otto beschützte sie, was wiederum Adele in größte Beunruhigung stürzte. Ralph hingegen blieb ganz der Fachmann, als ob er überhaupt nicht an diesem Desaster beteiligt wäre. Er widmete sich ganz Katharinas Wut: «Geh jetzt ganz hinein in Deine Wut», sagte er mehrmals. Katharina schrie ihm ins Gesicht: «Ich bin die Wut. Ich bin nur noch Wut. Außer Wut ist nichts mehr in mir.» – «Ja, das ist gut so, bleib dabei», moderierte er sonor, «laß die Bilder kommen, schau die Erinnerungen an, die da aufsteigen.» – «Ich habe keine Erinnerungsbilder, es ist die Gegenwart, verstehst Du, es ist diese verschissene, dreckige Lügengegenwart, und Du bist der Hauptdarsteller, Du miese, alte Sau!» – «Schau Dir die miesen, alten Säue an, die da in Deinem Innern auftauchen, laß die Erinnerungen kommen und sag den miesen, alten Säuen, was Du über sie denkst.»

Katharinas Empörung kippte unter der liebevollen Zuwendung ihres Gatten allmählich um. Diese kraftvolle Wutfrau schrumpfte zum hilflosen, kleinen, schluchzenden Mädchen. Er strich ihr wohlwollend über die Haare. «Siehst Du, laß alles zu...» Sie griff wie eine Schutzsuchende nach seiner Hand, umklammerte sie weinend.

Mir wurde übel. Ich ging hinaus. Auf der Terrasse stand Vivian. Sie wimmerte vor sich hin. Franz hatte inzwischen Otto abgelöst, denn Adele war den Tränen nahe. Vivian wollte noch an diesem Abend abreisen, es sei ihr ganz gleich, mit Schlitten und Koffern hinunterzufahren, nur weg von diesem schrecklichen Ort. Es gelang uns nicht, sie von diesem Entschluß abzubringen. Sie rannte in ihr Zimmer, um die Sachen zusammenzupacken. Kaum waren wir alleine, klopfte mir Franz vertraulich auf die Schulter: «Meine Anerkennung. Bei Andreas hast Du gute und ganze Arbeit geleistet.» Ich rannte zur Toilette und übergab mich.

Die Kunde von Vivians bevorstehender Abreise verbreitete sich rasch. Alle waren bestürzt, außer Katharina. Ralph blieb ruhig. Es sei ihre Entscheidung, und die müßten wir respektieren. Es war jedoch allen klar, daß sie unmöglich alleine die Abfahrt unternehmen sollte. Besonders Otto setzte sich dafür ein, sie hinunterzubegleiten und sie auch mit dem Auto nach Hause zu fahren. Morgen würde er mit der ersten Seilbahn wieder kommen. Adeles Gesicht erstarrte. Sie wollte es verhindern, schwieg dann aber, denn Ralph blickte sie strafend an und ermahnte sie, daß wir uns doch endlich wieder wie Erwachsene verhalten sollten. Wir müßten endlich mal Schluß machen mit diesen schrecklichen Eheumklammerungsspielchen. Man sehe ja, wohin dies alles führe. Ehe sei nur noch in totaler Öffnung lebbar. Ein kurzer Blick auf Katharina konnte seine Enttäuschung nicht verbergen. Katharina war inzwischen wohl aus Erschöpfung eingeschlafen. Sie hatte also die lehrreichen Worte ihres Gemahls nicht vernehmen können.

Vivian ging, ohne sich von uns zu verabschieden, begleitet von Otto. Mir tat das alles furchtbar leid. Ich mochte sie sehr gern und bedauerte zutiefst, daß sie nun bereits mit 22 Jahren in ein solches Beziehungschaos hineingeraten war. An diesem Abend wurde auf die Schüttelmeditation verzichtet. Ich hatte mich ohnehin davon abgesetzt, nachdem ich zufällig ein Gespräch zwischen zwei Kindern mitgehört hatte: «Komm schnell schauen, jetzt schütteln sie sich wieder!»

«Was?»

«Sie zucken. Unsere Eltern! Sie schütteln sich und rütteln alles durcheinander.»

«Meinst Du, wenn sie alle aussehen, als ob sie Deppen wären?»

Deppen. Schwachsinnige, die den letzten erbärmlichen Hirnzellenrest noch unbarmherzig herumschütteln. Ich war den Kindern für ihre Aussage sehr dankbar. Seitdem war bei mir die Begeisterung für die Schüttelmeditation weg.

Nach dem Abendessen wollten wir alle an der Gesprächsrunde am Kamin teilnehmen. Schließlich gebe es doch einiges aufzuarbeiten, meinte Ralph. Er sprach, als ob sich einzelne von uns danebenbenommen hätten und sich nun offiziell damit beschäftigen sollten. An den Abenden, als Vivian noch hier war, hatte er selber nie teilgenommen.

Ich meldete mich freiwillig für den Küchendienst nach dem Essen; Geschirr spülen, abtrocknen, aufräumen. Andreas half mir.

«Möchtest Du lieber abwaschen oder abtrocknen?»

«Egal.» Ich drückte ihm ein Tuch in die Hand.

«Ich schaue all dem wie einem Schauspiel zu. Seit mein Vater vor 15 Monaten von Indien zurückgekehrt ist, verstehe ich die Welt nicht mehr. Es ist, als ob er seinen Verstand verloren hätte. Kannst Du Dir das vorstellen? Ein Mann kommt eines Tages und verkündet über seine bisherigen kulturellen, ethischen und philosophischen Vorstellungen: ‹Das ist alles Scheiße.› Reduziert sein hochsensibles und differenziertes Denken auf drei Sätze:

– Das wichtigste im Leben ist, die eigenen Bedürfnisse wahrzunehmen,

– sie unverzüglich umzusetzen, wie, wo und mit wem auch immer,

– Sexualität ist der goldene Schlüssel ins eigene Himmelreich, Partner sind Fahrzeuge dorthin.

Ich komme mir verraten vor, im Regen stehengelassen. Er hat mir so lange etwas ganz anderes vermittelt, und plötzlich kommt er und verkündet: ‹Das war alles Scheiße!› Mein Vater hat mir die Welt der Literatur eröffnet, ich wollte Germanistik studieren, nun bin ich mir selbst nicht mehr sicher. Deshalb muß ich weg. Dabei will ich doch gar nicht mehr weg. Aber ich brauche einen Ozean zwischen mir und dieser Welt, hier erdrückt mich meine eigene Verwirrung.»

Christiane brachte noch einige Gläser zum Spülen. Sie sah mich kurz an, dann Andreas, dann nahm sie uns beide in die Arme. Wir standen zu dritt und hielten uns schweigend an den Händen. Nachdem sie wieder gegangen war, sprach Andreas weiter:

«Es ist nicht so, daß vorher alles in Ordnung war. Keineswegs! Vieles habe ich nicht gewußt, das erfahre ich erst allmählich. Mein Vater hatte immer irgendwelche heimlichen Liebschaften. Und meine Mutter versuchte sich damit zu arrangieren, was sie ja noch heute tut. Sie war für mich oft nicht erreichbar. Sie steckte so tief in ihrer Ratlosigkeit. Ich stand oft einer fremden, beängstigenden Welt gegenüber, dazwischen mein Vater, ebenfalls hilflos. Meine ganze Kindheit zieht noch einmal an mir vorbei, wirft Fragen auf, die ich nicht beantworten kann.»

Er legte den abgetrockneten Teller samt Tuch auf den Tisch, trat ans Fenster und sprach in die Nacht hinaus, als ob er zu sich selbst spräche:

«Da rinnt der Schule lange Angst und Zeit
mit Warten hin, mit lauter dumpfen Dingen.
O Einsamkeit, o schweres Zeitverbringen...
Und dann hinaus: Straßen sprühn und klingen,
und auf den Plätzen die Fontänen springen
und in den Gärten wird die Welt so weit –.
Und durch das alles gehn im kleinen Kleid,
ganz anders als die andern gehn und gingen –:
O wunderliche Zeit, o Zeitverbringen,
o Einsamkeit.

Und in das alles fern hinauszuschauen:
Männer und Frauen; Männer, Männer, Frauen
und Kinder, welche anders sind und bunt;
und da ein Haus und dann und wann ein Hund
und Schrecken lautlos wechselnd mit Vertrauen –:
O Trauer ohne Sinn, o Traum, o Grauen,
o Tiefe ohne Grund.

Und so zu spielen: Ball und Ring und Reifen
in einem Garten, welcher sanft verblaßt,
und manchmal die Erwachsenen zu streifen,
blind und verwildert in des Haschens Hast,
aber am Abend still, mit kleinen steifen
Schritten nach Haus zu gehn, fest angefaßt –:
O immer mehr entweichendes Begreifen,
o Angst, o Last.

Und stundenlang am großen grauen Teiche
mit einem kleinen Segelschiff zu knien;
es zu vergessen, weil noch andre, gleiche
und schönere Segel durch die Ringe ziehn,
und denken müssen an das kleine bleiche
Gesicht, das sinkend aus dem Teiche schien –:
O Kindheit, o entgleitende Vergleiche.
Wohin? Wohin?»

(Rainer Maria Rilke)

Er blickte noch eine kurze Weile in die weiße Nacht hinaus.
Dann nahm er sein Geschirrtuch und trocknete einen Teller
nach dem andern ab, gemächlich, vorsichtig, ohne irgendwie
Lärm zu machen. Und in diese Lautlosigkeit fiel ein Glas auf
den steinigen Boden und zerbrach. Er sammelte die Scherben
zusammen, unvorsichtig wohl, denn eine scharfe Kante verletzte ihn. Er blutete. Ich holte Verbandszeug und verband ihm
die Hand.

Ich las den Kindern eine Geschichte vor. Andreas wollte
ebenfalls zuhören und legte sich zu ihnen hin. Nach den ersten
Sätzen war er eingeschlafen. Ich deckte ihn zu. Die Kinder
wollten noch eine Geschichte hören. Dann wurde es allmählich
still. Bald schliefen sie auch.

Adele im Schnee

Andreas war am nächsten Tag ziemlich ärgerlich auf mich, weil
ich ihn einfach hatte schlafen lassen. Ich hingegen war darüber
sehr erleichtert, daß er das abendliche Kamingespräch nicht
miterlebt hatte. Es war der Höhepunkt an Peinlichkeit. Ralph

thronte wie Zeus über allem. Er stellte sein Verhalten nicht ein einziges Mal in Frage, sondern drapierte nette, lustfreundliche Theorien um sich herum, die er uns in langen Vorträgen erläuterte. Der einzige Weg, die kollektive Ehemisere zu überwinden, sei die totale Öffnung nach außen. Jede/r, der da anklopfe, werde in die große Liebesenergie eingeschlossen und nicht etwa ausgeschlossen. Das heiße, jede/r müsse sich endlich von den selbstauferlegten Zwängen befreien und sich nicht weiterhin einem Diktat unterstellen, dessen Inhalt noch nie hinterfragt worden sei. «Im Grunde genommen sind wir alle polygam!» Sonst gäbe es nicht so viele zerrüttete Ehen, die alle an dem «einen» scheitern: an der Fixierung auf eine/n einzige/n PartnerIn. Die Angst, den anderen zu verlieren, sei nichts weiter als eine frühkindliche Marotte, nämlich die Angst, von der Mutter verlassen zu werden. Dieses Erlebnis werde dann auf den Partner übertragen. Dieser müsse dann herhalten und ein ganzes Leben lang auf der Treuegaleere darben, nur damit der andere nicht sein lebensgeschichtliches Trauma aufarbeiten müsse. «Und da, da bin ich entschieden dagegen!»

Katharina, die sich noch nicht ganz erholt hatte, nickte ihm zu. Irgendwie und trotz allem hoffend.

Franz war ganz mit Ralph einverstanden und nickte ununterbrochen, während Lisa ihre Atemübungen unauffällig im Yogasitz machte und sich gelegentlich ein paar Bach-Blüten auf die Zunge tröpfelte.

Bertrand triumphierte über Alpha: «Da kannst Du nun endlich mit deiner dämlichen Astrologie einpacken!» und Alpha gab zurück: «Und wenn ihr Psychos nicht mehr weiter wißt, dann laßt ihr noch klammheimlich ein astrologisches Gutachten anfertigen!»

Max und Kathi waren so gut wie nicht interessiert, hörten aber dennoch höflich Ralphs Lehrreden zu.

Heinz schwieg betreten.

Rolf ebenfalls, während Vroni unentwegt zustimmend in die Hände klatschte. Und wenn sie damit kurz aufhörte, fummelte sie an Franz herum, der dicht neben ihr saß.

Adele saß mit traurigem Gesicht da, ihren Blick trüb in eine

Ecke gerichtet. Marianne, Christiane und ich versuchten, Ralphs Theorie zu widerlegen, was unmöglich war. Marianne fühlte sich ohnehin angegriffen, weil sie den außerehelichen Ausflug ihres Gemahls nicht einfach lächelnd hingenommen hatte. Ralph führte sie auch stets als schlechtes Beispiel an. Sie diente ihm als Illustration für dummes und kleinkariertes Verhalten. Christiane scheiterte ebenfalls kläglich. Ich holte drei Bananen aus der Küche und bat Ralph, damit eine geschlossene Form zu bilden, was er etwas widerwillig tat («wir sind doch hier nicht im Kindergarten!»). Dann fragte ich ihn, ob sein Verhalten mit Katharina und Vivian auch nur im entferntesten dieser Form entspreche, die ja schließlich Ausdruck für absolute Offenheit untereinander sei und vor allem keinen der drei Beteiligten ausschließen sollte. Er schaute mich verwundert an:

«Wie meinst Du das?»

«So, wie ich es sage.»

«Ich weiß gar nicht, was Du willst. Das ist wieder typisch für Dich, alles unlogisch und unexakt!»

Ich nahm zwei Bananen und bildete einen ovalen Kreis: «Das ist Deine Situation! Eine Banane wird nämlich stets ausgeschlossen. Bis heute abend war es Katharina. Jetzt ist es Vivian. Deine Theorie von Offenheit, Freiheit und allumfassender, nicht ausschließender Liebe ist nichts weiter als ein ganz fauler Trick, wie Figura zeigt!»

Das käme davon, wenn frau nicht so genau wisse, wovon sie spreche, antwortete er unberührt.

Für mich war das Gespräch abgeschlossen. Mehr war wohl nicht möglich.

Früher hatte ich mich von Meinungen anderer, vor allem, wenn sie von Männern stammten, stets beeinflussen lassen und nicht gewagt, deren Richtigkeit anzuzweifeln. Das Erlebnis Andreas gab mir eine tiefe Zuversicht, daß das, was ich fühlte, richtig war, daß sich diese Gefühle aber zu mir durchtasten müssen und dem Sog männlich-logischer Erklärungen Widerstand entgegenzusetzen ist.

In jener Nacht hatte ich einen Traum: Ich sitze an einem Weiher und schaue in das Wasser. Ich sehe Goldfische, die zum Teil gigantische Größen haben. Plötzlich taucht dazwischen etwas auf, was noch größer ist. Es kommt an den Rand, dorthin, wo ich sitze. Aus der Tiefe taucht eine wunderschöne, blonde Nixe auf. Wir sprechen miteinander. Ich sage zu mir: «Ich habe immer gewußt, daß es Nixen gibt, auch wenn alle andern das Gegenteil behaupten.» Ich will sie noch fragen: «Wie atmest Du unter Wasser? Frierst Du im Winter?» Frage aber nicht. Es ist plötzlich völlig unbedeutend. Ich weiß einfach: Das, an was ich heimlich geglaubt habe, ist Wirklichkeit.

Andreas teilte mir bereits beim Frühstück mit, daß er in Erwägung ziehe, seine Abreise zu verschieben. Wir wollten einen großen Spaziergang machen, um das in aller Ruhe miteinander zu besprechen. Doch dazu kam es nicht. Otto, der eigentlich schon wieder zurück sein wollte, rief an. Langes Telefongespräch abwechselnd mit Franz und mit Ralph. Adele saß wie angewurzelt daneben. Es mußte irgendwie etwas Unangenehmes geschehen sein. Ihre Kinder Sandra (2), Marci (3½) und Ferdi (5) zerrten an ihr herum, denn sie wollten Schlitten fahren gehen. Ich kombinierte, daß Franz und Ralph Adele beschwichtigen sollten, da Otto nicht sofort wieder zurückgekommen war. Das also war die Offenheit, die große Freiheit und dieser ganze verschissene Zauber! Das einzige, was ich im Moment tun konnte, war, Adeles Kinder zu übernehmen. Andreas und ich gingen mit ihnen Schlitten fahren. Als wir zurückkehrten, erfuhren wir von Lisa, was inzwischen geschehen war. Otto hatte also angerufen, um mitzuteilen, daß er nicht mehr zurückkomme. Er würde Silvester unten bleiben, und nachher lohne es sich kaum noch für den einen Tag. Am letzten Tag stünden ja nur noch Koffer packen, aufräumen und putzen usw. an. Franz und Ralph sollten dies Adele möglichst schonend beibringen. Adele klappte zusammen. Sie wurde ins Bett hinaufgetragen, wo Marianne bei ihr blieb.

Ich war sprachlos. Das durfte einfach nicht wahr sein! Ich wurde wütend, wollte sofort diesen Typ anrufen und ihm meine Meinung sagen. Franz und Ralph wußten aber anscheinend nicht, wo er sich aufhielt. Das machte mich noch wütender.

Alle standen ratlos herum. Die Kinder spielten vergnügt wie

immer. Nur die drei Kinder von Otto und Adele waren nicht so heiter wie sonst. Ferdi war ständig bei Andreas, und die zwei Kleinen klammerten sich an mich. Meine beiden Mädchen versuchten immer wieder, sie mit einigen Spielen abzulenken, als hätten sie intuitiv die Lage erfaßt.

Wir wollten ein fröhliches Silvester feiern, wollten mit den Kindern auf der Terrasse ein großes Feuer machen, wozu alles schon seit dem Vortag bereitstand. Auch wollten wir ein paar Raketen und Knallfrösche verfeuern, worauf sich besonders die größeren Buben freuten.

Vielleicht würde sich Adele fangen, und wir könnten wieder so tun, als ob nichts geschehen wäre.

Am Nachmittag kam Marianne herunter und berichtete, wie schlecht es Adele ginge. Sie habe nur noch einen Wunsch: alleine zu sein. Wir sollten uns um die Kinder kümmern und sie einfach in Ruhe lassen.

Am späten Nachmittag brach dann das Unheil vollends über uns zusammen. Ferdi wollte zu seiner Mutter und kam weinend zurück: «Die Mami ist nicht mehr hier!» Wie vom Blitz getroffen standen wir da. Dann ging die Suchaktion los. Zuerst im Haus, dann ums Haus. Heinz mahnte uns, nicht den Kopf zu verlieren. Wir zählten die Schlitten, ob sie vielleicht hinuntergefahren war, um Otto zu suchen? Dann teilten wir uns in kleine Gruppen auf und begannen, systematisch das ganze Gelände, das zu Fuß begehbar war, abzusuchen. Ohne Erfolg. Sollten wir die Rettungsflugwacht einschalten? Inzwischen begann es auch noch zu schneien, langsam wurde es dunkel, und das Ganze bekam etwas unbeschreiblich Beängstigendes.

Gegen 18 Uhr riefen wir den Rettungsdienst an. Sie wollten Genaueres wissen. Ralph log das Blaue vom Himmel herunter, von wegen nachmittags spazierengegangen, sich wahrscheinlich verlaufen usw. Drei Männer mit Hunden wurden per Helikopter auf der Plattform von Faux abgesetzt. Marianne und ich unterrichteten sie über den tatsächlichen Hergang. Dann ging die Suche los. Um 21 Uhr wurde sie gefunden. Sie saß aufrecht im Schnee und reagierte nicht auf unser Kommen. Wir packten sie auf einen Rettungsschlitten. Wir waren alle so hilflos, denn sie war nicht ansprechbar. Zuerst wurde sie ins Haus gebracht, dort versuchten wir nochmals mit ihr ins Gespräch zu kommen. Es gelang uns nicht. Einer von der Rettungswacht schlug vor, sie hinunter in ein Krankenhaus zu bringen. Diese Möglichkeit war für uns alle unvorstellbar. Es würde sie in eine noch größere Isolation drängen. Nein, wir wollten alles daransetzen, daß sie aus ihrer Sprachlosigkeit herauskam. Und das konnte sicher nicht in einer Klinik – unter Umständen vielleicht in der Psychiatrie – geschehen, sondern nur unter anteilnehmenden Menschen. Wir verabschiedeten die Rettungswacht. Christiane schrieb ihnen die Adresse für die Rechnung der Suchaktion auf. Groß und deutlich schrieb sie den Namen von Otto hin: «Wenn er schon nicht bereit ist, im zwischenmenschlichen Bereich Verantwortung zu übernehmen, dann soll er wenigstens ordentlich zur Kasse gebeten werden», meinte sie.

Um Mitternacht knallten verlegen dennoch ein paar Knallfrösche, das Feuer wurde angezündet. Die Kinder freuten sich über das Außergewöhnliche, die Erwachsenen waren ziemlich gedämpft. Selbst Ralph konnte keine passenden Worte mehr finden, die alles erklärten, die alles zum Kinderspiel erkürten. Adele schwieg noch immer. Sie lag in ihrem Bett, und wir versuchten immer wieder, einen Kontakt zu ihr herzustellen. Sie hatte die Augen tief verschlossen. Eine konsequente Absage an die äußere Welt. Lidschluß. Verschluß als Schutz. Sich zurückziehen in die eigenen Mauern und keine Menschenseele mehr hereinlassen, damit ihr niemand etwas antun kann. Niemandem mehr trauen können. Aus abgrundtiefer Angst die Fäden durchschneiden müssen. Nur manchmal rannen Tränen unter den geschlossenen Augenlidern hervor und suchten sich einen Weg durch die versteinerten Gesichtszüge. Wie konnte ich dies alles nachfühlen. Und zutiefst in sich die Sehnsucht, sich aus diesem Leid herauszukristallisieren, sich herauszutrocknen, um irgendwann lautlos zu zerfallen. Sang- und klanglos zu verschwinden, ohne Spuren zu hinterlassen. Und ich wußte auch, daß jeder unvorsichtige Versuch, eine Verbindung zu erzwingen, einem Gewaltakt gleichkommen würde. Ich war sehr froh darüber, daß alle, die wir uns um Adele kümmerten, dieses Gebot der absoluten Respektierung unausgesprochen einhielten. Auch unsere Berührungen waren von dem Gedanken getragen, nicht irgend etwas aus unserer eigenen Hilflosigkeit heraus zu tun. Gegen Morgengrauen war es dann soweit. Sie suchte zuerst nach einer Hand. Und dann nach einem Ohr. Sie holte jedes Wort aus einer Urtiefe heraus, setzte es neu zusammen, gab ihm Hauch und Atem, bis es lebte. Und mit jedem Wort kam auch sie dem Leben näher. Sie erzählte uns die schmerzliche Geschichte:

Als sie von Ralph erfuhr, daß Otto nicht mehr heraufkommen würde, ballte sich eine dunkle Ahnung (die sie seit Jahren wegzuscheuchen versucht hatte) bedrohlich über ihr zusammen. Plötzlich waren die Träume wieder da, die sie nie zur Kenntnis nehmen wollte. Plötzlich begann sie den Zusammenhang zu ahnen, weshalb sie immer wieder krank wurde. Und nun mußte sie die Wahrheit wissen. Sie begann in Ottos Sachen zu suchen, fieberhaft, mit zitternden Knien. Und dann fand sie diesen Zettel! Unter ihr klaffte die Erde auf: «Geliebter! Deine unendliche Liebe gibt mir Kraft, auf Dich zu warten, bis Du endlich zu *uns* kommst! Deine Cäcilia.» Cäcilia, Cäcilia, ihre langjährige Freundin! Und das Blut habe in ihr gehämmert, als ob etwas Fürchterliches an ihre Haustüre polterte und pochte und unerbittlich Einlaß forderte. Das Wort «uns» sei dann wie ein Unheil vor ihr gestanden. Weshalb schrieb sie: ‹zu uns›? Uns! Uns! Was soll das bedeuten? War ihr kleiner Sohn, der drei Monate jünger war als Sandra...? Und hier habe sie nicht mehr weiterdenken können. Sie sei dann einfach so schnell wie möglich weggelaufen, damit sie die Gedanken nicht einholen konnten. Aber sie hätte wohl für den Rest ihres Lebens weiterlaufen müssen, und die Gedanken wären ihr hinterhergerannt wie hungrige, wilde Tiere. Dann habe sie sich hingesetzt und den Atem kontrolliert, damit nur das Allernötigste an Lebenshauch zu ihr durchdringe und die bedrohlichen Bilder nicht in Bewegung gerieten.

Dazwischen wurde sie immer wieder still. Weinte. Neue Bilder, neue Zusammenhänge, die zu erkennen sie schmerzten:

Seit drei Jahren fuhr sie alleine mit den Kindern in die Ferien. Otto hatte keine Zeit. Das Haus wurde umgebaut. Otto bekam einen eigenen Eingang zu seinen Arbeitsräumen. Einmal pro Woche, jeweils donnerstags, wollte er *absolut ungestört* die ganze Nacht arbeiten. Sie respektierte dies stets. Irgendwann wurde aus dem einen Arbeitsraum ein Schlafzimmer, eine Dusche und WC wurden eingebaut. Er nächtigte immer häufiger in seinem Trakt, während sie mit den Kindern im anderen wohnte. Jetzt verstand sie auch sein Verhalten bei Sandras Geburt. Sie hatte die Wehen zu früh bekommen. Er war nicht da. Sie telefonierte herum, um ihn zu finden. Es gelang ihr nicht. Ihre Nachbarin sprang hilfsbereit ein, paßte auf ihre Kinder auf, während der Mann sie in die Klinik begleitete. Als Otto sie dann in der Klinik besuchte, war Sandra bereits einen Tag alt. Als erstes herrschte er sie an, weshalb sie denn so ein Theater gemacht hätte, er habe ganz kurzfristig auf eine Studienreise gehen müssen. Nachdem sie dann wieder zu Hause war, wurden die Reisen immer häufiger. Nun rechnete sie nach. Die zehntägige Geschäftsreise, während der sie nie so recht wußte, wo er war, ihn auch nicht telefonisch erreichen konnte – sie fiel genau in die Zeit, als Cäcilia ihren Sohn bekam. Er mußte der Vater sein.

Nachdem uns Adele dies alles erzählt hatte, schlief sie erschöpft ein.

Hinterher stellte sich noch heraus, daß Franz, Ralph und Vroni schon lange genauestens informiert waren. Die offene Ehe!

Wir zogen wie geschlagene Hunde vom Platz. Andreas und ich gingen an die frische Luft. Wir schauten uns an. Und wieder konnte ich trotz allem auf seinem Gesicht die Sonne vorüberhuschen sehen.

Abschied

Es mußte wohl so sein. Wir fanden keine Zeit mehr, Andreas' Anliegen, das Auslandsjahr eventuell zu verschieben, miteinander zu besprechen. Und es war gut so. Irgendwie fühlte ich, daß alles seinen vorgesehenen Lauf nehmen sollte.

Andreas packte am frühen Morgen seine Sachen zusammen. Er tat es traurig, aber gefaßt. Dann machten wir einen letzten Spaziergang im Schnee, sprachen wenig miteinander, hielten uns an den Händen. Trotz des bevorstehenden Abschieds war ich erfüllt von einer mir kaum bekannten Zufriedenheit. Ich hatte mit diesem jungen Mann etwas Zartes und Einmaliges erlebt, das mich wieder in einen innigen Kontakt mit mir selbst zu bringen vermochte. Jetzt wußte ich, daß diese Art des Erlebens etwas mit Liebe zu tun hatte. Liebe, die befähigt, seit Jahren scheinbar tiefgefrorene Gefühle wieder aufzutauen. Liebe, die den Liebesstrom zu sich selbst und zu einem anderen wieder ungehindert fließen läßt. Liebe, die Erstarrtes wieder in Bewegung setzt, die hilft, sich und den eigenen Gefühlen wieder zu vertrauen.

Ich begleitete ihn zur Seilbahn. Eine letzte Umarmung. Kurz bevor wir uns verabschiedeten, konnte ich es nicht lassen, ihn zu fragen, ob er Schneeketten montieren könne. «Schneeketten? Ich kann nicht einmal Auto fahren!»

Auf dem Heimweg machte ich noch einen Umweg. Ich wollte noch einmal dort auf der kleinen Anhöhe stehen, wo die Berge rundherum zu sehen waren: Was für ein liebender Bildhauer hat sie für uns hingemeißelt, hat sie wie Edelsteine aneinandergereiht und mit kristallweißer Ewigkeit überzogen!

Beinahe jubelnd ging ich aus diesem Abschied hervor. Erst als ich unter meinem Kopfkissen einen Brief von Andreas fand, mischte sich ein süßer Schmerz in meine Heiterkeit:

«Lösch mir die Augen aus: ich kann Dich sehn
Wirf mir die Ohren zu: ich kann Dich hören
Und ohne Fuß noch kann ich zu Dir gehn
Und ohne Mund noch kann ich Dich beschwören.
Brich mir die Arme ab: ich fasse Dich
Mit einem Herzen wie mit einer Hand
Reiß mir das Herz aus: und mein Hirn wird schlagen
Und wirfst Du mir auch in das Hirn den Brand
So will ich Dich auf meinem Blute tragen.»
                                        (Rainer Maria Rilke)

Ein Neunzehnjähriger, der mit einer frühlingshaft durchdringenden Kraft des Werdenden die sommerliche Trägheit meines bald vierzigjährigen Frauenlebens bis in die Wurzeln erschütterte!

Eines wußte ich, ich wollte nie mehr in das alte Dasein zurückkehren, wo nur in der Träumerei wirkliches Leben stattgefunden hatte. Damals allerdings ahnte ich noch nicht, daß die Begegnung mit Andreas erst der Auftakt für größere Umwälzungen in meinem Leben war.

Es gab nochmals einige verwirrende Szenen. In der letzten abendlichen Kaminrunde teilte Franz Lisa mit, daß er nun für einige Zeit mit Vroni zusammenleben möchte, «ganz unverbindlich», das sei doch klar. Bei dieser Gelegenheit erfuhr auch Rolf, daß seine Frau Vroni das eheliche Domizil für ein Weilchen verlassen würde. Rolf, zwar an solche Begebenheiten gewöhnt, nun aber doch allmählich mürbe geworden, wollte nicht mehr. Sie solle sich gefälligst entscheiden, war seine Forderung. Ralph, wieder ganz Herr und Meister ehelicher Verstrickungen, fand dies geradezu widersinnig und wollte Rolf davon abbringen. Lisa hingegen zeigte keine Reaktion.

Adele hatte sich noch immer nicht vom Schock der schmerzlichen Entdeckung erholt. Es war noch nicht klar, wie es weitergehen sollte. In dem Angebot, das Ralph ihr im Auftrag von Otto machte, daß er – Otto – jeweils drei Tage bei ihr und vier Tage bei Cäcilia wohnen würde, sah sie keine Lösung.

Die letzte Nacht vor unserer Heimreise verbrachte ich schlaflos. Ich zog Bilanz, ob es uns nun hier oben gelungen war, weg von unserer Alltagssituation andere Verhältnisse in unseren Ehen zu leben. In diesen Stunden begriff ich, daß wir stets unsere persönliche Geschichte mitnehmen, wo auch immer wir hinfliehen. Letzter Tag. Einpacken, aufräumen, putzen. Nach uns soll hier bereits am Nachmittag eine Klasse einziehen. Wird es uns wohl möglich sein, unsere Leidensgeschichten mit einzupacken und sie aus dem Haus zu tragen? Oder werden die ungelösten Probleme noch weiter hier oben herumgeistern und den Schülern schlechte Träume verursachen?

Die unangenehme Angelegenheit mit den Schneeketten saß

mir noch in den Knochen. Um Andreas nicht an dem lächerlichen Test scheitern zu lassen, wollte ich selbst lernen, wie man sie anbringt. Christiane und ich hatten einige Stunden auf der Terrasse damit verbracht, uns mit Hilfe einer zurechtgeschnittenen Kartoffel und eines kleinen Haarnetzes den Vorgang des Montierens bildhaft vor Augen zu führen und ihn Schritt für Schritt zu lernen. Ein Kinderspiel fürwahr! Weshalb geraten wir Frauen immer wieder in Situationen, in denen wir unsere eigene Intelligenz an den Nagel hängen und uns dem männlichen Verstand ausliefern? Wenn es dann nicht klappt, sind wir darüber enttäuscht, anstatt unseren Beitrag gleichermaßen zu leisten! Es war ein gutes Gefühl, als Christiane und ich diese Aktion einfach übernahmen, mit frisch lackierten Fingernägeln, problemlos.

Zuhause hatte ich die Koffer noch nicht ausgepackt, als sich altbekannte Krankheitssymptome meldeten: leichtes Ziehen in der Nasenwurzel, Wattekopf, nicht mehr frei durchatmen können. Die Schleimhautsekrete wurden zähflüssig, um dann allmählich zur totalen Starrheit zu sklerotisieren. Meine Seelenbefindlichkeit inszenierte sich unbarmherzig auf dem körperlichen Schauplatz! Doch erst viele Jahre später verstand ich das Krankheitsbild allmählich und konnte es entschlüsseln.

Zuerst aber verfing ich mich nochmals in der Irrfahrt der Symptome und rannte wie ein Hamster im Rad endlos weiter – ohne etwas zu begreifen. Ich lag fiebernd im Bett mit dieser schmerzenden Versteinerung im Hirn.

Als einzige Brücke zum Leben suchte ich in meiner dumpfen Erinnerung nach jenen Worten in einem Gedicht, welche die Situation eines ertrunkenen Kirchturmes beschreiben. Dunkel stiegen sie vereinzelt auf, ohne Zusammenhang, «...als ihm sein Dorf ertrank... was fühlst du? Nichts... Was hörst du? Nichts... Was träumst du? Nichts.» Ich mußte diesen Text finden! Ich suchte nach den Worten, Brückenworte, rettende, die mich hinübertragen sollten, damit ich nicht mehr in dem untergegangenen Turm ertrunken liegen mußte. Da ich den Text nirgends finden konnte, rief ich Pia an. Ihr Anrufbeantworter forderte mich auf, mein Anliegen auszusprechen:

«Hallo–liebe–Pia–es–geht–mir–so–schlecht–ich–bin–krank–
aber–das–Schlimmste–daran–ist–daß–ich–Dein–Gedicht–vom–
Kirchturm–im–See–nicht–mehr–finden–kann–es–ist–das–einzige–was–mir–helfen–kann–bitte–per–Expreß–oder–Helikopter
–bitte–schnell...»

Ich wartete stumme Stunden in meinem Fiebersarkophag.
Das Wasser um mich ohne Bewegung. Und dann brachte mir
der Eilbote die heilenden Worte:

> Der Kirchturm im See
>
> Ein Tal.
> Im braunen Bart der Berge
> ein Dorf.
> Das krallt sich fest
> und darf nicht stürzen
> heim, untern See.
>
> Dort
> in verletztem Weiß
> ein Kirchturm
> er hält den Atem an
> seit soviel Jahren
> er hält die Zeit
> in seinen Eisenfingern fest.
> Neun Uhr.
>
> Ob es ein leichter Wintermorgen
> ob es ein roter Abend war,
> als ihm sein Dorf ertrank
> und er allein blieb,
> hochhäuptig und stumm?
>
> Hohl schaut sein Auge
> durch's Tal.
>
> Was siehst du?
> Nichts.
>
> Was tönst du?
> Nichts.
>
> Was träumst du?
> Nichts.
>
> Neun Uhr. Neun Uhr.

(Pia Thimon)

Aus meiner grauen Asche glimmen die erloschenen Bilder auf. Mit jedem Wort wird Vergessenes neu beatmet, steigt aus dem Verschluß der Erinnerung heraus wie ein Geist aus einer dünnhalsigen Flasche, bauscht sich wolkengroß um mich, bartbraun, mich, kleines Dorf in Bergesnot, kralle meine Finger in den feuchten Grund und will nicht stürzen, in das tiefe Tal, hinab, ins dunkle Grubenloch, wo mir mein weißes Kindertürmchen ertrunken liegt, verletzt und vaterlos. Nur jetzt nicht atmen und nichts spüren, auch wenn es viele Jahre dauern wird. Verletzte Zeit nicht reifen lassen (!), neun Uhr. Es war kein leiser Wintermorgen, als mir mein Dorf ertrank und ich mit ihm. Es war ein dunkelroter Abend, Spätmitternachtshimmel, als ich aus jäher Finsternis erwachte und mit einem einzigen Peitschenhieb auseinanderklaffte und hinunterstürzte, absoff wie eine Ratte. Und nur der Bart im Berg blieb aufrecht stehn und senkte erst sein Haupt, als ich den bitteren Kelch bis auf den letzten Tropfen leergetrunken hatte. Hohl blick ich seit jener Nacht. Tränenlos. Was siehst du? Nichts. Was tönst du? Nichts. Was träumst du? Nichts. Neun Uhr.

Es dauerte nochmals einige Jahre. Dann packte ich meine Sachen und diejenigen der Kinder zusammen und zog mit ihnen aus. In ein Leben ohne geregelten Zivilstand, ohne Regelung der beruflichen Belange und ohne Regelung des Geschlechtsverkehrs.

In Erwartung des Glücks

Trennung und Neubeginn

Das Erlebnis «Andreas» hatte meinem vereiterten Ehezahn einen gehörigen Stoß versetzt, und er begann zu wackeln. Dann lernte ich Sebastian kennen. Der Zahn bekam bereits mehr Spielraum, aber er war noch immer fest verwurzelt. Erst als Felix in mein Leben trat, und mit ihm das Unermeßliche seines Schicksals, nahm die Trennung zwingend ihren Lauf. Obwohl ich stets Handelnde blieb und selbst bestimmte, was geschehen sollte, litt ich unter mir und unter meinen Entscheidungen. Ich folgte freilich einer seelischen Gesetzmäßigkeit, ohne daß ich es damals begriff. Im Rückblick allerdings kann ich klar erkennen, woran ich mich intuitiv orientierte. Es war das lebendige Fühlen und Empfinden, das mir den Weg aus einer leblosen Wüste wies. Dennoch war der Abschied schmerzvoll, und oft genug stiegen Zweifel in mir hoch, ob ich nicht doch in wohlbestallter Häuslichkeit hätte ausharren sollen, anstatt mich nach der Sonne auszurichten, die alles andere als Sicherheit ausstrahlte. Wer weiß, ob sie mir morgen noch scheinen würde!

Der Trennungsprozeß war, wie könnte es anders sein, sehr schmerzlich – und das, obwohl er wie in den meisten vergleichbaren Fällen, das Ende eines leidvollen Zusammenlebens bedeutete. Weshalb ist das eigentlich so? Müßten nicht alle Betroffenen erleichtert aufatmen, wie nach einer Gallenkolik? Weshalb fürchten wir uns davor, wo wir doch einen unsäglichen Schmerz loswerden? Weshalb sträuben wir uns dagegen, endlich kränkungs- und schmerzfrei zu leben?

Trennungs- und ScheidungskandidatInnen tanzen lieber jahrelang um den heißen Brei herum, verdrängen, verbiegen, verschieben ihr Leben, nur um nicht hinschauen zu müssen, um keine Entscheidungen zu treffen. Für viele ist es naheliegender, insgeheim den Tod des Partners herbeizuwünschen, als sich mit dem Gedanken an Scheidung zu konfrontieren. Hätte mich nicht Felix durch seine erschütternde Lebenssituation, die mir mein eigenes Gefangensein spiegelte, aus den Angeln gehoben, wäre ich wahrscheinlich noch jahrelang in meiner Bewußtlosigkeit verblieben. Wir wurden Schicksalszwillinge, begleiteten uns gegenseitig aus dem Gefängnis und taten fast gleichzeitig die ersten Schritte in die Freiheit.

Ich habe folgende Etappen in meinem Trennungserleben und später auch anläßlich der vielen Scheidungstagungen, die ich durchgeführt habe, feststellen können:

Vorfeld, das sich oft über Jahre hinzieht. Nach außen scheint alles in bester Ordnung. In der Beziehung werden alle funktionalen Abläufe eingehalten wie z. B. gemeinsamer Urlaub, Kindererziehung, Verwandtenpflege, häusliche Rituale sowie regelmäßiger Geschlechtsverkehr. Störungen, die nicht weiter hinterfragt werden, können sein:

– Wir freuen uns nicht mehr auf den bevorstehenden Urlaub. Feiertage sind uns ein Greuel, und wir sind froh, wenn sie überstanden sind. Wir versuchen möglichst zu vermeiden, Urlaub und Reisen mit dem Partner und der Familie allein zu unternehmen, und schließen uns deshalb gerne mit Freunden zusammen. An Feiertagen laden wir Verwandte ein oder gehen zu ihnen auf Besuch.

– Wir sind zwar theoretisch für die Abschaffung des Militärs in der Schweiz und mächtig stolz auf unser Abstimmungsergebnis, daß ein Drittel unseres Volkes auf sämtliche Waffen verzichten will. Dennoch atmen wir heimlich erleichtert auf, daß alles beim alten bleibt, weil damit die obligatorische Pflicht der Schweizermänner, jährlich oder doch wenigstens alle zwei Jahre einen zwei- bis dreiwöchigen Wehrdienst zu absolvieren, weiterhin erhalten bleibt. Wir können uns ein Leben ohne diese wohltuende Erholung vom Partner nicht mehr vorstellen und freuen uns schon lange darauf. In dieser Zeit werden wir plötzlich unternehmungslustig, die sonst lähmende Müdigkeit ist wie weggeblasen. Wir besuchen alte Freundinnen, Bekannte und spüren langvergessene Lebensfreude.

– Wir haben keine Lust mehr auf Sexualität. Der Mann stellt die Diagnose «Frigidität», und wir sind ebenfalls dieser Meinung. Gehen möglichst noch zum Gynäkologen, der nachsehen sollte, ob irgendein Lustknöpfchen klemmt. Und sind dann eher enttäuscht, wenn nichts derartiges ausfindig gemacht werden kann. Ach, es wäre ja so einfach gewesen! Im Kopf sagen wir uns stets: «Mit mir stimmt etwas nicht, ich liebe meinen Mann, ich habe alles, was ich will...» Wenn wir beinahe vor Schuldgefühlen umkommen und dem Mann zuliebe wieder einmal mit ihm schlafen, haben wir hinterher mehr oder weniger starke Heulkrämpfe oder vielleicht nur ein leichtes Würgen im Hals.

– In Gesprächen, die wir mit unserem Partner führen, geht es entweder um sachliche Belange oder um Kindererziehung. Auch Gespräche über Probleme anderer sind sehr beliebt. Eigene Gefühle werden konsequent ausgeschlossen. Ritualisierte Handlungen werden von beiden genauestens wahrgenommen und dienen als Barometer des Geliebtwerdens (große Katastrophen: er hat den Hochzeitstag vergessen, sie vergißt, seinen Anzug aus der Reinigung zu holen, den er dringend benötigt; oder am Sonntag sind keine frischgebackenen Brötchen vorhanden). Daraus entwickeln sich Marathongespräche, die nie auf den springenden Punkt vorstoßen.

– Verschiedene Krankheiten tauchen häufig auf: Migräne, Verstimmungen, Unterleibsbeschwerden, häufig auch Depressionen, die wir nicht verstehen (da doch alles in bester Ordnung ist).

– Er widmet sich hartnäckig seiner beruflichen Karriere oder betreibt verbissen ein Hobby, während wir allmählich beginnen, uns in der Volkshochschule nach geeigneten Kursen umzuschauen.

Die Phase des akuten Aufbruchs geht bereits entschieden schneller vor sich. Dies ist die Zeit, in der sich die Krise nach außen manifestiert; sie bricht auf und zeigt sich plötzlich an allen Ecken und Enden. In dieser Phase geht viel Energie dadurch verloren, daß wir versuchen, nochmals so zu tun, als ob alles in bester Ordnung wäre. Wir Frauen, und vereinzelt auch Männer, neigen dazu, mit völlig unzumutbaren Bedingungen zurechtzukommen. Wir stellen oft unsere gesamte Lebensideologie auf den Kopf und sind bemüht, uns in fremde Gedankenkonstrukte hineinzuzwängen. Dies wird besonders deutlich, wenn plötzlich eine Geliebte auftaucht und wir im ersten Schock der Enthüllung versuchen, uns damit zu arrangieren. Wir pendeln zwischen Wut, Ohnmacht, Verzweiflung und den meist erfolglosen philosophischen Klimmzügen, daß doch wahre Liebe auch das liebt, was dem Partner Freude bereitet. In dieser Zeit werden dann auch Hilfsmöglichkeiten wie z. B. Eheberatung oder Ehetherapie in Anspruch genommen. Die gängige Vorstellung, in Probleme verstrickte Beziehungen könnten von EhetherapeutInnen repariert werden wie Autos vom Mechaniker, läßt manche enttäuscht auf der Strecke zurück. Leider gibt es auch noch keine Glückspille, die wir einfach hinunterschlucken könnten, damit unsere Beziehung wie ein liebliches Bächlein durch den Zauberwald des Lebens plätschert.

In dieser Zeit erhalten wir auch von Freunden und Verwandten viele durchaus gutgemeinte Rat-Schläge, die wir am besten sofort wieder vergessen sollten. Der Prozeß einer Trennung ist derart subtil und reicht hinunter an das Geheimnis der menschlichen Existenz, daß eigentlich jeder Rat danebengehen muß. Sätze wie «Du solltest dich endlich von diesem Typ trennen, der Dir doch soviel Leid zufügt» oder «Jetzt hast Du schon x-mal gesagt, du läßt dich scheiden, nun, dann mach das endlich» usw. sind absolut unbrauchbar. Alle Sätze, die mit «Du sollst...», «Du mußt...», «Du wirst...» beginnen, sind aus der Sicht von Menschen heraus gesprochen, die sich nicht in diese Situation einfühlen können, weil sie ihre eigene Misere verdrängen oder einfach die seelische Landschaft der Trennung und Scheidung nicht aus eigener Erfahrung kennen. Die einzigen, die uns in dieser Etappe begleiten können, sind jene, welche uns in sämtlichen Gefühlsschwankungen wertfrei begleiten. Die uns zögern lassen und uns nicht zur Eile treiben. Die uns zweifeln lassen und uns nicht von etwas überzeugen wollen. Die uns mutig sein lassen, ohne uns darauf festzulegen. Menschen, die selbst durch diese Erfahrung hindurchgegangen sind, bringen oft diese Qualität mit. Sie sind die einzigen, die wirklich hilfreich sein können. Denn sie wissen, daß eine Entscheidung wie eine Frucht nach ihrem ureigenen Zeitplan reifen muß und niemals von einem anderen festgelegt oder beschleunigt werden kann. Denn diese Zeit ist gekennzeichnet von einem Auf und Ab, von Hoffnung schöpfen, erneuter Enttäuschung und von einem schleichenden, aber steten Selbstwert- und Kräfteverlust. Wenn dann endlich die Luft aus dem Ballon entwichen ist und uns zur Notlandung gezwungen hat, kapitulieren wir und reichen die Scheidung ein.

Im ganzen Hin und Her spielen die Kinder eine große Rolle. Unendliche Schuldgefühle ihnen gegenüber hindern uns daran, eine Entscheidung zu treffen. Durch den Wunsch verführt, den Kindern eine «intakte» Familie zu erhalten, übersehen wir, wie sehr sie kämpfen müssen, um in den von Spannung durchsetzten Verhältnissen auszuhalten. Wir vergessen dabei, wieviel Verdrängungspotential vom Kind mobilisiert werden muß, um in derartigen Situationen zu überleben. Die meisten Kinder können deshalb ihre Reaktionen auf die durchgestandene Anspannung erst nach der Trennung der Eltern zulassen, und prompt werden die Reaktionen dann falsch interpretiert. Das können wir vermeiden, wenn wir mit unseren Kindern darüber sprechen und genau hinhören, was sie uns erzählen. Selbstverständlich bedauern sie, daß sie von einem Elternteil, in der Regel vom Vater, getrennt werden. Zugleich sind sie unendlich erleichtert, endlich diesem lebenshinderlichen Klima entkommen zu sein. In diesen Gesprächen könnten wir viel von unseren Kindern lernen. Vor allem könnten wir eines der dümmsten Vorurteile aus unserem Hirn und Herzen entlassen, nämlich daß Scheidungskinder und Kinder von Alleinerziehenden schlechter als andere gedeihen. Das ist ein großer Irrtum: Und er trägt ebenfalls dazu bei, daß es uns derart schwerfällt, uns zu einer am Lebendigen orientierten Entscheidung durchzuringen. Die Vorurteile sind wie Gespenster, sie geistern herum und lähmen unser Handeln. Wir wollen stets optimale Bedingungen für unsere Kinder – oder besser gesagt das, was *wir* als optimal erachten. Die Psychologie, so sehr ich sie schätze, hat hier zu Mißverständnissen beigetragen. Sie hat die Vorstellung ins Leben gerufen, daß es bestmögliche Voraussetzungen für das Gedeihen und die Entwicklung von Kindern gibt. Was dabei zu wenig beachtet wurde, ist die Frage, was das erwünschte Ziel für die Kinder und damit auch für die Erwachsenen ist. Geht es darum, daß wir als Erwachsene möglichst zufrieden und ohne innere Aufwühlung und Bewegtheit vor uns hindämmern, in weich gepolstertem Sessel, durch Fernsehflimmern und leckere Knabbersachen erheitert? Oder geht es darum, daß wir uns an unsere Herkunft erinnern und um die Aufgabe unserer menschlichen Existenz ringen? Solche Gedanken führen uns in Abgründe hinunter und rufen uns auf, durch die unendlichen Ereignisse eines Lebens hindurchzuschreiten. Damit wir eine Ahnung erhalten von den eingelagerten Kristallen in unserer Seele, welche von Schicksalserfahrungen überwachsen und überwuchert wurden und deshalb ihren Glanz und ihre Strahlkraft verloren haben. Angesichts derartiger Überlegungen schrumpft das gigantische Streben, den Kindern doch eine «glückliche Familie» zu bieten, auf die biedere Größe einer vertrockneten Aprikose zusammen. Mir selbst einen lebendigen Zugang zu meinen Gefühlen zu bewahren, ist das einzige, um was ich mich sorgen sollte. Damit ich spüre, wenn mein Kind aufhört zu leben, seine Gefühle abschneidet und blockiert. Eltern, die untereinander erstarrt sind, werden kaum den Kindern dazu verhelfen, in sich lebendig zu bleiben. Deshalb ist die Frage letztlich völlig unwichtig, ob das Kind innerhalb gängiger Normen einer Familie heranwächst. Das Entscheidende ist, wo es seinen Kontakt zu seiner Seele pflegen kann. Dadurch lernt es die Gesetzmäßigkeiten, die es befähigen, besonders aus anspruchsvollen und schwierigen Lebensumständen Erfahrungskapital anzulegen, um zu reifen und innerlich reicher zu werden.

Räumliche Trennung: Die Aktivitäten, die wir unternehmen müssen, um eine räumliche Trennung zu vollziehen, sind mit der panischen Angst vergleichbar, die sich bei einer Notlandung einstellt. Oft können wir die Fahrtrichtung kaum noch oder überhaupt nicht mehr bestimmen. So sind wir einer Dynamik ausgeliefert, die uns an einen ungewissen und unbestimmten Ort hinführt; das macht bekanntlich Angst. Erst wenn wir irgendwo wieder festen Boden unter den Füßen spüren oder wenn wir wenigstens irgendwo in einer Baumkrone hängengeblieben sind und nur noch hinunterklettern müssen, kehrt allmählich Erleichterung ein. Wenn erst einmal eine Wohnung gefunden ist, stellen sich Gedanken ein, wie diese einzurichten sei. Damit erfahren wir das belebende Gefühl, Neues zu gestalten, ohne von irgend jemandem beeinflußt oder behindert zu werden: «...und jedem Anfang wohnt ein Zauber inne, der uns beschützt und der uns hilft zu leben.» Dann gehen oft Schmerz, Schock und Trauer parallel mit einem unbeschreiblichen Glücksgefühl einher. Dies ist die Zeit, in der wir vielleicht zum ersten Mal nach vielen Jahren wieder am Morgen Vogelstimmen hören und sie in uns aufnehmen, in der wir erfüllt den Duft nasser Bäume einatmen. Plötzlich können wir uns wieder über die aufgehende Sonne freuen. Kurz, wir werden des Lebens wieder froh.

Die folgende Zeit ist nochmals geprägt von einem Auf und Ab. Ein spannungsfreies Nachtessen allein oder mit den Kindern ist wie ein Festmahl. Sich wieder mit Freude und Schwung einer Beschäftigung zuwenden, ist wie ein neu geschenktes Leben. Dann wieder Absacken in Unwert und Schuldgefühle, vielleicht sogar in eine leise Hoffnung, daß doch noch alles wieder «gut» werde. Das sind die täglichen Wechselbäder.

In der Regel haben wir viel zuwenig Geld. Die Alimente sind aus männlicher Sicht errechnet worden und reichen in den wenigsten Fällen auch nur für das Nötigste. Trennung und Scheidung ist deshalb für uns Frauen meist mit sozialem Abstieg verbunden, den wir der Kinder wegen unter schwierigsten Verhältnissen auszugleichen versuchen. Das Eingeständnis «wir können dieses Jahr nicht in Urlaub fahren» ist gleich einem Schuldbekenntnis. Die Wechselbadphase kann sich über Jahre hinziehen. Wir wundern uns immer wieder, wenn es uns erneut in einen Schlund der Verzweiflung und ohnmächtigen Wut hinunterzieht, vor allem nach erneuten Konfrontationen mit dem Ex-Mann. Die Kinder bieten Gewähr für ausreichenden Zündstoff. Diese Jahre sind Gratwanderungen.

Alles in allem braucht es wohl etwa eine Zeit des Verarbeitens, die der Dauer des Zusammenlebens entspricht. Also muß wohl bei einer 15jährigen Ehe mit 15 Jahren gerechnet werden, um zu verdauen, zu durchleiden, um abzuschließen – und um zu verzeihen. Die Vorstellung, einfach nochmals von vorne beginnen zu können, ist falsch. Denn wir sind nicht nur durch Erfahrungen geprägt worden, sondern wir können die von uns ins Leben gerufenen Pflichten, und dazu gehören auch die Kinder, niemals abschütteln!

Manchmal leben wir mit einer lebenslänglichen Behinderung weiter. Und das ist gut so. Das ganze Beziehungsarsenal ist kein Minigolfspielplatz, auf dem wir ein bißchen üben können; und wenn der Ball danebengeht, fangen wir einfach nochmals von vorne an. Wir sind keine Sonntagsspaziergänger, die sich einfach die Zeit etwas vertreiben und sich dabei vergnügen und amüsieren. Die Forderung an uns Menschen ist weit umfassender und erlaubt in keiner Weise diese spielzeughafte Einstellung. Wir sind in die Pflicht gerufen, ob es uns paßt oder nicht. Was wir durch unser Handeln in Bewegung gesetzt haben, steht irgendwann einmal vor uns und zwingt uns in unsere Verantwortung. Im Klartext: Nichts gegen den zweiten, den dritten oder den vierten Versuch. Aber wenn die Leichen aus der ersten Vorstellung noch auf der Bühne herumliegen, muten solche Versuche, die Vergangenheit abzuschütteln, um endlich das Glück am Schopf zu packen, wie Geisterfahrten an. Wir können uns zwar vorstellen, daß es keine Vergangenheit gibt. «Ich hab' mit allem abgeschlossen und will damit nichts mehr zu tun haben», sagen wir dann stolz. Als ob wir die Spuren in einer Landschaft, die von einer Katastrophe heimgesucht wurde, einfach nach Belieben verwischen könnten! Wir müssen uns um die Aufräumarbeiten selbst kümmern! Niemand kann sie uns abnehmen! Und sie erledigt sich auch nicht im Schlaf, wenn wir nur heftig genug wollen!

Das seelische Gesetz

Es gibt keine exaktere Buchführung als die der seelischen Instanz. Jeder Computer ist ihr weit unterlegen, denn bei ihr gibt es keine Datenverluste – auch nicht bei Stromausfall.

> Mein Herzgedächtnis ist seither ein Rad
> doch dreht es sich vor Kummer widersinnig
> spinnt Götzengold und knotet insgeheim
> dem Sonnenvogel eine Fieberbotschaft
> (Christine Lavant)

Alles wird säuberlich aufbewahrt und wird sich irgendwann melden, vielleicht ohne ersichtlichen Zusammenhang zu unserem jetzigen Leben. Ich habe immer wieder festgestellt, daß sich vor allem schmerzliche Erlebnisinhalte erst dann in der Erinnerung zu Wort melden, wenn wir uns bei einem neuen Partner besonders aufgehoben fühlen. So kann es geschehen, daß wir in den Armen des Geliebten in eine längst zurückliegende Geschichte einbrechen und von jenen alten schmerzlichen Gefühlen förmlich überrollt werden, welche mit der momentanen Situation nicht in Verbindung gebracht werden können. Nach außen mag es dann den Eindruck erwecken, als ob wir Vergangenem nachtrauern. Dem ist nicht so. Wir sind lediglich erst heute in der Lage, wieder ein Stück Aufräumarbeit zu leisten. Es sind vertriebene Nachtvögel, die durch den behaglichen Liebesduft herangelockt werden, um alte Eier auszubrüten. Ich habe selbst einmal erfahren, wie sich durch eine bestimmte Situation mein Zeitrad um rund zehn Jahre zurückgedreht hat:

Felix und ich wollten auf Katharinas Sommerfest gehen. Ich hatte seit langer Zeit wieder einmal Migräne und lag mit brummendem Schädel in meinem verdunkelten Zimmer. Felix wollte unter diesen Umständen auch nicht gehen, aber ich überredete ihn, alleine zu fahren. Ein Abschiedskuß, ich hob mit letzter Anstrengung die schwer nach unten drückenden Augenlider und erspähte den Anblick seiner großen, herrlich schlanken Gestalt: Das luftige Hemd steckte in seiner straffsitzenden, klare Konturen zeichnenden, meergrünen Hose, um die Schultern hatte er seinen schneeweißen Pullover geschlungen. Dieses Bild traf mich wie ein Schlag. Das konnte nur schiefgehen! Ich wußte genau, was nun geschehen würde: Sämtliche Frauen, die da in ihren indischen Fähnchen herumflatterten, und die hatte es bei Katharina zuhauf, würden sich ihm unverzüglich an die Fersen heften. Diese elenden Weibsbilder, die sich selbstverständlich ideologisch von seinesgleichen distanzierten, der da weder reine Baumwolle noch verwaschene Farben trägt, sondern unbekümmert synthetikbunt daherkommt; der nicht in der obligaten Pluder-, Flatter- oder Baumelhose hängt und die munteren Lenden verhüllt; der den wohlgeformten Männerhintern nicht zwischen Gesäß und Knie pendelnd vermuten läßt, sondern in unübersehbarer Keckheit preisgibt. Ihre Weltanschauung würde ihnen bei diesem vielversprechenden Anblick jäh zusammenkrachen. Unverhohlen würden sich ihre Triebe durchsetzen. Sie würden ihn umgarnen, ihn einfangen, ihn, der wie ein Pfau unter all den ausgewaschenen, gräulichen Spatzen herausragte. Ja, sie würden sich ihm buchstäblich vor die Füße werfen, vor seine verschmähten fußschweißfördernden Turnschuhe. Sie würden unbedingt mit ihm tanzen wollen zur hauseigenen Kapelle, die da aus zwei Blockflöten und einer Rassel bestand. Schmachtend würden sie sich in seinen Armen wiegen, unüberhörbar begleitet vom Seufzen ihrer zweifellos bequemen, aber unendlich breiten Latschen. Sollte er nicht ihren läppischen Verführungsspielchen erliegen, was durchaus noch vorstellbar war, war ihm doch diese Fetzen- und Lumpenkultur äußerst zuwider, dann würden sie wohl zu noch plumperen Mitteln greifen, denen er sich schon aus purer Nächstenliebe nicht würde entziehen können. Wahrscheinlich würde ihn die raffinierteste hennagefärbte Schlampe unter irgendeinem fadenscheinigen Vorwand in ihre mit Bastmatten ausgelegte Dachwohnung locken. Gebannt lechzte ich Szene um Szene in mich hinein. War die Filmspule abgedreht, rollte ich sie eilends zum Anfang zurück, um wieder von vorne zu beginnen.

Als erste Gegenmaßnahme beschloß ich, unter keinen Umständen alle zehn Minuten ans Fenster zu rennen, um nachzusehen, ob das Auto schon wieder da sei. Wenn es schon sein mußte, dann zog ich es vor, langsam und allmählich vor die Hunde zu gehen. Und da dieser Prozeß ja bereits am Laufen war, so wollte ich ebenfalls meinen Beitrag dazu leisten und gleich damit beginnen, die schmerzvollen Erinnerungen an den Mann auszumerzen, der mir in tragischer Weise abhanden gekommen war. Und da ich nun ohnehin für den Rest meines Lebens als seelisch Behinderte dahindarben würde, mich nie mehr in Liebeslandschaften ergehen würde, holte ich das vorigen Tags gekaufte Fläschchen Nagellackentferner. Und mit einer Entschlossenheit, welche der Handlung Verzweifelter innewohnt, durchtränkte ich mutig einen Wattebausch, um mich endgültig von jenen Zeugen spielerischer Ausgelassenheit zu verabschieden. Jenen Roten, Frivolen, Glänzenden, Emsigen, Tanzenden, die sich einstmals flink wie vorwitzige Wiesel durch die verborgenen Zonen hindurchschlichen, die genüßlich in jenem moosig herben Gebirge umherschlenderten, die jäh und unerwartet Märchenartiges hervorzuzaubern vermochten: aus trauerweidender Erdzugewandtheit himmelwärtsbäumend Gigantisches aufblühen zu lassen, wenn die purpurnen Virtuosen atemlos herumturnten wie fidele und beschwingte Kinder auf dem Spielplatz. Sollte er dennoch zu mir zurückkehren, was ich jedoch nicht annahm, war es auf alle Fälle schicklicher, er würde mich farblos und bleich auf meinem Krankenlager vorfinden. Jede Art aufmüpfiger Farbe würde den Gesamteindruck empfindlich schmälern. Mit meinen zölibatären Leichenfingern tastete ich mich zurück in mein Zimmer. Dann muß ich wohl eingeschlafen sein.

Als ich am Morgen aufwachte, waren die Kopfschmerzen zwar verschwunden, aber es fühlte sich dennoch so an, als ob sie jeden Augenblick wiederkommen könnten. Nach und nach schlichen die Bilder der vorigen Nacht in meine Erinnerung zurück. Es gibt seelische Stimmungen, die sich nachts anders anfühlen als am Tag. Sie besitzen nicht mehr die lähmende Kraft und die Suggestion der Hoffnungslosigkeit. Ich wollte alles vermeiden, was mich erneut in jene leidhafte Sackgasse hineintreiben konnte. Ich sprang also nicht aus dem Bett, um zu überprüfen, ob das Auto vor dem Haus stand, sondern nahm ein Buch zur Hand. Kaum hatte ich versucht zu lesen, da hörte ich seine Schritte kommen. Die Liebesnacht konnte offensichtlich doch nicht so überwältigend gewesen sein, sonst wäre er nicht bereits in den frühen Morgenstunden aufgebrochen. Zweifellos hatte das Weibsstück versucht, ihn zum Bleiben zu bewegen. Gewiß mit eigens für solcherlei Zwecke auswendig gelernten Liebesschwüren à la Romeo und Julia: «Willst Du schon gehen? Der Tag ist ja noch fern. Es war die Nachtigall und nicht die Lerche, die eben jetzt Dein banges Ohr durchdrang...» Aber da hatte sie sich natürlich getäuscht! Solche Sprüche, das hatte ich selbst schmerzlich feststellen müssen, bewirken bei ihm das Gegenteil. Blitzschnell ließ ich nun mein Buch unter dem Kopfkissen verschwinden, drapierte mich in die Kissen, schwach, blaß, kränkelnd, sanft und schwerelos. Die Handgelenke kippte ich so hin, daß sie etwas zerbrechlicher erschienen. Die Reue sollte ihn bei diesem erbärmlichen Anblick packen! Forsch sprang er in mein Zimmer, umarmte mich, unbeeindruckt von meinem geschwächten Zustand, leidenschaftlich und ließ sich auf mein Bett niederplumpsen. Beinahe hätte er sich dabei auf mein Handgelenk gesetzt, das ich mit einer heftigen Bewegung zurückzog, die gar nicht zu meinem geschwächten Zustand paßte.

Er wollte wissen, wie es mir ging. Ohne meine Antwort abzuwarten begann er, von sich zu erzählen; wie trostlos dieser Abend ohne mich gewesen sei. Er habe sich lange mit Heinz über Technik im allgemeinen, Computer und Autos im speziellen unterhalten und auch sonst noch hier und dort ein paar Sätze gewechselt. Bei seinen harmlosen Ausführungen lauerte ich auf jeden verdächtigen Hinweis. Kurz bevor er seinen Bericht beendete, glaubte ich mich am Ziel und das gefürchtete Beweismaterial geliefert zu bekommen: Als er sich verabschieden wollte, habe ihn Claudia gebeten, sie mit dem Auto mitzunehmen. Madelaine, die in derselben Straße wie Claudia wohnte, habe sich ihnen ebenfalls angeschlossen.

Nun witterte ich den dicken Braten. Es blieb nur noch zu klären, welches von diesen beiden raffinierten Ludern das Rennen gemacht hatte. Beiden traute ich das plumpe Verführungsspiel zu. Auch den indischen Plunder trugen sie. Farblich mußte ich zwar meine Vision etwas korrigieren; waren doch die Klamotten nicht in verblichenen Lilatönen, sondern in verwaschenem, ekelhaftem Rostocker. Und auch die Haare waren nicht hennarot, sondern die eine war fadblond und die andere trug sie kurz geschoren in jenen unbedeutenden dreckigen Brauntönen, die keinerlei Farbe zugeordnet werden konnten, was zu ihrem intellektuellen Getue bestens paßte! Aber in der Nacht sind alle Katzen grau. Selbst emanzipierte Frauen sinken zuweilen in den archaischen Sumpf weibischer Narrheit. Insgeheim hoffte ich, wenn es denn schon sein mußte, daß mich die gescheite Madelaine und nicht die doofe Claudia ausgestochen hatte. Es gibt ja nichts Schlimmeres und Demütigenderes, als von irgendwelchen dummen Hennen überrundet zu werden. Sind die Rivalinnen bildungsmäßig offensichtlich überlegen, gewinnt der Schmerz freilich durch diese Tatsache noch eine andere Dimension. In diesem schrecklichen Spiel gewinnt so oder so immer die andere. Nun, was Madelaine betrifft, sie war mir haushoch überlegen – jedenfalls was Beruf und Wissen betraf. Schließlich hatte sie Germanistik studiert, kannte sich in der Literatur bestens aus und unterrichtete Deutsch an einer Mittelschule. Was war ich neben ihr! Gut, ich hatte ein Buch mit ganz nettem Erfolg geschrieben. Aber sie war in der Lage, Schüleraufsätze kompetent zu korrigieren, kein Fehlerchen ging ihr durch die Lappen, während ich die plumpesten Druckfehler übersah. Es war ganz klar: Ich konnte ihr nicht das Wasser reichen!

Felix schüttelte mich, verärgert über meine geistige Abwesenheit, aus meiner peinigenden Grübelei. Erst jetzt hörte ich den Schluß seines Berichts: Die beiden Damen hätten dann gewünscht, etwas früher aus dem Auto zu steigen, um das letzte

Stück noch miteinander zu Fuß zu gehen. Er sei nach Hause gefahren und schon vor zwölf Uhr dagewesen, aber ich hätte tief geschlafen.

Was hatte er da erzählt? Hatte ich mich in irgend etwas hineingesteigert? Hysterisch phantasiert? Wie früher? Konnte ich also meinen Gefühlen, denen ich allmählich begann zu trauen, doch nicht uneingeschränkt Glauben schenken? Ich schloß die Augen, horchte nach innen, um dort eine Orientierung zu erhalten. Und da, da war es plötzlich wieder: jener pochende alte Schmerz, der mir beinahe das Hirn auseinandersprengte. Erinnerungen stiegen auf: die vielen Nächte, in denen ich mich selbst mühsam zusammengehalten hatte, um nicht auseinanderzufallen. Die vielen Nächte, in denen ich immer wieder in die andere Wirklichkeit hinüberrannte und die qualvolle Abwesenheit meines Partners zur Kenntnis nahm, in denen ich dem Anblick der friedlich schlafenden Kinder entgehen wollte, um nicht noch völlig durchzudrehen. Und irgendwann, in peinigender Nacht, ging ich den Pakt mit dem Teufel ein, gab mich auf, glaubte meinen Gefühlen nicht mehr und ließ andere über mich bestimmen. Nun, nach langer Zeit löste sich diese Erinnerung aus meiner vergessenen Geschichte heraus.

Ich weinte einen ganzen Tag und eine ganze Nacht. Und später nochmals einige Nächte. Manchmal allein, manchmal in seinen Armen.

Ich bin überzeugt davon, daß es noch weitere Kriegsschauplätze gibt, die ich irgendwann säubern und aufräumen muß. Ich habe mir angewöhnt, ganz besonders auf irgendwelche Zeichen meines Körpers zu achten. Diese müssen nicht spektakulär sein. Es genügt ein leises Drücken auf der Brust oder ein beklemmendes, einengendes Empfinden im Hals, um mir wichtige Hinweise zu geben. Wenn ich mich nicht unmittelbar damit beschäftigen kann, dann spule ich diese Szene nochmals ab, wenn ich abends alleine bin. Dabei achte ich nur auf die aufsteigenden Körperempfindungen, die sich unverzüglich wieder melden. Anhand der körperlichen Empfindungen taste ich mich zu der darin verschlüsselten Gefühlsbotschaft durch, zu den unverarbeiteten Geschichten, die ich entweder als Kind

oder später als erwachsene Frau erlebt habe. Wenn sie sich enthüllt, werden mir wichtige Erinnerungen freigelegt. Sie geben
mir die Gelegenheit, mich mit den Schmerzen auseinanderzusetzen, die ich in der damaligen Situation nicht zulassen konnte, sie endlich zu fühlen und damit zu verarbeiten.

Es gibt noch viel zu tun! Aber es ist ungeheuer aufregend,
und ich bin erschüttert und dankbar zugleich, an mir selbst die
Gesetzmäßigkeit der menschlichen Seele zu erfahren.

Lektionen

Die schlimmsten Jahre – von der ehelichen Krise bis zur Trennung – hatte ich überstanden. Felix stand mir zur Seite. Obwohl ich nur wenig Geld hatte, fühlte ich mich unendlich
reich. Ich richtete mir von meinem Ersparten ein gemietetes
Haus mit psychotherapeutischer Praxis ein. Das meiste ergat-
terte ich auf Flohmärkten. Alle warnten mich, daß in unserem
hinterwäldlerischen Nest das Wort «Psychotherapie» für die
meisten ein Fremdwort sei und daß diejenigen, die etwas derartiges benötigen, lieber in die Anonymität einer Großstadt flie-
hen. Ich ließ mich nicht beirren. Aber ich hatte auch keine andere Wahl. Der seelische Zustand einer meiner Töchter, damals
elf Jahre alt, war durch das spannungsgeladene *Vorfeld* bis zu
unserer Trennung so in Mitleidenschaft gezogen, daß eine Arbeit außer Haus vorläufig nicht in Frage kam. Es waren
schwierige Zeiten damals. Aber ich war wie von einem bösen
Traum erlöst und spürte ungeahnte Kräfte in mir.

Felix steckte ebenfalls in schwierigen Verhältnissen, denn er
war arbeitslos. Ich versuchte, auch ihm beizustehen. Dazwischen erste rechtliche Schritte bezüglich der Scheidung, die alles andere als erfreulich waren. In diesem Stadium geht es in
der Regel nur noch um die Finanzen. Das heißt, die ungelösten
Konflikte, Kränkungen und Verletzungen werden über das
Geld ausgehandelt. Meist sitzt der Mann am Verteilerschalter
und regelt seinen sprachlosen Gefühlshaushalt durch Auf- oder
Zudrehen des Geldhahns, je nachdem, während wir Frauen ro-

tieren und die Welt nicht mehr verstehen. Ich mußte mir einmal für einen Urlaub das Nötigste zusammenleihen. Das fiel mir nicht leicht, vor allem fühlte ich mich dadurch gedemütigt. In der Zwischenzeit habe ich gelernt, daß dies wohl zum Status geschiedener und getrenntlebender Frauen gehört – ein kleiner Schuß Demütigung als indirekte Strafe für den Ungehorsam, sich plötzlich auf die eigenen Füße zu stellen. Auch wenn gesetzliche Grundlagen vorliegen, die das Finanzielle regeln sollen, ist es bis zum praktischen Vollzug ein steiniger Weg. Trotzdem bin ich froh darüber, das Leben auch von dieser unerbittlichen Seite her kennengelernt zu haben. Wie könnte ich all die Frauen in meiner Praxis verstehen, wenn ich nicht Ähnliches erlebt hätte! In dieser Zeit kam es mir oft vor, als ob ich an sämtlichen Fronten in Kriege verwickelt wäre. Vor allem dann, wenn ich auch noch mit Felix irgendwelche Streitigkeiten hatte.

Die Beziehung zu Felix glich einem Wechselbad. Emotional fühlte ich mich unbeschreiblich wohl mit ihm. Er gab mir das Gefühl, als Frau in Ordnung zu sein – und das war für mich absolut neu. Er war ehrlich zu mir, ich konnte mich hundertprozentig auf ihn verlassen, und seine absolute Treue gab mir das besondere und wunderbare Gefühl der Sicherheit. Hingegen brachte mich seine Arbeitslosigkeit immer wieder an den Rand der Verzweiflung. Stets phantasierte ich vor mich hin, wie es wohl wäre, wenn ich den idealen Mann fände. Seine Situation spitzte sich zu, er mußte seine eigene Wohnung aufgeben und bei mir einziehen. Damit begann ein neues Kapitel leidvoller Verstrickung.

So sehr ich es einerseits genoß, mit ihm unter einem Dach zu wohnen, so vielfältig waren andererseits die Fallstricke, in die ich hineingeriet. Selbstverständlich wollte ich die lang vermißte Harmonie nachholen. Ich wollte endlich auch einmal ein häusliches Leben in Eintracht, Freude und Glück genießen. Ich wollte zum ersten Mal meinem Haushalt so etwas wie Pflege angedeihen lassen, Tagesabläufe strukturieren und planen. Das stellte ich mir so vor: Am Sonntag nach dem Abendessen, das wir alle in freudiger Minne einnehmen sollten, plante ich die kommende Woche, verteilte Hausarbeiten, stellte einen Menü-plan für die ganze Woche zusammen, setzte Einkaufstermine fest (an welchen Wochentagen wir biologisches Gemüse ein-kaufen) usw. Felix könnte, solange er noch keine Anstellung hat, liebevoll die Mahlzeiten zubereiten, während ich in meiner Praxis arbeitete. Ich würde mit Felix einmal in der Woche ei-nen Großeinkauf machen. Und ich könnte mir endlich mittels eines Einkaufszettels das Richtige aus den Gestellen heraussu-chen; genauso wie all die anderen Hausfrauen aus geregelten Verhältnissen, die ich so sehr bewunderte. Und dann könnte ich, natürlich nur, wenn gerade jemand in der Nähe stand, jene Frage an Felix stellen, die Ausdruck größten Glücks ist: «Schatz, sollen wir weiße oder grüne Nudeln kaufen?»

Ich wollte Felix in mein Leben einbauen, mit ihm alle Lük-ken und Ritzen stopfen, damit der frostige Wind des Allein-ganges endlich aufhörte hineinzufegen. Ich wollte endlich auch einen Mann zur Seite haben, auf dessen Gesicht *nicht* für alle Außenstehenden die unendliche Last, mit mir verheiratet zu sein, abzulesen war. Ich wollte einen Partner, der nicht gleich-gültig neben mir einhergeht, ohne mich wahrzunehmen. Ich wollte endlich an einem Elternabend als Paar teilnehmen, nicht wie zwei Fremde, die sich zufällig begegnen. Und dann wollte ich mit ihm auch einmal wie alle anderen Familien abends vor dem Fernseher sitzen, irgendeinen furchterregenden Film anse-hen und mich in diesem Frieden unendlich geborgen fühlen. Oder ich wollte Abende mit ihm allein verbringen, mit ihm über ein Buch sprechen, das ich gerade lesen würde, oder mit ihm klassische Musik hören, während wir uns verträumt an den Händen halten würden. Und vielleicht ließe sich sogar mein allergrößter Wunsch erfüllen: gemeinsam in der Vor-weihnachtszeit ein Kirchenkonzert mit Chor und wunderbaren Altstimmen besuchen. Dann wäre mein Glück vollkommen!

Felix war alles andere als bereit, sich auch nur im entfernte-sten in eine dieser Rollen einzufügen. Und damit begann mein neues Leiden.

Bereits die Sonntagabende boykottierte er. Er habe keine Lust, sich schon heute Gedanken darüber zu machen, was er am Freitag essen wolle. Für ihn seien die Zigaretten das Wichtigste. Meistens saß ich dann alleine am Küchentisch und versuchte, einen Wochenplan auszuknobeln, den ich dann selbstverständlich nicht einhielt. Es gab einige wenige Tage, an denen Felix das Kochen übernahm. Es schmeckte nicht schlecht, aber das Klima war zum Kotzen. Er war nämlich durch diese Tätigkeit derart frustriert und schlecht gelaunt, daß ich es künftig vorzog, neben meiner Arbeit selbst dafür zu sorgen. Dank unserer gegensätzlichen Interessen konnten wir auch keine gemeinsamen Fernsehabende durchführen. Aber irgendwann war ich so ausgehungert nach all den Attributen wohlgeordneter Harmonie, daß ich mich zu einem gezielten Vorgehen entschloß. Ich suchte einen Computerspionagefilm aus, der ihm besonders gefiel, und setzte mich mit einem Strickzeug ausgerüstet dazu. So hatte ich wenigstens nicht das Gefühl, meine Zeit unnütz zu vergeuden, und könnte einfach das Gefühl des Zusammenseins genießen. Zunächst bemühte ich mich noch, dem Inhalt des Filmes zu folgen. Felix lehnte es strikt ab, mir etwas nachzuhelfen: «So paß doch gefälligst auf!» Nach zirka zehn Minuten war er eingeschlafen und schnarchte vor sich hin. «Gut», dachte ich, «dann kann ich ein anderes Programm einschalten.» Auf der Stelle wachte er auf und protestierte. Ich schaltete zurück, und er schlief weiter. Irgendwann hielt ich dann den Lärm der wilden Schießereien nicht mehr aus und ging ins Bett. Am Morgen lag er noch immer auf dem Sofa, der Fernseher rauschte so laut, als wäre irgendwo eine Wasserleitung gebrochen. Mit den Füßen hatte er eine Pflanze umgestoßen, die mit zersplittertem Topf auf dem Teppich lag, mit den Armen hatte er eine Lampe heruntergeworfen. – Nach diesem Abend kauften wir einen zweiten Apparat für sein Zimmer.

Der gemeinsame Besuch von Schulveranstaltungen ging ebenso daneben. Meist war er wütend, weil es ihm zu lange dauerte und weil er nicht rauchen konnte, wie es ihm beliebte. Außerdem fand er die meisten Eltern unheimlich blöd. Obwohl ich jedesmal noch länger bleiben wollte, drängte er mich stets zum Aufbruch. Zweimal schleppte ich ihn in ein Kirchenkonzert. Das eine Mal schlief er unverzüglich ein, das andere

Mal kündigte er mir gleich nach Erklingen der ersten Töne an, dies sei sein letzter Konzertbesuch gewesen.

Dazwischen aber erlebte ich immer wieder Momente außerhalb meines vorgesehenen Programms, in denen ich mich mit ihm unbeschreiblich wohl fühlte, geliebt und rundherum glücklich: Ich war in Ordnung so, wie ich war. Da waren unsere sonntäglichen Frühstückserlebnisse. Augenblicke, in denen ich fühlte, was ein Familienleben ist. Unendlich lange Gespräche. Vieles wurde da geklärt, neu besprochen, Pläne wurden geschmiedet, und dazwischen ich, die glückliche Mutter und Geliebte, die doch nicht alles falsch gemacht haben konnte.

Unvergeßlich bleiben mir die ersten gemeinsamen Ferien quasi als Familie. Das erste Mal, daß ich mich auf die Ferien freute und ich nicht die Tage zählte, bis sie endlich vorbei waren. Wir fuhren nach Frankreich, wo meine Schwester mit ihrem französischen Mann jedes Jahr Urlaub macht. Sie waren mir behilflich, eine einigermaßen erschwingliche Ferienwohnung zu finden; denn Geld hatte ich keines. Das größte Problem war die 18stündige Autofahrt, denn es war uns finanziell nicht möglich, in einem Hotel zu übernachten. Bereits nach einer Stunde machte ich schlapp. Felix fuhr die ganze Rückfahrt am Stück. Alles ohne Führerschein, der ihm kurz vor der Reise für 2 Monate abgenommen worden war.

Meist pendelte ich zwischen ‹alles oder nichts›: Hatte ich mich innerlich in einer durchwachten Nacht durchgerungen, die Erwartung auf ein vollkommenes Glück mit ihm endgültig aufzugeben und allem ein Ende zu bereiten, so stimmte mich sein heiteres, beinahe kindliches Lachen am nächsten Morgen prompt wieder um. Selbstverständlich beanspruchte ich sämtliche Entscheidungshilfen: Ich ließ z. B. ein astrologisches Partnergutachten anfertigen. Nicht etwa ein billiges, mit Computer erstelltes, sondern eines von menschlicher Qualität, das um einiges teurer war. Das Gutachten zeigte mir keine neuen Aspekte auf. Es verdeutlichte nur, was ich bereits wußte, nämlich daß wir eigentlich nicht zusammenpaßten: Da war sein unbeschreiblich ungeduldiges Drängen nach steter Veränderung, unüberlegtes Handeln, bestrebt, sich und seine Wünsche zufriedenzustellen, Unbeständigkeit und einiges mehr, was mir im Grunde gegen den Strich geht. Ich hingegen: langsam und unbeweglich im Denken, bodennah, erdhaft, zäh und ausdauernd, mit einer beinahe peinlichen Geduld, ferne Ziele über Jahre anzupeilen. In Zeiten, in denen ich pro Felix lebte, las ich das Gutachten wie einen Liebesbrief, und all seine Eigenschaften waren wie kleine Geschenke, die meine Schwerfälligkeit beschwingten. War ich aber wütend auf ihn, trank ich jedes Wort wie eine köstliche Essenz in mich hinein, daß hier doch schwarz auf weiß geschrieben stand: Wir sollten besser voneinander lassen.

Mein gesamtes psychotherapeutisches Kollegen- und Freundesarsenal kurvte mit der Frage in ausweglosen Erklärungsmodellen herum, weshalb denn ausgerechnet ich mich auf eine derartig schwierige Beziehung eingelassen hatte. Ralph schenkte mir regelmäßig Neuerscheinungen über Beziehungskisten. Lisa wollte mich mit Bach-Blüten behandeln, die mich in meiner Entscheidungsfähigkeit stärken sollten. Adele schenkte mir einen heilenden Kristall, der mir Kraft spenden sollte. Kathi, die eine Dufttherapie machte (sie schwörte darauf, denn seit da könne sie Max wieder besser riechen), drängte mich innig, es ihr gleichzutun. Katharina absolvierte eine Ausbildung in Farbtherapie und war davon derart begeistert, daß sie sich in depressiven Phasen täglich 20 Minuten unter eine pinkfarbene Lampe setzte; sie wollte mich ebenfalls dazu überreden. Franz hatte sich inzwischen aufs Pendeln spezialisiert. Er sprang nur noch mit diesem Ding herum, pendelte alles aus, sogar den Zeitpunkt für den Autoservice. Einmal hatte er ernsthaft in Erwägung gezogen, die Prüfungsaufgaben seiner Schüler künftig nicht mehr zeitaufwendig zu korrigieren, sondern diese auszupendeln. Wenn wir miteinander sprachen, hielt er mir immer wieder das Pendel vors Gesicht, um auszutesten, ob ich tatsächlich das sagte, was ich unbewußt fühlte. Otto, der sich inzwischen wieder von Cäcilia getrennt hatte und vorübergehend zu Adele zurückgekehrt war, hatte seit neuestem eine Wahrsagerin kennengelernt und fuhr nun total (in jeder Beziehung) auf sie ab. Er wollte mich unbedingt dorthin schleppen, denn sie habe in ihren Voraussagen eine 98prozentige Treffsicherheit. Ihm habe sie auf den Kopf zugesagt, daß seine Ehe nicht mehr lange dauern würde. Meine Antwort, dazu brauche es keinerlei hellseherische Fähigkeiten, ärgerte ihn so sehr, daß er starke Zweifel hegte, ob er mit mir weiterhin Kontakt pflegen sollte.

Jeder Versuch, mit irgendwelchen Hilfsmitteln mein Problem zu lösen, scheiterte kläglich. Die vielen Gespräche und Ratschläge verwirrten mich noch mehr, manchmal so sehr, daß ich heulend nach Hause fuhr und Felix alles erzählte. Meist stritten wir dann heftig miteinander, und ich schwor mir hinterher, niemals mehr mit ihm über meine Probleme zu sprechen. Dieses Vorhaben hielt ich dann aber höchstens zwei Tage durch. In seltenen Momenten jedoch gelang es uns, aus der Streitspirale herauszufinden. Dann konnten wir plötzlich über alles reden, was uns bedrückte. Diese Gespräche mit ihm waren wie eine wohltuende Kläranlage. Wir sortierten gemeinsam die Schadstoffe, fischten Algen, Tang und sonstiges heraus und überlegten gemeinsam, wie wir wohl alles entsorgen könnten. Meistens fanden wir allerdings keine Lösung. Allein das Bemühen darum entließ ihn unverzüglich aus meinem Feindbild und bewirkte in mir etwas ungeheuer Entlastendes. Es war wie eine andere Kassette, die in meinem Seelenrecorder eine völlig andere Melodie erklingen ließ. Diese Oasenmomente konnten mich allerdings nicht vor häufigen Rückfällen in alte Muster bewahren.

Zwei wichtige Dinge habe ich dabei gelernt. Erstens: Ich kann meine Beziehungsprobleme nicht mit anderen lösen, sondern nur gemeinsam mit dem Partner (zu dieser Erkenntnis bin ich erst nach Jahren gekommen). Zweitens: Das Gespräch ist das wichtigste Instrument. Es gibt keine andere Möglichkeit, als über Gespräche zu klären, zu verstehen und sich zu versöhnen. Nur mit Worten kann ich meine seelische Not und meine Verzweiflung aufzeigen und dem anderen Einblick in mein Inneres geben.

Zwei große Fragen, die mir jedoch unlösbar schienen, begleiteten mich und ließen mich nicht mehr aus ihrem Rätselbann: Was müßten wir tun, damit klärende Gespräche nicht einem günstigen Zufallsmoment überlassen bleiben? Und die noch schwierigere Frage: Wie können wir Gespräche mit unserem Partner führen, wenn er nicht über seine Probleme sprechen will («Schließlich muß jeder alleine mit seinen Schwierigkeiten fertig werden», «Ach, man kann alles zerreden!») oder einfach nicht kann, weil seine Worte stumm in seiner Seele eingesperrt sind und keinen Ausgang finden? Und weil ich irgendwie ahnte, daß mich die Beschäftigung mit diesen Fragen unweigerlich auf mich selbst zurückwerfen würde, zog ich es vor, mich zunächst umzuschauen, ob es nicht weniger anstrengende Möglichkeiten gab, dem Liebesglück und wie ich dahin gelangen könnte, auf die Schliche zu kommen.

Von denen, die es wissen müßten

«Sollten nicht jene Menschen am gründlichsten über die Liebe, das Glück und den Weg dorthin Bescheid wissen, die sich beruflich damit beschäftigen: EhetherapeutInnen, Gemeindepfarrer und Prostituierte?» Felix war da anderer Meinung: «Also Ihr PsychotherapeutInnen habt nun überhaupt keine Ahnung. Das sieht man ja an Dir! Und Deine netten KollegInnen machen eher den Eindruck, daß sie selbst dringend Hilfe benötigen. Auch mit frommen Bibelsprüchen wurde noch nie eine Ehe gerettet! Und wie Du auf die Idee kommst, das Nutten-Milieu in diese Frage hineinzuziehen, ist mir echt schleierhaft. Aber bei Euch Psychos muß man sich auf die kurvenreichsten Hirngespinste gefaßt machen, das ist ja schließlich Euer Beruf.»

Obwohl wir dieses Spiel Die-PsychologInnen-sind-falsch-gewickelt-weil-sie-alles-zu-Problemen-machen-auch-dort-wo-keine-sind in regelmäßigen Abständen wiederholen und dabei nie zu einem klaren Ergebnis vorstoßen, konnte ich es nicht lassen, ihn davon überzeugen zu wollen, daß meine Gedanken einem einfachen nachzuvollziehenden Konzept entsprangen: «Die einen sollten es anhand psychologischer Studien, die anderen per Bibelrezepte und die dritten durch leibhaftiges Tun wissen. Wo diese durch die Dachluke einsteigen, schlüpfen jene zum Kellerfenster hinein; lediglich die Einstiegsposition ist unterschiedlich.»

Ich erzählte ihm meine Lieblingsgeschichte: «Mira ging drei Jahre auf den Strich. Als sie sich beruflich umorientierte, sie war gelernte Zahnarztgehilfin, war sie weder arbeitslos noch sonst wirtschaftlich schiffbrüchig. Aber sie wollte endlich das Leben und die Liebe kennenlernen. Deshalb dekorierte sie ihre Dreizimmerwohnung mit Tüll und Chiffon, schaffte sich ein umfangreiches Sortiment an Sexwäsche an (die Ausgaben setzte sie unter Geschäftseinrichtung und Repräsentationsspesen von der Steuer ab). Mit einem wöchentlich erscheinenden Inserat brachte sie den Laden in Schwung: ‹Sandra, die Spezielle, mit den verwöhnenden Seidenpfötchen u.v.a.m. Tel. ...› Das Unternehmen entwickelte sich zu ihrer vollsten Zufriedenheit. Über den Geschäftsgang führte sie genau Buch: Vorname, Automarke, wenn möglich Autonummer, Zustand sowie auffällige Stellung der Zähne. Ferner teilte sie ihre Klientel in eine eigens von ihr ausgearbeitete Typologie ein, um möglichst präzise die unterschiedlichen Wesensmerkmale zu erfassen: Fische (lau, flau, lasch), Kaninchen (hastig und holperig), Hengste (Hirn im Schweif), Dampfkochtöpfe (kaum begonnen, just zerronnen), seelisch Verhungerte (bei denen ging es weniger um die untere als um die obere Leibesöffnung: sie wollten sich aussprechen), seelisch Blockierte (die zwar sprechen wollten, aber nicht konnten). Am Ende jedes Monats erstellte sie sich eine kleine private Übersicht wie z. B.: 8 Fische, 12 Kaninchen, 15 Hengste, 11 Dampfkochtöpfe, 15 Verhungerte und 23 Blockierte. Mira wurde im Laufe ihrer horizontalen Tätigkeit immer nachdenklicher. Sie stellte einen geheimnisvollen Zusammenhang fest zwischen dem, was einen Mann in seinem Innersten bewegt, und der Art und Weise, wie er es nach außen zeigt und auszudrücken vermag. Steht ihm die Sprache nicht zur Verfügung, bündelt er alles zusammen, was sich in seiner Seele abspielt, um es durch die Winzigkeit eines Nadelöhrs wortlos in einen weiblichen Seerosenteich hineinzuseufzen. Vieles, was ihn bedrückt, wird ihm deshalb nie bewußt, sondern entlädt sich durch die sichtbare Lustsubstanz.»

Felix unterbrach mich an dieser Stelle. «Nun bist Du also wieder bei Deinem Emanzengebrüll gelandet und mißbrauchst dieses arme Mädchen für Dein Kriegsgeschrei!»

Ich ließ mich nicht aus dem Takt bringen und fuhr mit meinen Ausführungen fort: «Mira und auch ich sind davon überzeugt, daß wir Frauen lernen sollten, gezielt mit unserer Macht und unserer Verantwortung umzugehen, die in unseren Händen bzw. zwischen den Beinen liegt. Weshalb lernen wir nicht aus geschichtlichen Friedenskampagnen unserer Schwestern! Lysistrate! Die athenischen Frauen, angeführt von Lysistrate, beschlossen, dem Krieg zwischen Athen und Sparta endlich ein Ende zu setzen, und vereinbarten mit den spartanischen Frauen einen Liebesstreik. Sie verweigerten ihren Männern so lange die körperliche Liebe, bis die Kampfhähne wie gerupfte Hühner angegackert kamen und mit den Feinden Frieden schlossen. Stell Dir vor, wir würden Euch Männern einfach den Beischlaf verweigern!»

Felix unterbrach mich: «Jetzt schweif nicht ständig ab, sondern erzähle mir die Geschichte zu Ende!»

«Mira hatte zwar einiges im Leben kennengelernt, über die Liebe und das Glücklichsein hingegen hatte sie nichts erfahren können. Sie stieg dann wieder aus dem Gewerbe aus: Sie sei nach Liebe und Zärtlichkeit ausgehungert. Sie wolle nun etwas mit Menschen zu tun haben, ihnen näherkommen. Dann ging sie als Schwesternhelferin in ein Krankenhaus. Dort lernte sie Daniel, einen querschnittgelähmten Tetraplegiker, kennen, der außer seinem Kopf nichts bewegen konnte. Sie verliebte sich in ihn und war überglücklich; endlich habe sie das große Glück, die große Liebe gefunden. Dann heirateten sie.»

Felix meinte, das sei wieder so eine Geschichte, bei der die gesamte Seelenromantik von uns Frauen zum Ausdruck komme. Übrigens habe Citroën ein neues Modell auf den Markt geworfen, mit eingespritzter Hydraulikautomatik, computergesteuert, die sich den jeweiligen Straßenverhältnissen anpasse. Und einen neuen Laserdrucker gebe es ebenfalls, mit dem man

Graphik wie Fotos reproduzieren könne. Das wäre doch etwas für mich.

«Ich brauche für meinen Computer nur einen einfachen Drucker, weil ich ausschließlich Texte drucke.»

«Aber der neue ist einfach wundervoll. Du kannst Bilder übertragen und du siehst keinen Unterschied zwischen dem Original und der Kopie!»

«Aber ich brauche ja keine Bilder. Ich schreibe nur Texte!»

«Du solltest es Dir aber doch anschauen. Ich sage Dir, Du wirst begeistert sein. Du mußt Dir diesen wunderbaren Drucker kaufen.»

«Aber ich schreibe nur Texte...»

«Überprüfe erst die hervorragende Bildqualität und urteile später.»

Nach diesem Gespräch teilte mir Felix mit, daß er im Grunde genommen der absolut ideale Partner für mich sei.

«Wie meinst Du das?»

«Genau wie ich es sage! Erstens bin ich ganz anders als Du. Ohne mich würdest Du in Deinem Psychomüll noch ersticken. Zweitens kannst Du mir nicht die Verantwortung für Dein Leben anhängen – ich hab' mit mir selbst genug zu tun. Das wiederum mobilisiert Deine Kräfte und stärkt Dich. Ohne mich hättest Du niemals diese Selbständigkeit erlangt! Drittens erfülle ich Deine Vorstellungen und Wünsche, wie Mann sich in einer Beziehung verhalten sollte, in keiner Weise, was Dich immer wieder auf Dich selbst zurückwirft; und das ist das beste, was Dir überhaupt geschehen konnte.»

Ich hatte keine Lust mehr, mich mit ihm weiter zu unterhalten, und schwieg. Ich zog es vor, mich alleine mit meinen Überlegungen zu beschäftigen und mir Gedanken zu machen über diejenigen, die so tun, als ob sie wüßten, wie eine Beziehung gut funktioniert: die Gemeindepfarrer. Die Beispiele, die mir spontan einfielen, hatten alle eines gemeinsam: Die Pfarrer machten die Rechnung ohne den Wirt und nahmen die Gefühle der Betroffenen nicht zur Kenntnis.

Heidi und Roland hatten schon lange Schwierigkeiten in ihrer Ehe. Vor allem in der Sexualität zeigten sich Probleme, denn Roland war meist impotent. Heidi wollte Hilfe bei ihrem Gemeindepfarrer holen, der allerdings darin kein Problem sehen konnte, da sie doch bereits drei Kinder hätten.

Rita und Helmut waren erst kurz verheiratet, als sich bereits große Probleme ankündigten. Rita verliebte sich in den Freund ihres Mannes, der ihr während der oft längeren Abwesenheit ihres Mannes Gesellschaft leistete. Sie wollte sich scheiden lassen, um mit dem anderen Mann zusammenzuziehen. Helmut war sehr verzweifelt und ging zum Pfarrer. Dieser empfahl ihm, so schnell wie möglich dafür zu sorgen, daß Rita schwanger werde. Dann würden sie bestimmt eine glückliche Familie.

Cornelia gehörte zu jenen Frauen, die mit einem Alkoholiker verheiratet waren und seit Jahren versuchten, sich von ihm zu trennen. Der Pfarrer, mit dem sie regelmäßig sprach, redete ihr gut zu, damit sie durchhalte und die Familie durch eine Scheidung nicht ins Unglück gestürzt werde.

Und wie stand es nun mit den Ehetherapeuten?

Corina und Swen gingen zweieinhalb Jahre in die Ehetherapie. Danach machte jeder nochmals eine Einzeltherapie, um die in der Ehetherapie erlebten Ereignisse zu verarbeiten. Dann ließen sie sich scheiden. Ihr Ehetherapeut war als Arzt geübt in exakt-linearlogischem Denken verifizierbarer Inhalte. Er zeichnete das ehetherapeutische Geschehen lückenlos und gewissenhaft videotechnisch auf. Erstens als Kontrolle, zweitens als Lehrmaterial für Auszubildende, drittens als Evaluation therapeutischer Interventionen, viertens zur statistischen Erfassung therapieresistenter Dialektik in der Zweierorganisation, fünftens zur präzisen Kosten-Nutzen-Analyse, sechstens, siebentens, achtens, neuntens und zehntens. Der Ehetherapeut verfolgte während der 50minütigen Sitzungen äußerst konzentriert die Aufnahmeapparatur auf ihr einwandfreies Funktionieren. Allfällige Fehleinstellungen korrigierte er unverzüglich, was nicht selten geschah. Wenn z. B. Corina ihr weinendes Gesicht vom Aufnahmefokus wegwandte, pirschte er sofort mit dem Guckrohr hinterher, der Vollständigkeit halber. Oder er unterbrach kurz ihr Schluchzen und bat sie, sich doch um Himmels willen zur Kamera zu wenden. Ehetherapie auf offe-

ner Bühne! Tragödie für zwei Personen und einen Kameramann. Gott sei Dank wurde die kostspielige Produktion von
der Krankenkasse bezahlt – bis auf den Eigenanteil, der zu La-
sten der Hauptdarsteller ging. Über diesen einen Punkt waren
sich Swen und Corina absolut einig: Diese Sitzungen machten
sie nur mit, weil die Kasse zahlte. Beide waren äußerst vorsichtig, was sie dem Kameratherapeuten erzählten. Unmöglich, offen und ehrlich über Intimes zu berichten. Sie hatten nichts gegen den Therapeuten einzuwenden, der zweifellos sein Bestes
gab mit seinem Therapiekonzept. Mit säuberlich ausgeheckten
Spielregeln wollte er gestrandetes Ehegut wieder zum Schwimmen bringen und «unbewußte Vernetzung und Verfilzung in-
teraktioneller Ehesysteme autonomisieren». Trotzdem leisteten
sich Corina und Swen zwischendurch einen Therapeuten ohne
Kamera, den sie zwar selbst bezahlen mußten, dem sie aber uneingeschränkt alles anvertrauen konnten, was sie im Innersten
quälte. Kontrastprogramm. Der eine wissenschaftlich, analy-
sierend, sezierend, mit System und klarer Vorstellung im Kopf,
wie es sein müßte. Der andere scheinbar konzeptlos, ohne jegliche Zusicherung eines bestimmten Endproduktes. Im Gegenteil, er wies darauf hin, daß nicht er, sondern nur sie sich helfen
könnten. Er vermöge nichts weiter zu tun, als sie im Bemühen
um gegenseitiges Verstehen zu begleiten und dabei ihre abhanden gekommene Liebe zu verwalten. Ein karges Angebot, fürwahr. Wen wundert's, daß Krankenkassen so etwas Unkonkre-
tes nicht zahlen.

Der Kameratherapeut arbeitete strikt nach Plan. Er gab den
beiden regelmäßig Aufgaben mit nach Hause, die sie nach de-
taillierten Spielregeln genau zu befolgen hatten. Einmal sollten
sie übers Wochenende gemeinsam verreisen. Das Ziel dieser
Lektion bestand darin, sich über ein Vorhaben miteinander zu
unterhalten. Da die beiden aber noch nie Mühe hatten, Sachli-
ches oder Organisatorisches miteinander zu besprechen, blieb
der therapeutische Effekt aus. Der Therapeut war darüber sehr
enttäuscht. Sie versuchten, ihn aufzumuntern, indem sie ihm
lange erklärten, daß dies ja gerade die Grundschwierigkeit in
ihrer Ehe sei: sich stundenlang in theoretische Gedankenflüge

zu begeben, aber keinen Spaß an körperlichen Freuden mehr miteinander haben. Er wollte davon nichts wissen und blieb bei seiner Meinung. In jeder 50-Minuten-Sitzung wiederholte er nachdrücklich, jede Beziehung funktioniere nach intrakommunikativen Gesetzen, einem Billardspiel vergleichbar. Wenn der Ball geschickt (und gewußt wie und welchen, aber «dazu-bin-ich-ja-da») angespielt werde, dann gerieten alle anderen unweigerlich in Bewegung und würden dann den «einen» dazu veranlassen, ins Loch (= Liebe) zu plumpsen. Alles sei berechenbar, steuerbar, kalkulierbar! Wenn man bedenke, was für ein höchst komplizierter Vorgang es sei, den Lauf eines Raumschiffes genauestens im voraus zu berechnen und zu bestimmen, dann wäre es doch wirklich gelacht, wenn viel einfachere Dinge wie etwa die Beziehung zwischen zwei Menschen nicht ebenfalls unter absolute Kontrolle zu bringen seien. Das leuchtete beiden ein.

Der abhanden gekommenen Sexualität wollte er dann strategisch gezielt zu Leibe rücken mittels modernster Methode. Das therapeutische Gespräch darüber wurde deshalb nicht nur videotechnisch erfaßt, sondern es wurde zusätzlich noch ein weiteres Kontrollsystem eingeschaltet, indem zwei Menschen hinter einem Spiegelfenster alles beobachteten. Nach dem Gespräch gab es nochmals ein Gespräch über das Gespräch. Ohne Video. Das war dann eine sogenannte Doppelsitzung, die als zwei volle Stunden bei der Krankenkasse abgerechnet wurde. Das Gespräch über das Gespräch wurde zu fünft geführt, die beiden Unsichtbaren erzählten, was ihnen alles aufgefallen war. Die beiden jungen sympathischen Medizinstudenten, die lobenswerterweise ihr einseitig wissenschaftlich orientiertes Studium mit lebensnaher Praxis bereichern wollten, waren vom Leben noch nicht allzu heftig in die Mangel genommen und durchgebeutelt worden.

Das Gespräch über das Gespräch war sehr aufschlußreich. Den beiden Studenten war nämlich aufgefallen, daß sie die Sexualität wie die Ankunft eines Flugzeuges miteinander diskutierten. Es sei keinerlei erotische Spannung spürbar gewesen. Dies sei ja gerade ihr Problem, so Swen und Corina, sie hätten die Lust und Freude aneinander verloren und seit Jahren keinen sexuellen Kontakt mehr. Die beiden Studenten schlossen sich der Meinung des Kameramannes an, daß so etwas einfach völlig unvorstellbar sei, beide sähen doch eigentlich ganz nett aus. Mit einem ausgeklügelten Programm würden sie diesen schrecklichen Mißstand beheben können. Bei genauer Befolgung der Anweisung könne nichts schiefgehen. Um das Alphabet der Liebeslust und den uneingeschränkten Leibesspaß zu erlernen, bekamen Swen und Corina die Hausaufgabe, sich gegenseitig spielerisch und neckisch, untermalt mit romantischer Musik, zu entkleiden. Und dann entstünde zwangsläufig sexuelles Entzücken, ja «gopfridstutz d'Geilheit» (so der ältere Student), und das Spiel sei gewonnen.

Zwar konnten sich weder Swen noch Corina vorstellen, auf diese Weise ihre Probleme zu lösen, und sie wagten nicht, an die unendliche Peinlichkeit dieser Situation zu denken. Dennoch zweifelten sie die engagierten Empfehlungen nicht an. Sie waren heilfroh, die Doppelstunde überstanden zu haben. Hinterher tranken sie noch schnell gemeinsam einen Kaffee, um sich dann in ihren Außenbeziehungen – wo sie die Sexualität genießen konnten – von den Strapazen zu erholen.

Nach einem Jahr wollten sie die Videotherapie beenden und endgültig zu dem Therapeuten ohne Kamera wechseln. Aber so einfach war das nicht. Der Kameramann wollte den genauen Grund wissen. Doch sie konnten das nicht so exakt formulieren und lediglich erklären, irgendwie hätten sie das Gefühl, nicht richtig verstanden zu werden. Dazu meinte er, dies sei eindeutig der Beweis dafür, daß sie eigentlich gar nicht an einem wirklichen Heilungsprozeß ihrer kranken Ehe interessiert seien. Wenn seine bestens ausgewiesene Methode bei ihnen nichts fruchte, dann liege das sicher nicht an der Methode, sondern an ihnen.

Daß der Therapeut während der gesamten Behandlungszeit vergessen hatte, die Situation ihrer zwei kleinen Kinder miteinzubeziehen, ja, daß die Kinder überhaupt nie erwähnt wurden, obwohl Swen und Corina ja gerade der Kinder wegen die Familie retten wollten, sahen sie ihm verständnisvoll nach;

schließlich sei er selbst kinderlos. Menschen, die in der Liebe in Not geraten sind, greifen nach jedem verheißungsvollen Strohhalm.

Ich hatte selbst ähnliche Erfahrungen gemacht. Aber die unerbittliche Aufzeichnung meiner damaligen Ehenot auf Video sowie die technischen Empfehlungen von Partnerspielchen vergrößerten nur meine verzweifelte Ratlosigkeit. Dies änderte sich erst, als wir einen Therapeuten fanden, der mit uns den mühsamen Weg durch unsere Kränkungsgeschichte ging. Wir lernten, einander zuzuhören. Wir lernten, laut zu denken und all das auszusprechen, was sonst stumm mit verheerender Wirkung wucherte. Für einen Moment aus der Fehdegemeinschaft, aus dem Krieg, aus gegenseitiger Entwertung, aus Acht- und Respektlosigkeit voreinander heraustreten. Der Therapeut spannte sich wie eine verbindende Brücke zwischen uns aus und war uns beiden gegenüber gleichermaßen wertschätzend. Er ließ uns erahnen, daß uns trotz allem jemand verstehend verband. Meine Verbitterung, meine Wut, meinen Hader, meine Gehässigkeit, all diese Gefühle konnte ich zulassen und aussprechen, ohne bewertet zu werden, ohne daß ich in das vernichtende Bild des «bösen Weibes» hineinmanövriert wurde. Auch wenn ich meinen damaligen Mann beschuldigte, Fakten und Beweise anschleppte, um seine «Verfehlungen» zu belegen: der Therapeut ließ sich sein neutrales Bild durch meine Äußerungen nicht besudeln. Was wir auch immer über den anderen sagten, er blieb beiden gegenüber wohlgesonnen, respektvoll. Er wurde zum Treuhänder unserer menschlichen Würde, die uns in der Turbulenz von Schuldzuweisung und Enttäuschung abhanden gekommen war.

Dort wurde meine Vorstellung davon geprägt, wie ein/e Paar- und EhetherapeutIn sein sollte: treuhänderisch die abhanden gekommene Liebe verwalten, so daß sich die Beteiligten vielleicht nach vielen Jahren wieder an sie erinnern und den aufbewahrten und unversehrten Reichtum in ihre Seele heimholen und dem Partner verzeihen. Auch wenn sie längst geschieden sind. Und das ist wohl das einzige, was eine Drittperson helfend tun kann. Hilfesuchende sollten sich für die Wahl eines Therapeuten oder einer Therapeutin viel Zeit nehmen und sich vor allem auf ihre Gefühle verlassen. PsychotherapeutInnen sollten mindestens mit soviel Sorgfalt ausgewählt werden, wie wir beim Kauf von Schuhen, Autos und der Wahl einer Ferienreise aufbringen. Paar- und EhetherapeutInnen sollten vor allem liebesfähige Menschen sein, die grundsätzlich von ihrem Wesen her den Menschen wohlgesonnen sind. Intellektuelle, PessimistInnen, SpötterInnen, hirnanalytische SarkastikerInnen sind für diese subtile Arbeit mit gekränkten und verletzten Seelen ungeeignet. Dies gilt übrigens auch für alle anderen helfenden, heilenden, pädagogischen und sozialen Berufe. LehrerInnen, die ihre SchülerInnen nicht lieben, PsychotherapeutInnen, die ihre KlientInnen nicht wertschätzen, ÄrztInnen, die ihre PatientInnen nicht mögen, sollten dringend andere Berufe ergreifen, in denen ihnen nicht Menschen ausgeliefert sind. Carl R. Rogers, der Vater der personenzentrierten Gesprächspsychotherapie, die dem deutschsprachigen Raum durch den verdienstvollen Einsatz von AnneMarie und Reinhard Tausch erschlossen wurde, hat drei Voraussetzungen herausgearbeitet, die PsychotherapeutInnen und selbstverständlich auch Paar- und EhetherapeutInnen zur Verfügung haben müssen. Rogers und Tausch haben mit ihren wissenschaftlichen Untersuchungen aufgezeigt, daß nur auf dem Boden dieser drei Voraussetzungen Psychotherapie wirksam wird. Es sind dies:

– Empathie: Einfühlendes Verstehen der inneren und äußeren Welt des Patienten. Das heißt also, daß der/die PsychotherapeutIn aufmerksam und exakt zuhören kann. TherapeutInnen, die mehr als ein Viertel der Zeit für ihre eigenen Ausführungen beanspruchen, womöglich komplizierte analytische Zusammenhänge erklären, die der/die KlientIn kaum versteht, erfüllen diese Voraussetzung nicht. Alles, was mit Belehrungen, Ermahnungen, Rat-Schlägen, Interpretationen, Trost, Appellen an den «gesunden Menschenverstand» usw. zu tun hat, wird keine therapeutische Wirkung erzielen. Allenfalls beim Patienten das Gefühl hervorrufen, nicht verstanden worden zu sein.

– Akzeptanz: Wertschätzen und Respektieren des anderen in seiner ganz persönlichen Lebens- und Weltanschauung. Jedes therapeutische Eingreifmanöver, etwas zu verschieben oder zu verändern, ist unstatthaft. Hier wird vor allem deutlich, daß hinter diesem theoretischen Ansatz ein ganz spezielles Menschenbild steht: Es geht davon aus, daß jeder Mensch ein ureigenes Wissen in sich trägt, das ihn befähigt, seine ihm gemäße Lösung bei der Bewältigung von Problemen zu finden. Jedes Individuum kann nur für sich selbst entscheiden, was richtig ist. Jede Einmischung, jedes Übergreifen und jede Handlungsanweisung kann nur falsch sein. Der/die TherapeutIn weiß, daß er/sie nicht weiß, was richtig für den anderen ist. Er/sie kann den anderen lediglich begleiten, die richtige Lösung herauszufinden.

– Kongruenz: Echtheit, Übereinstimmung mit dem, was der/die TherapeutIn fühlt und empfindet, und dem, was er/sie nach außen verbal und nonverbal zum Ausdruck bringt. Also keine berufliche Fassade, keine Überlegenheitsrituale, keine aalglatte, geschliffene Wortgewandtheit oder zelebriertes Schweigen. Sondern echte Menschen, die fühlen, die Betroffenheit oder auch Hilflosigkeit zeigen, die sich freuen und auch lachen können, kurz: lebendige Menschen.

Viele, die Hilfe für die Partnerschaft oder für sich selbst suchen, geraten an PsychotherapeutInnen, bei denen sie sich weder wertgeschätzt noch verstanden fühlen. Da sie aber davon ausgehen, daß der/die TherapeutIn schließlich sein/ihr Handwerk gelernt hat und doch weiß, was richtig ist, lassen sie es einfach über sich ergehen. Dabei müßten sie auf ihre Gefühle achten, diese ernst nehmen und sich wieder verabschieden: «Sie sind für mich nicht der/die richtige TherapeutIn, ich suche jemand anderen.»

Theoretisches Wissen ist in diesem Beruf das eine. Menschlichkeit ist das andere. Die kann nicht am Schreibtisch gelernt werden, sondern nur in einer ehrlichen Auseinandersetzung mit sich selbst und der eigenen Lebensgeschichte. Denn erst wenn man die eigene Kelleretage gründlich kennengelernt hat, kann man irgendwann die Arme weit für die Not eines anderen öffnen: nichts Menschliches ist mir fremd.

Die, die wissen müßten, wie man zielsicher ins Glück trifft, wissen es leider oft auch nicht und sind selbst glücklos. Und diejenigen, die aus ihrer Auseinandersetzung mit sich selbst dazu in der Lage sind, können lediglich eine begleitende Funktion übernehmen; den Rest muß jeder selbst leisten.

«Es gibt wohl keine Methode, keine raffinierten Spielchen, keine Tricks, keine Kniffs, keine frommen Rezepte und keine Wunder, die uns die mühevolle Arbeit und Auseinandersetzung mit unserer Problematik in der Partnerschaft abnehmen.» Ich seufzte tief.

Felix nahm mich tröstend in seine Arme: «Du hast es aber auch wirklich nicht einfach.»

Von denen, die so tun, als ob sie es wüßten

Obwohl ich bereits die Hoffnung begraben hatte, von irgendwoher ein Geheimrezept zum Liebesglück zu erhalten, glimmte dennoch jedesmal ein Funke aus der vermeintlich erloschenen Asche auf, wenn ich eine Kursausschreibung für ehetherapeutische Zusatzausbildung las. Es klang meist sehr verheißungsvoll und optimistisch! Auch wenn es mir zunächst gelang, mich sämtlicher Illusionen zu enthalten, schlichen sie dennoch irgendwie in mein Unterbewußtsein. Sie stiegen wie Leuchtraketen in dunkler Nacht auf und erhellten kurz mein leidgetränktes Beziehungsszenarium.

Sollte ich nicht doch alle sich bietenden Möglichkeiten ausschöpfen? Nichts unversucht lassen? Zudem würde es nichts schaden, meine psychotherapeutische Tätigkeit – in der ich ununterbrochen mit Partnerschaftsproblemen konfrontiert werde – durch ehetherapeutisch geschultes Fachwissen legitimieren zu lassen. Deshalb meldete ich mich für eine Zusatzausbildung in Ehetherapie an. Mit etwas gemischten Gefühlen und verborgener Freude sah ich der ersten Kurswoche entgegen. Schließlich würde ich mit ausgewiesenen Fachleuten und interessierten und engagierten KollegInnen das große Thema «Liebesglück und Partnerschaft» untersuchen. Wir würden sämtliche Partnersysteme analysieren, Schwachstellen, Stolpersteine und

Sackgassen aufdecken, mögliche Lösungen austüfteln und dabei den geheimnisvoll verschlungenen Liebespfaden auf die Schliche kommen. Allerdings wurde meine Freude etwas durch die Bedingungen der Abschlußarbeit überschattet, die im Vorzeigen von ehetherapeutischen Sitzungen auf Video bestand. Es war mir klar, daß ich mich darauf nicht einlassen würde! Auch nicht, um ein Diplom zu erlangen. Ich würde wohl auf das Ausweispapier verzichten müssen.

Meine Bedenken lösten sich aber auf unvorhergesehene Weise.

Die TeilnehmerInnen des Ausbildungskurses rekrutierten sich aus den unterschiedlichsten beruflichen Lagern. Mehr als die Hälfte waren Ärzte, die auf mich – außer einer Psychiaterin – keineswegs den Eindruck machten, daß sie am Thema sehr interessiert wären. Vielmehr wollte sich die Ärzteschaft in dieser Zeit der zunehmenden Prestigeverluste ein krisensicheres Zubrot verdienen. Der schulmedizinisch Ausgebildete versteht in der Regel viel von Körperfunktionen und deren Zerlegung in einzelne Bestandteile, aber wenig bis gar nichts von der Seele, einschließlich der eigenen. Trotzdem beansprucht er uneingeschränkt den Status des Allwissenden, Alleskönnenden, Allmächtigen. Dann waren noch einige Theologen da, die wohl in ihrer gelichteten Schafherde unentwegt über Ehe- und Partnerschaftsprobleme stolperten. Offenbar hatten sie begriffen, daß ihr theologisch getrimmtes Denken den Anforderungen nicht zu genügen vermochte. Ferner drei Sozialarbeiter, welche das gesamte Arsenal der Beziehungsschwierigkeiten auf soziale Mißstände zurückführten. Als Krönung dieser ehetherapeutischen Ausbildungsrunde zwei Psychologen. Je ein weibliches und ein männliches Exemplar, beide geschieden und in neuer Allianz miteinander verflochten. Keiner tat einen Schritt ohne den andern (auch nicht gedanklich). Sie waren beide mit einem derart peinlichen Psychologenjargon ausgestattet, daß ich kurz in Erwägung zog, mich bei der Vorstellungsrunde nicht als beruflich ihresgleichen zu erkennen zu geben. Schließlich fühlte ich mich jedoch herausgefordert, für meine Berufsgruppe andere Akzente zu setzen.

Alle TeilnehmerInnen – außer mir – schienen in geregelten Verhältnissen zu leben; beruflich, finanziell, sexuell. Sie präsentierten sich als im Liebes- und Partnerglück erfolgreich, mit der kühlen Abgeklärtheit, die jenen innewohnt, die um das Erfolgsgeheimnis wissen. Der eine mit seiner treusorgenden, liebreizenden Gattin und zwei Kindern einfamilienhäusig umnestet, der andere «zwar kinderlos, aber in erfülltem Attikaglück», der dritte in gesunder (was das auch immer heißen mag) Beziehung samt jungem Boxerhündchen und vielen überaus harmonischen Verbindungen. Wie kann wohl jemand, der genährt wird aus dem Füllhorn paradiesischen Partnersegens, sich jemals einfühlen in die Not und Verzweiflung der von Liebesschmerz Gepeinigten?

Ich überlegte, ob ich nicht gleich zu Beginn mit der Türe ins Haus fallen sollte, indem ich mich mit der Darstellung einer Szene aus meinem Beziehungsdesaster vorstellte, der letzten, bevor ich hierher gereist war:

«Fährst Du mit dem Auto, oder fährt Madame auch wieder mal mit dem Zug?»

«Bildest Du Dir tatsächlich ein, ich finanziere ein Auto, damit ich mit dem Zug drei Stunden durch die Gegend holpere, plus dreimal mit dem ganzen Gepäck umsteigen, plus hoffen, daß ein Bus in das abgelegene Nest fährt, damit Monsieur in meiner Abwesenheit seinen Spazierfahrten frönen kann?!»

«Du hältst mir schon wieder das wirtschaftliche Gefälle vor!»

«Das hab' ich doch nun wirklich nicht getan! Es ist lediglich eine ganz nüchterne Tatsache: Ich hab' mehr Termine und Du mehr Zeit, die Bahn zu benützen.»

«Siehst Du, jetzt hältst Du es mir schon wieder vor.»

«Du bist ein Idiot. Hör endlich mit diesen albernen Anschuldigungen auf.»

«Du machst mir doch dauernd Vorwürfe. Nicht ich!»

Er knallt die Türe und schreit: «Das laß' ich mir nicht länger gefallen!» Eins zu null für ihn.

Ich packe meinen Koffer und schleppe ihn zum Auto.

«Soll ich Dir helfen?»

«Nein, es geht, ich kann es alleine.»

«Siehst Du, jetzt fängst Du wieder an!»

«Ich habe nur gesagt, daß ich es alleine schaffe.»

«Du gibst mir schon wieder zu verstehen, daß ich Dir über bin.»

«Aber jetzt hast Du angefangen!»

«Ich fasse nur zusammen, was ich mit Dir erlebe.»

«Sicher wirst Du verstehen, daß ich jetzt leider keine Zeit habe, mich mit Deiner individuellen Erlebnisweise auseinanderzusetzen. Ich muß nämlich jetzt fahren.»

«Ach! Plötzlich. Ich dachte, Du fährst erst später.»

«Nein. Ich fahre jetzt und nicht später. Ich halte es in diesem Irrenhaus nicht länger aus.»

«Jetzt hast Du aber angefangen!»

«Angefangen! Angefangen! Daß ich nicht lache! Du fängst doch dauernd an!»

«Ich fange, du fängst, er fängt, wir fangen, ja wir fangen den Hut. Und wenn wir den Hut gefangen haben, dann ist die Gans draußen.»

«Die Streitgans ist draußen!»

«Aus mit dem Streit! Die Gans ist weggeflogen! In die Lüfte, die blauen, die sonnigen!»

«Können denn Gänse überhaupt so hoch hinauffliegen?»

«Wenn die Gans nicht zu schwer ist, dann kann sie es schon. Stell Dir vor, vorgestern ist eine fette Gans vom Himmel heruntergeplatscht und erschlug einen Radfahrer.»

«Keine Anspielungen auf mein Übergewicht!»

«Spiel mir das Lied vom Licht!»

«Vom Licht, vom Gewicht und von der Streitgans, die hoch fliegen kann, denn unsere Gans kann das.»

«Ja, Liebes. Unsere Streitgans kann nämlich alles.»

Und dann neckten wir uns. Und dann lachten wir über uns. Und dann liebten wir uns. Und ich kam eine Stunde zu spät zur Ausbildung für Ehetherapie.

Nach dem ersten Kurstag schrieb ich ihm einen kurzen Brief: «Schatz, soeben aus fachkundigem Wissen gelernt; falls Du es noch nicht bemerkt haben solltest: Das, was sich zwischen Dir und mir abspielt, hat auch nicht im entferntesten etwas mit Liebe zu tun! Hochachtungsvoll grüßt...» Er schrieb postwendend zurück mit dem Vermerk auf der Rückseite meines Briefes: «Stört mich keineswegs, solange wir Spaß aneinander haben. Mit frohem Gruß. Felix.»

Obwohl ich immer wieder den Versuch unternahm, das Phänomen Liebe und Glück in die technisch orientierten Paartherapiestrategien einzubringen, gelang es mir nicht. Der 68jährige Ausbilder war ein abgehalfterter Arzt für innere Medizin, dessen neu erworbenes Tätigkeitsfeld seinen anerkennungsarmen Ruhestand beleben sollte, indem er jüngere KollegInnen in den Kunstkniffen der ärztlichen Psychotherapie* unterwies. Und nun hatte er auch noch auf die Ausbildung von EhetherapeutInnen umgesattelt. Er nun wollte von meinen Vorschlägen nichts wissen. Ich müsse verstehen, daß wir uns in einer solchen Ausbildung nicht auf so unkonkrete Dinge einlassen könnten. Das sei doch eher etwas für ein nettes Plauderstündchen im geselligen Freundeskreis.

Am zweiten Kurstag wurden die Erwartungen und Positionen der TeilnehmerInnen klar: Die Ärztegruppe wollte möglichst präzise theoretische Konzepte und Lösungen aufgezeigt bekommen, um Partnerkrisen schnell und mit sicherem Griff zu beheben. Die Sozialarbeiter wollten hingegen lernen, wie sie ihren Handlungsspielraum geschickt auf sozial-politische Bereiche ausweiten könnten. Und die Theologen, die stets mit gefalteten Händen dasaßen, nickten zu allem meist wohlwollend freundlich, ohne selbst einen Beitrag zu leisten. Das Psycholo-

---

* Und zwar so, wie sie von kassenzulässigen Einrichtungen in der Schweiz verstanden wird, die es jedem Arzt (ausgenommen Tierärzten) erlauben mit oder ohne psychotherapeutische Ausbildung, geschweige denn Kenntnisse der eigenen seelischen Verhältnisse, mit PatientInnen ein paar nette Sätze zu wechseln und dies mit der Kasse abzurechnen. Diese Sätze erschöpfen sich oft in Rat-Schlägen oder sonstigen, dem «gesunden» und ganz privaten Menschenverstand entsprungenen Empfehlungen. Auch bei großzügig angesetzten Maßstäben haben diese Unterhaltungen nicht im weitesten Sinne etwas mit Psychotherapie zu tun. (Abrechnungssätze im Kanton Zürich: 46 Min.: Fr. 128.-)

gen-Duo sorgte in seiner schmachtenden Verliebtheit für peinliche Momente in der Gruppe, wenn sie z. B. auf ihre wunderbare Gemeinschaft hinwiesen und das Geheimrezept dafür preisgaben: «mir-mached-äbe-alles-zäme». Selbst ihre Namen – Erich und Olga – verkamen, wenn sie sie gegenseitig aussprachen, zur Unkenntlichkeit. Wenn Olga von Erich sprach, schürzte sie ihre schmale Oberlippe zum spitzesten Kuß, den die Geschichte je gesehen hat. Dabei genoß sie diese Mundstellung so uneingeschränkt, daß sie das «R» ebenfalls aus dieser Zuspitzung heraus formulierte, was natürlich eine phonetische Unmöglichkeit war und zwangsläufig zu einem «S» wurde. Und da sie Berndeutsch sprach, und ohnehin das Wort «Ich» bei ihr «Ig» lautete, formulierte sie das «Ch» am Schluß des Namens als «G», um die Besitzverhältnisse jedesmal auch sprachlich zu dokumentieren. Ich konnte noch so konzentriert lauschen, ich verstand jedesmal «Essig». Er wiederum gab seiner Liebe Ausdruck, indem er sie «Oelgi» statt «Olga» nannte. Dabei schlürfte er die Schlußsilbe «gi» wie eine glitschige Auster in sich hinein – quasi als Antwort auf den spitzigen Kuß. Und weil sich «Öl» aus «Oelgi» ergab, nannte ich sie für mich «Essig und Öl». Sie waren wohl für uns alle die härteste Lektion in diesem Ausbildungskurs.

Am dritten Kurstag war mir klar, daß der Ausbilder eine Flasche war und nichts von Ehetherapie begriffen hatte. Ich hatte mich wohl – was mir eigentlich selten geschieht – von seinen diversen Titeln und Ausbildungsnachweisen beeindrucken lassen. Ich rief Felix mitten in der Nacht an, ich käme unvorhergesehen schon am nächsten Tag heim, da der Kurs nichts tauge. Und das, was zwischen ihm und mir sei, sei eben doch Liebe. Und gar keine schlechte!

Am vierten Tag fand ich dann doch mein Urteil vermessen und rief nochmals zu Hause an. Ich würde bleiben, und im übrigen sei ich nun doch nicht mehr sicher, ob es Liebe sei. Wir seien zu unterschiedlich, hätten kaum gemeinsame «Ressourcen». Außerdem suche er in mir nur die Mutter, und ich fühle mich nur dann sicher, wenn er von mir abhängig sei. Das könne nur schiefgehen, und der Alltag demonstriere uns das ja. Alles sei bei uns verkorkst. Darauf heulte ich die ganze Nacht. Nach dieser Erkenntnis war mir klar, daß ich bis zum Schluß in dem Kurs ausharren wollte. Wenn ich dieses Wissen auch niemals beruflich einsetzen könnte, so vielleicht wenigstens privat. Zudem hatte ich mich mit Edda, einer Psychiaterin, angefreundet. Außerdem erweckten «Essig und Öl» zunehmend mein Interesse. Ich studierte mit großer Heiterkeit ihre sich stets wiederholende Zeremonie; die Abstimmung ihrer Gedanken, Ansichten und Meinungen, um möglichst jede Eigenständigkeit auszumerzen. Mit der Zeit kannte ich ihre Kommunikations- und Argumentationsmuster in- und auswendig, und ich schrieb während des Unterrichts laufend entsprechende Psychocomics für Edda.

Unsere Gruppe lernte eifrig, allen voran die Ärzte und Theologen. Sie waren hell begeistert von den erlernten Strategien, die es ihnen endlich ermöglichen sollten, entgleiste Beziehungen wieder fahrtüchtig zu machen. Und mir graute vor dem Moment, in dem sie ihr Allmachtswissen in die Praxis umsetzen würden.

Das Ende der ersten Ausbildungsetappe wurde mit einem Sommerfest gefeiert. Die zu Hause gebliebenen Ehehälften wurden speziell dazu eingeladen – alles im Kursgeld inbegriffen, schließlich seien sie doch Teil des Ganzen (so der Ausbilder) und gehörten einfach dazu, jedenfalls was die kulinarische Seite betraf. Ich überlegte, ob es wohl nicht besser wäre, allein teilzunehmen. Schon unsere optische Erscheinung würde wohl alle zu verheerenden Diagnosen beflügeln: Tante mit Neffe, Gouvernante mit dreistem Zögling, Pfarrersfrau mit Pfadfinder oder gar Mutter mit Sohn. Sicherlich würden alle Paare ideale Beziehungsglücksprofile vorweisen! Musterpaare wie aus dem Lehrbuch. Wir hingegen könnten uns noch so anstrengen – wir paßten nicht zusammen. Als aber «Essig und Öl» frohlockend verkündeten, sie würden den Abend durch eine Eigenproduktion etwas auflockern, sie hätten nämlich «zäme» (wie könnte es anders sein) ein Lied über Beziehungsarbeit komponiert und wollten dieses nun im Kanon vorsingen, war die Peinlichkeit so oder so gesichert. Da würden wir auch nicht mehr allzusehr aus dem Rahmen fallen. Noch bevor wir auch nur den geringsten Einwand vorbringen konnten, wimmerte es zweistimmig, «Essig» sang mit seiner Tenorstimme den Text, «Öl» zwitscherte spitz den Refrain:

«... wen d' nüme weisch, wo i und us
gang zu dim Schätzli, dä chunt drus...»

Mir rieselten kalte Schauer den Rücken hinab.

Der Abend kam, und die verschiedenen Gemahlinnen und Gemahle trafen ein. Auch die junge Frau des Ausbilders kam, frisch von ihrem ersten Kind entbunden. Sie war zuerst die langjährige Freundin ihres jetzigen Stiefsohnes – bis sie sich in den Vater verliebte und er sich in sie. Dazwischen Felix, unbekümmert, unbeschwert und unbeeindruckt von irgendwelchen gesellschaftlichen Paarzeremonien. Nach der viel zu langen Begrüßungsansprache, während der Felix einfach aufstand, auf die Terrasse ging und genüßlich eine Zigarette paffte, stimmten «Essig und Öl» ihre Gesangseinlage an. Ich hatte keine Zeit mehr, Felix darauf vorzubereiten und ihn zu ermahnen, sein lockeres Mundwerk wenigstens einmal in seinem Leben etwas zu zügeln. Er stand unvorbereitet auf der Terrasse, da ertönten die ersten Klänge dieser peinvollen Darbietung. Er kam erschüttert hereingestürzt und rief aufgebracht:

«Um Gottes willen, was ist denn das für ein elendes Katzengejammer?»

«Essig und Öl» hielten kurz inne, schauten sich an, ihre Blicke trafen sich im seligen Miteinander. Und wie zwei Märtyrer sangen sie mutig und erstarkt die nächste Strophe:

«Und wenn emol söt jammere dis Schmusechätzli,
denn gib em eifach es Küssli ufs Tätzli.»

Am anschließenden Essen wollte Felix nicht teilnehmen. Er habe keinen Hunger, verkündete er, zudem sei das ja ein optimal gestörter Verein. In solchen Momenten, die sich leider oft genug wiederholen, schwöre ich mir, mich niemals mehr mit ihm unter zivilisierte Menschen zu begeben; und erst auf dem Heimweg wird mir dann klar, daß er genau das ausgesprochen hat, was ich gedacht habe. Und dann bin ich wieder glücklich, daß wenigstens einer wirklich das sagt, was er meint.

Felix begann an mir herumzufummeln, die anderen beschäftigten sich mit dem Essen. «Essig und Öl» fütterten sich gegenseitig, die übrigen Paare waren so gut wie nicht aneinander interessiert. Felix erkundigte sich bei mir, ob die vielleicht alle miteinander zerstritten seien.

«Nein, gutfunktionierende Ehen sind eben so», klärte ich ihn auf.

«Siehst Du, wie gut, daß wir keine haben!» Er zog mich weg, ich konnte mir gerade noch das Dessert sichern, das für mich das Wichtigste an einer Mahlzeit ist, und wir setzten uns auf die Terrasse. Allmählich kamen noch andere, und ich befürchtete, in ein Gespräch verwickelt zu werden. Ich zog Felix zu der kleinen Treppe, die seitlich hinunter führte. Dann lauschten wir den ehelichen Dialogen über unseren Köpfen:

«Übrigens, die Blonde hat während Deiner Abwesenheit dreimal angerufen.» Er schweigt.

«Hast Du mir dazu nichts zu sagen?»

«Sabine, hör endlich mit dieser alten Geschichte auf. Ich hab' Dir schon tausendmal erklärt, es ist nichts. Wirklich nicht.»

«So. Und weshalb ruft die dann dauernd an?»

«Hör jetzt endlich damit auf.»

«Wie gerne würde ich Dir glauben. Aber Du hast mich schon so oft angelogen, daß ich es einfach nicht mehr kann.»

Sie läuft weg. Er hinterher.

«Freust Du Dich denn nicht, daß ich gekommen bin?»

«Doch, aber doch.»

«Du hast noch gar nichts zu meiner neuen Frisur gesagt.»

«Aber das weißt Du doch.»

«Was soll ich wissen?»

«Nun, daß sie mir gefällt.»

«Woher soll ich denn wissen, daß Dir meine neue Frisur gefällt, wenn ich sie zum erstenmal trage?»

«Aber Du, Du gefällst mir. Das weißt Du doch.»

«Das könntest Du mir ja auch mal sagen.»

Pause.

«Übrigens, hast Du gesehen, daß der Herr Dr. Birkenloher seiner Frau zum Wiedersehen eine Rose ins Haar gesteckt hat?»

«Nein, ich hab' nichts gesehen.»

«Das ist eben ein Mann, der seiner Frau zeigt, daß er sie liebt.»

«Ach red doch keinen Unsinn. Der hat ein schlechtes Gewissen, weil er hier die ganze Woche mit einer anderen rumgemacht hat.»

Geht und holt sich was zu trinken.

«Ich hab' letzte Woche die Dachbepflanzung bestellt. Es wird nun genau so, wie ich es mir immer gewünscht habe. In vier bis fünf Jahren sind wir völlig umwaldet. Niemand kann mehr hineinsehen. Es gibt aber auf dem Dach noch eine kleine bauliche Veränderung, weil der Platz für die Erde noch vertieft werden muß. Bei diesen Bäumen! Der Gartenarchitekt meint, sonst würden uns die Wurzeln in die Stube hineinwachsen.»

«Man hätte mich wenigstens auch noch fragen können!»

«Ach, plötzlich! Ich muß doch sonst immer alles alleine entscheiden. Wenigstens, was die unangenehmen Dinge betrifft.»

«Du bist es doch, die immer alles bestimmen will. Wer bestimmt, wohin wir in die Ferien fahren? Wer bestimmt, was wir sonntags unternehmen? Wer wählt das Fernsehprogramm aus? Ich hab' doch überhaupt nichts zu melden.»

«Du, Du sagst doch immer, es sei Dir egal. Und jetzt, plötzlich, jetzt ist es Dir nicht mehr egal. Gut. Ich werd es mir merken.»

Ich bekam wieder dieses elende Gefühl, das ich aus meinen Ehejahren kannte. Es hat mich gelähmt, es hat mir meine Lebensfreude erstickt, hat mir die Kehle zugeschnürt, alles erstarrte, und die ganze Welt war mit einer kalten Wolke der Hoffnungslosigkeit überzogen. Ich wollte weg von diesem Ort, wo es zwischen den Menschen zwar offiziell wohltemperiert höflich zugeht, doch hinter den Floskeln durchbohren sie sich mit giftigen Pfeilen.

Auf der Heimfahrt begann unser obligater Streit über die Autoklimaanlage. Nachdem ich ihm gedroht hatte, das unglückselige Gerät zu zertrümmern, willigte er diesmal ein, ohne diesen elend-bissigen Luftzug durch die Nacht zu fahren. Wie sehr hatte ich mich einst nach einem vollklimatisierten Auto gesehnt, vor allem dann, wenn ich von Hitzewallungen geplagt zu Vorträgen fuhr. Nach langem Überlegen hatte ich mich entschlossen, ein neues Auto zu kaufen, etwas zu groß für meine Verhältnisse, aber mit eingebauter Kühlvorrichtung. Ich besaß das Auto etwa eine Woche, ließ mir die Frische uneingeschränkt ins schwitzende Antlitz wehen und bekam dann eine vereiterte Kieferhöhle. Danach lenkte ich den Kaltstrom gewitzt nach unten und zog mir eine Blasenentzündung zu. Seitdem schalte ich sie nie mehr ein. Nur wenn Felix dabei ist, besteht er darauf, sie in Betrieb zu setzen. «Wozu hast Du sie denn überhaupt?»

«Und nun? Bist Du gescheiter als zuvor?»

«Im Gegenteil! Ich blicke überhaupt nicht mehr durch. Vielleicht bei anderen, aber bei mir, beziehungsweise bei uns, bin ich nach wie vor ratlos.» (Insgeheim grollte ich: ‹Kein Wunder, mit diesem gestörten Typ.›)

«Das gehört ja schließlich zu Deinem Beruf, anderen zu zeigen, wo es lang geht, während die eigene Landkarte im Nebel liegt.»

«Ach, wer zum Teufel weiß denn, wie wir es anstellen müssen, damit wir glücklich werden?»

«Schatz, ich weiß wirklich nicht, was Du hast. Wir sind doch glücklich!» Vielleicht hatte er recht, und ich wußte es einfach nicht.

Wie der Hirsch schreit...

Ich stolperte von einer Lektion zur nächsten. Manchmal fiel ich zurück in den Sog alter Sehnsüchte und plante und organisierte die glückliche Familie, das glückliche Paar, das als Zeichen seiner unerschütterlichen Eintracht alles gemeinsam machen sollte. Felix jedoch widersetzte sich unbeirrt und unermüdlich dem ihm zugedachten Part.

Immerhin hatte ich einen Fortschritt gemacht und nicht versucht, der vermeintlichen Harmonie zuliebe meine Interessen zu opfern. Darin besaß ich schließlich reichhaltige Erfahrung aus meiner Ehe. Jahrelang war ich nicht meinen eigenen Interessen nachgegangen: Ich hatte Bücher gelesen, die mich kaum interessierten, nur um mitreden zu können, und vor allem hatte ich mir Musik angehört, die ich eigentlich nicht ausstehen konnte. Zwar wurde mir übel dabei, aber mir wäre nie die Idee gekommen, daß mir diese Musik nicht gefällt. Erst als ich nach der Trennung alleine lebte, konnte ich wieder zu mir kommen und spüren, was mir eigentlich gefällt.

In der Vorweihnachtszeit brach das über lange Jahre eingedämmte Bedürfnis nach Kirchenkonzerten ungehindert durch. Nachdem mir aber Felix klargemacht hatte, daß er sich keine Musik anhören werde, die ihm nicht gefällt, hatte ich nur die Möglichkeit, entweder alleine «meine» Konzerte zu besuchen oder ganz darauf zu verzichten. Anfangs unternahm ich noch Versuche, mit jemand anderem zu gehen. Telefonierte herum, verschob Termine, paßte mich den Plänen der anderen an. Eine Begebenheit brachte mich dann zur Vernunft: Ich stand an einem Sonntagnachmittag am Fahrkartenschalter. Ich wollte mit dem Schiff nach Meersburg zu einer Dichterlesung. Die Frau vor mir sagte nicht gleich, was sie wünschte, sondern suchte zuerst umständlich in der Handtasche nach ihrem Geldbeutel. Die Schalterbeamtin hingegen hatte es eilig, da eine ganze Schlange von Leuten wartete, und fragte sie deshalb: «So wie Sie aussähed, wolled Sie sicher *zwei* Kartä.» Die Frau nickte – klar, ihre Freundin wartete draußen. Man konnte also mit Kennerblick sofort sehen, ob eine Frau es wagte, etwas alleine zu unternehmen, oder ob sie nur zu zweit irgendwohin ging.

Ich mußte über diesen kurzen Vorfall lange nachdenken. Und bei jedem krampfhaften Versuch, jemanden zu finden, der mich begleiten könnte, hörte ich wieder den Satz «So wie Sie aussähed, wolled Sie sicher zwei Kartä». Irgendwann rief ich mir selbst zu: «Noi, i brauch nuer e einzige Kart.»

So gewöhnte ich mir also an, alleine zu gehen. Und dies mit zunehmendem Vergnügen. Ich fand heraus, daß es mir ein unbeschreibliches Vergnügen bereitete, viel zu früh in die Kirche zu gehen und, was ganz besonders wichtig und aufregend war, meine Handschuhe nicht auszuziehen: Das gab mir das Gefühl, hermetisch nach außen abgeriegelt zu sein. Nur das Gesicht war frei, das ich möglichst noch durch einen aufgestellten Kragen schützte. So konnte ich unter Menschen sitzen, ohne mich durch sie ablenken zu lassen oder mich gar in ihnen zu verlieren. Ganz gesammelt in mir. Und dann die Musik in mich hineintrinken. Was gibt es Schöneres?

Ein Kirchenkonzert hat dann meine Beziehung zu Felix grundlegend geändert. Ich saß wie immer bereits eine halbe Stunde zu früh in der Kirche. Allmählich kamen dann die anderen KonzertbesucherInnen. Räuspern, rascheln, still werden. Leises Stimmen der Instrumente. Und dann trugen mich die ersten Klänge wie in einem sanften Rausch in das Klanggewölk hinauf. Vorsichtig näherte sich ein kleiner Stimmenchor «Wie der Hirsch schreit...», ein weiterer Chor traf dazu, und nochmals erklang es «Wie der Hirsch schreit...».

Überall aus allen Wolken stürzten Frauen herbei, versammelten sich und fanden sich zu einem einzigen, gewaltigen Frauenschrei zusammen: «Wie der Hirsch schreit nach frischem Wasser, so schreit meine Seele nach Dir», und nochmals in geeintem Leid: «... so schreit meine Seele nach Dir.» Ein kleines Männergrüppchen gesellte sich dazu, und zusammen mit den Frauen sangen sie das Lied der sehnenden Seelen. Das ganze Kirchenschiff sank in das unendliche Meer des Leides hinunter, und wir ertrinkenden Frauen und Männer sangen wie aus einer Kehle: «Wie der Hirsch schreit nach frischem Wasser, so schreit meine Seele nach Dir.» Ein gewaltiger Schrei in die Nacht, in den echolosen Schlund, in das große, dunkle Loch der Antwortlosigkeit, in die ewige Sehnsucht nach der anderen Hälfte, in die Wunde der Halbheit. Aus Billionen und Aberbillionen Körperzellen stieß ein einziger, unendlicher Schrei von der ewigen Sehnsucht nach einem Du.

Ich habe keine Ahnung, was dem folgte und wie ich nach

Hause gekommen bin. In mir schrie alles nach dem Du, nach dem frischen Wasser, nach der Quelle, ohne die ich zugrunde gehen würde. Am nächsten Tag, als sich die Schreie in mir so weit beruhigt hatten, daß ich wieder einigermaßen klar denken konnte, wollte ich verstehen, was mich derart erschüttert hatte. Und sofort vernebelte sich wieder mein Denken. Viele Frauenbilder zogen plötzlich an mir vorbei: Adele, Marianne, Lisa, Eveline, Anne, Helga, Hildegard, Cécile, Maria, Suzanne, Sigrid, Annemarie, Carmen, Silvia, Ursula, Rosa, Inge, Elisabeth, Esther, Heide, Dora, Ruth, Katharina, Nina, Verena, Rosmarie, Theres, Marlies, Monika, Erika, Alice, Iris, Cornelia, Gerda, Emma, Lena, Elfi, Gudrun, Rita, Sonja, Trudi, Nelly, Barbara, Beatrice, Irene, Waltraud, Anita, Brigitte, Margit, Frauke, Renate, Lilli, Martha, Margot, Liliane, Hilde, Hanni, Gisela, Doris, Sigrita, Irma, Hedy usw., und in jedem Gesicht erkannte ich mein eigenes.

Als ich dann in meiner Praxis mit Frauen und vereinzelt auch mit Männern an ihren Beziehungsleiden arbeitete, hörte ich immer wieder die Stimmen des Chors in mir: «... so schreit meine Seele nach Dir.» Mir wurde klar, daß dies die zentrale Grundproblematik ist, die aber in unendlich vielen Facetten und Kostümierungen zum Ausdruck kommt.

Ich war derart mit diesen Worten beschäftigt, daß ich mich weder um die Herkunft noch um den Rest des Textes kümmerte. Ich konnte an nichts anderes mehr denken. Erst als ich meine Handtasche nach einigen Tagen ausräumte, geriet mir das Programm des Kirchenkonzertes in die Finger. Und da erfuhr ich, daß dieser Text aus dem Psalm 42 stammte. Psalm also. Ich war verblüfft. Ich hatte noch nie etwas in Psalmen gelesen, vor allem wußte ich nicht, daß darin die ehelichen und partnerschaftlichen Leiden so präzis aufgezeichnet sind. Und da Psalme wohl irgendwie etwas mit Religion zu tun haben, rief ich einen Bekannten an, einen Theologen, und teilte ihm mein Anliegen mit. «Du brauchst dir kein spezielles Buch zu kaufen. Die Psalme sind in der Bibel.» – «Eine Bibel hab' ich nicht.» – «Dann kauf Dir eine!»

Den Kauf der Bibel wollte ich mit einem Einkaufsbummel

mit Felix verbinden. In der Großstadt würde ich zweifellos eine reichhaltige Auswahl verschiedenster Ausführungen und Übersetzungen vorfinden. Auf der Fahrt stritten wir ausnahmsweise nicht über die Klimaanlage, sondern erstens über die Lautstärke des Radios und zweitens über die Wahl der Musik. Diesen Kampf führen wir eigentlich immer, wenn wir uns gleichzeitig irgendwo aufhalten und ein Radio in der Nähe ist. Felix liebt es laut, ich hingegen so leise wie möglich oder besser noch: überhaupt nicht. Unerwartet schnell hatte ich dieses eine Mal gesiegt, was äußerst selten geschieht: Er stellte das Radio ab, und ich freute mich sehr darüber.

Ich steckte mir, obwohl ich eigentlich Nichtraucherin bin, eine Zigarette an, die ich stets in meiner Handtasche mitführe. Es gibt seltene Momente, in denen ich meine innere Zufriedenheit noch steigern möchte, indem ich genüßlich vor mich hin paffe.

«Würdest Du bitte zu rauchen aufhören? Dein Rauch ist unerträglich!» Felix sprach gereizt, während er sich hastig selbst eine Zigarette anzündete.

«Jetzt behaupte nur noch, es gäbe einen Unterschied zwischen Deinem und meinem Rauch!»

«Jawohl, es gibt einen Unterschied! Dein Rauch stinkt fürchterlich. Meiner nicht.»

«Sag mal, bist Du jetzt eigentlich ganz übergeschnappt? Rauch ist Rauch!»

«Nein! Eben nicht! Deiner ist giftig und deshalb gesundheitsgefährdender als meiner.»

«So! Kannst Du das vielleicht etwas ausführlicher erklären?»

«Ja! Ich ziehe nämlich die gesamten Schadstoffe meiner Zigarette in meine Lungen hinunter, wo sie dann schön hängen bleiben. Der Rauch, den ich ausstoße, ist also gefiltert und entsorgt und eine absolut saubere Sache, während Du – da Du ja keine Lungenzüge machst – einfach vor Dich hindampfst, die ganze Luft vergiftest, die *ich* dann wieder einatmen muß!»

Er war sehr verärgert über mich, und ich zog in Erwägung, es mit ein paar Lungenzügen zu versuchen, mußte dann aber so heftig husten, daß ich es lieber bleiben ließ. Ich drückte die Zigarette aus, damit sich sein Fahrstil nicht unnötig durch seinen Ärger noch zuspitzte.

Bei uns ist das Auto ohnehin Tummelplatz für mannigfaltigste Streitereien, sei es unter uns oder daß Felix mit Abwesenden streitet, das heißt mit jenen, die hinter oder vor ihm fahren – oder es sogar wagen, IHN zu überholen. ER hat stets viel zu tun, muß nach dem Rechten schauen, denn schließlich können die meisten in seinen Augen überhaupt nicht Auto fahren und sollten sich lieber mit einem Dreirad fortbewegen.

Selbstverständlich bin ich mir im klaren, daß ich nicht befugt bin, mich über etwas kritisch zu äußern, von dem ich keinerlei Ahnung habe. Obwohl ich seit rund 30 Jahren Auto fahre, bin ich diesbezüglich völlig unbedeutend geblieben. Nirgendwo bin ich aktenkundig geworden, nirgends registriert, sogar bußgeldmäßig beschämend gering vertreten; kein einziges Mal habe ich meine Versicherungspolice anständig in Bewegung gebracht. Im Gegensatz zu IHM. Kaum autofahrend auf der Straße vertreten, und schon von derart großartiger Bedeutung! Ein gerammtes Heck, eine gerammte rechte Front und eine linke hintere Seite, zwei, drei hintere und zwei, drei vordere Kotflügel, einige Stoßstangen sowie jenes unberechenbare Mäuerchen, welches plötzlich winters zu rutschen begann, ferner ein beachtliches Sümmchen Bußgelder sowie zwei Totalschäden. Daß so jemand nun wahrhaft wissen muß, was Auto fahren heißt, versteht sich von selbst. Deshalb ist es wohl nicht verwunderlich, wenn neben einer derartigen Fülle dokumentarisch besiegelter Anwesenheit meine autofahrende Existenz daneben jämmerlich verblaßt. Die einzige Chance, die sich mir bot, mich versicherungstechnisch bemerkbar zu machen, hatte ich, unwissend wie ich damals war, ungenutzt vorbeiziehen lassen. Ich fuhr mit meinem ersten Auto auf einer Hauptstraße. Das Auto hatte ich für 1000 Franken erstanden, die Benützung desselben entpuppte sich aber nach kurzer Zeit als unerschwinglich, da ständig Öl nachgegossen werden mußte. Es war ein sanfter Stoß, welcher mir da zuteil wurde. Aber dennoch stark genug, daß sämtliche Bestandteile wie Türen, Fenster usw. im Nu wegklappten und ich mit meinem Begleiter frei sitzend wie in einem Pedalo dasaß. Der Unglücksfahrer, den Amors Pfeil zur forschen Eile trieb, war offiziell auf einer Geschäftsreise im Ausland und befürchtete, seine Ehefrau erfahre nun alles. Er tat mir (damals!) furchtbar leid, und ich versuchte, ihn zu beruhigen. Schließlich sei es nicht seine Schuld, daß ich mit einem Auto herumfahre, welches bei der leisesten Berührung gleich auseinanderkrache. Er aber bestand darauf, mir den Schaden von 1000 Franken in bar zu vergüten, was mir nochmals für ihn unheimlich leid tat.

Seit jener Begebenheit ist es absolut ruhig um mich geworden, kein Hahn, der nach mir kräht, kein Hund, der nach mir bellt. Im Gegensatz zu IHM! Kaum unterwegs, sind sie alle da, die irgendwie mit IHM in Kontakt zu treten wünschen. Da ist der Angeber, der meint, mit seiner billigen Japserkiste könne er IHN kleinkriegen. Da ist der Senile, der es darauf abgesehen hat, IHN zu nerven. Da ist der Sonntagsfahrer, der vom professionellen Berufsalltag keine Ahnung hat und dem ER mal die Wirklichkeit um die Ohren brausen lassen will. Da ist die Mutter, die zwar noch ganz nett aussieht, aber mit Vaters Auto nicht klarkommt. Da sind all die Bauern aus den Apfelgemeinden – für ihn als Stadtzürcher ohnehin ein ständiges Ärgernis –, die gescheiter mit ihren Güllendruckfässern auf ihren Äckern herumrattern sollten, als auf den öffentlichen Straßen herumzuschleichen und IHN am flüssigen Fahren zu hindern. Da sind die vielen Idioten, die auf dreispuriger Autobahn in der mittleren weltvergessen vor sich hin dösen, die ER alle mit pädagogischem Eifer versucht umzuerziehen. Da sind die vielen Halbidioten, die nicht einspuren, nicht den Blinker rechtzeitig stellen, nicht zügig fahren, beschleunigen usw., sowie die unzähligen Vollidioten, die überhaupt vom Autofahren nicht die geringste Ahnung haben und denen er bildhaften Unterricht erteilt. Gespräche mit ihm im Auto zu führen sind nur dann möglich, wenn er nicht gerade in einer seiner zahlreichen pädagogischen Lektionen steckt. Doch ein von Erfahrungen Reichgesegneter darf sich so verhalten, ja muß geradezu sein breites Wissen den vielen Unbedarften weitervermitteln. Auch ich habe das Vergnügen, ständig in den Genuß fachkundiger

Belehrung sowie einer gezielten Nachschulung meiner Fahrtauglichkeit zu kommen. Inzwischen bin ich zu der Erkenntnis gelangt, daß auch ich im Grunde genommen gar nicht Auto fahren kann und es an ein reines Wunder grenzt, daß ich diese Maschine überhaupt in Gang zu setzen vermag. Mit meiner unsachgemäßen Fahrweise schädige ich grundsätzlich den Verkehrsfluß empfindlich, darüber hinaus ruiniere ich ständig die Kupplung (obwohl ich nie eine ersetzen mußte), verheize zuviel Benzin, weil ich immer im falschen Moment schalte, stelle den Blinker zu früh oder zu spät, spure grundsätzlich zum falschen Zeitpunkt falsch ein und setze den Scheibenwischer so in Gang, daß er schlirkt. Selbst so einfache Dinge zu verrichten wie das Schließen von Autotüren bin ich nicht in der Lage. Entweder knalle ich sie zu heftig zu oder stoße sie zu sanft ins Schloß. Wie auch immer, ich schädige sämtliche Autoschlösser und habe es bereits fertiggebracht, daß ein Türscharnier knackst («Das kommt davon!»). Überhaupt wäre es wohl sinnvoller, ich würde mich lediglich auf die Finanzierung des Autos beschränken.

Es steckt eine geheimnisvolle Art des Denkens dahinter, die ich noch nicht so richtig einzuordnen vermag. Es ist mir lediglich aufgefallen, daß es vorwiegend Männer sind, die sich in solchen Denkmustern bewegen. Aber in dem Moment, in welchem ich mich ihrer gleichermaßen bedienen möchte, werde ich unbarmherzig auf die Unmöglichkeit hingewiesen.

«Stell Dir vor, gestern ist es mir ergangen wie Dir! Ich bin plötzlich zu einer wichtigen Person auf der Straße avanciert. Alle wollten etwas von mir! Sie waren alle auf der Straße, die sich sonst ausschließlich um Dich kümmern; Deine Idioten, die halben und die vollen, die Senilen, die mit den Japserkisten, die Apfelbauern, die Papis und Mamis. Als Krönung hätte mich um ein Haar noch so ein Depp in die vordere Seite gerammt! Ich hab' tüchtig gehupt, den Vogel gezeigt, das Fenster heruntergedreht und gerufen, ob er denn eigentlich nicht Auto fahren könne?»

«Sag mal, bist Du nicht mehr ganz dicht?»

«Wieso ich?»

«Ja, merkst Du das denn nicht! Das sind doch alles Deine eigenen Projektionen! Nichts als Projektionen! Alles, was Dir außen begegnet, ist doch in Dir.»

«Ja. Das stimmt schon. Das denke ich eigentlich auch.»

«Siehst Du, es genügt eben nicht, es nur als psychologische Theorie im Kopf zu lagern. Du mußt es auch anwenden können, verstehst Du, es direkt aus Deiner psychologischen Hirnkartei in die Alltagssituation umsetzen. Sonst nützt Dir all Dein Wissen nichts. Das ist die hohe Kunst!» Er zündete sich erneut eine Zigarette an, zog genüßlich mit unendlicher Behaglichkeit das Nikotin in seine erleuchteten Lungen.

Inzwischen waren wir in der Stadt angekommen. Zuerst tätigten wir die gemeinsamen Besorgungen, dann gingen wir getrennte Wege. Während Felix in einem Spielwarengeschäft Modelleisenbahnen bestaunte, ging ich in eine schöne Buchhandlung und kaufte mir eine Bibel.

...so schreit meine Seele nach mir

Bereits in der Buchhandlung suchte ich ungeduldig den Psalm 42 heraus, überflog den Text in Windeseile und konnte nicht mehr aufhören zu staunen:

Wie der Hirsch schreit nach frischem Wasser,
so schreit meine Seele nach Dir.

Meine Seele dürstet nach Dir, wann werde ich dahin kommen,
daß ich wieder Dein Angesicht schaue.

Meine Tränen sind meine Speise Tag und Nacht,
weil man täglich zu mir saget: Wo ist Dein Mann?
Wenn ich des inne werde, so schütte ich mein Herz Dir aus!

Was betrübst du dich, meine Seele, und bist so unruhig in mir?
Harre auf ihn! Denn ich werde ihm noch danken,
daß er mir hilft mit seinem Angesicht.
Harre auf ihn.

Gebeugt ist meine Seele in mir; darum gedenke ich Dein.
Deine Fluten rauschen daher, daß hier eine Tiefe und dort eine
Tiefe brauset:

alle Deine Wasserwogen und Wellen gehen über mich.
Des Tags seufze ich und des Nachts singe und flehe ich nach Dir.

Ich spreche zu ihm, meinem Fels:
Warum hast Du meiner vergessen?
Warum muß ich so traurig gehn?

Auf der Heimfahrt erzählte ich Felix freudig von meinem Fund. Er unterbrach mich sofort und berichtete mir die Neuheiten aus der Welt der Modelleisenbahnen. Daß es einen neuen Klub für «Aen»-Bahnen gebe, die «Hanull»-Bahnen fände er extrem doof, und dann gebe es den Original-Theschewe, der ihm besonders gefalle, und die Franzosen hätten mit diesem Modell den absoluten Spitzenrekord von 501 km/h erreicht, während die Deutschen mit 354 hoffnungslos hinterherhinkten, und dann gebe es nun die Raupenlokomotive für «Aen»-Spur in 18 Karat Gold, und diese hätte er sich gekauft.

«Aber Du wolltest doch eigentlich Winterstiefel kaufen?»

«Ja. Aber das ist mir natürlich viel wichtiger!»

«Vor allem praktischer! Im Schnee kannst Du Dir dann Deine Goldlok unter die Füße schnallen und Dich durch den Schnee fahren lassen; tschipfüü-tschipfüü.»

Dann wollte ich ihm begeistert die Psalme vorlesen. Bevor ich jedoch loslegen konnte, wurde ich jäh gebremst: «Du glaubst doch nicht, daß ich mir auch noch Bibelsprüche anhöre! Das geht mir entschieden zu weit. Ich bin ohnehin sauer auf die frommen Brüder. Seit Jahren versuche ich aus diesem Verein auszutreten, habe schon dreimal einen eingeschriebenen Brief geschickt, um sie von meinem Entschluß in Kenntnis zu setzen. Ohne Erfolg.»

«Ja, das ist schon ärgerlich!»

«Was heißt hier ärgerlich? Ich sage Dir, ich hab' die Nase voll, und ich will davon absolut nichts mehr wissen!»

Das sah ich ein. Schließlich war auch mir lange Jahre der Zugang zur Religion versperrt gewesen.

Kardinalrotes Tintenfaß tropft steinernen Weg zur Mühle.
Mit Mühen das katholische Strickmuster befolgt:

zwei Schwestern rechts –
die dritte fallengelassen –
die vierte darübergestülpt –
die fünfte als Zugabe pfeifender Gottheiten;
damit keine links kniet.
Artig geflochtene Zöpfe,
pochendes Vogelherz im kleinen Kleid:
Blockflötenspiel, Bienenschrittchen.
Luft zum Atmen, im flachen Weihwasserschälchen
beinahe ertrunken.

Am nächsten Tag hielt ich einen Vortrag über «Wechseljahre». Eineinhalb Stunden Hinfahrt und zweieinhalb Stunden zurück, weil die Straßen vereist waren. Wie herrlich! Ich hatte viel Zeit zum Nachdenken. Diese Psalmverse ließen mich nicht mehr los. Wie ist das möglich, daß in der Bibel so gescheite Dinge stehen?

Ich erzählte es einigen meiner KollegInnen, die sich beruflich ebenfalls mit Beziehungsproblemen beschäftigten. Irgend jemand forderte mich auf, nochmals genau nachzulesen. Und da entdeckte ich, daß überall dazwischengestreut das Wort «Gott» stand. Ich hatte es vorher einfach nicht wahrgenommen, sondern war ganz automatisch davon ausgegangen, daß August, Xaver, Gustav, Otto und wie sie alle heißen mögen gemeint waren. Wie komme ich denn dazu, das Wort «Gott» einfach nicht zur Kenntnis zu nehmen und es mit einer Selbstverständlichkeit gegen August, Xaver, Gustav, Otto auszuwechseln? Oder habe ich vielleicht unbewußt die Sache richtig erfaßt? Wir Frauen haben doch nur den einen Gott, den August, den Xaver, den Gustav, den Otto, IHN, unser Ein und Alles. Und wir tanzen um ihn herum wie um ein goldenes Kalb. Wenn ER uns verläßt, gehen wir unter, weil wir ohne IHN einfach ein Nichts, ein Niemand sind. Wir richten unser ganzes Leben nach IHM aus. ER ist für uns die heilige Kuh, die Heilige Schrift, der wir huldigen. Aus SEINER gütigen Hand nehmen wir alles hin: Demütigungen, Kränkungen, Verletzungen, wenn's sein muß auch Schläge. Wir singen SEINE Lieder, wir lesen SEINE Texte, wir essen SEIN Brot und vergessen uns selbst dabei! Wir haben den Geliebten, den Mann schon längst an die höchste Stelle gesetzt und uns zu SEINEN Füßen in den Staub geworfen.

Sind die Kirchen deshalb leer, weil viele längst zur eigenen Götzenanbetung übergegangen sind? Die Frauen beten die Männergötter an, die Männer beugen ihr Haupt vor den Datenträgergöttern, vor den Autogöttern usw. Und Männer wie Frauen haben sich längst die kleinen Fernsehaltärchen zu Hause eingerichtet und empfangen täglich mehrere Stunden ehrfürchtig den Büchsenfraß für Geist und Seele. Sie möchten sich mit Psycho-, Körper-, Atem-, Duft- und Farbtherapie retten, hoffen auf Erlösung durch Körner, Bach-Blüten und Kristalle oder spähen mit Tarot, Numerologie, Astrologie, Pendel und Kartenlegen in die Zukunft. Der Eso-Boom nährt die Hoffnung, daß es irgendwo eine Wundermethode gibt, die uns des Lebens Unbill abnimmt und regelt.

Wie einfach ist es doch, alles, was unser Wohlergehen betrifft, an irgend jemanden zu delegieren. Damit wir nicht die Mühsal des Ringens um uns selbst haben! Dem Arzt wird die Aufsicht über das körperliche Wohlbefinden angehängt, dem Staat die Aufsicht über das Wohlverhalten der Kinder und Nachbarn – für uns soll er den Wohlstand und die Altersvorsorge garantieren. Den esoterisch-spirituellen Clubs und den Kirchen wird die Verantwortung für das Seelenheil übergeben. Und für die Dinge, die schiefgelaufen sind, wird die Gesellschaft verantwortlich gemacht. Hauptverantwortlicher für das gesamte Wohlbefinden ist der Liebespartner. Schließlich ist doch er in letzter Konsequenz für unser Glück zuständig!

Wäre ich nicht mit sämtlichen Versuchen, andere für mein Glück verantwortlich zu machen, kläglich gescheitert, würde ich zweifellos noch heute sämtliche verlockende Angebote dieser Art durchexerzieren. Diese Einsicht führte mich zielsicher an das Ende einer jahrelangen Täuschung.

Ich begriff folgendes: Um einen Acker fruchtbar zu machen, benötigt er langer und unermüdlicher Bearbeitung. Genauso ist es mit der Arbeit an sich selbst. Sie kann an niemanden delegiert werden; weder an den Partner, an spirituelle Vereine und ihre Gurus noch an die Kirche. Ich muß mir meine Kirche selbst bauen, Stein für Stein zusammensuchen, muß in mir den eigenen Tempel errichten, in den ich einkehren kann, der mich mit meinem Innersten verbindet; mit jenem Ort, woher ich komme und wohin ich gehe. Religion – religio – heißt Rückbindung.

Allmählich begann ich zu verstehen, daß die Kirche und ihre offiziellen Vertreter nichts mit der eigentlichen Lehre des Christus zu tun haben. Genauso wie engbrüstige Anthroposophen nichts mit dem großartigen Geist eines Rudolf Steiner oder die virtuosen Entwürfe eines begabten Couturiers nichts mit dem jämmerlichen Fummel, der nach ihm geschneidert wird, zu tun haben.

Ich dürste nach klarem Wasser, dem kristallklaren Quell, der meine hungernde Seele stillt, und ich will nicht mehr mit irgendeinem abgestandenen Tümpelchen vorliebnehmen. Die Kirchen sind leer! Keiner will aus dieser fahlen Pfütze mehr trinken. Schade um die herrlichen Kirchen, Kathedralen und Dome, die Orte der inneren Sammlung sind. Und allmählich spürte ich eine unbändige Kraft und zugleich eine wunderbare Wut, die sich in mir aufbäumte: Ich will meine Beziehung zur göttlichen Instanz nicht durch irgendwelche Kirchenpolizisten regeln lassen! Ich brauche keine Vermittlungsstelle, die mein Verhältnis zur Schöpfung zu regeln beansprucht. Ich benötige niemanden, der mir die Christusworte vorliest, auslegt, erklärt und mich in ein vorgefertigtes Kostüm hineinzwängt! Ich kann sie selbst lesen! Sie in meinem Herzen aufnehmen, sie umdenken, nach-denken, an-denken und sie in mir wirken lassen!

So pflügte ich mich langsam und unsystematisch durch die Texte der Bibel. Alte Bilder aus meiner Schulzeit wurden wach, packten und faszinierten mich erneut. Welche Fülle! Welcher Reichtum! Ich holte einzelne Worte und Bilder heraus und trug sie in meine stillen Morgenstunden, beatmete sie täglich, bis ich etwas von ihrem Wesen erahnte.

Ich habe in solchen Morgenstunden versucht, die Worte «so schreit meine Seele nach Dir» in mir zu ergründen. Zuerst Wort für Wort und Laut für Laut, um an die Wurzeln zu gelangen, zur Wortgeburt. Die unterschiedlichen Übersetzungen der Bibel veranlaßten mich dazu, mich auf unterschiedliche Wortverhältnisse einzulassen und über Bedeutungsunterschiede nachzudenken. «So schreit meine Seele *nach* Dir» ist etwas völlig anderes als «so schreit meine Seele *zu* Dir». Während das Wort *nach* die ungefähre Richtung angibt, weist das Wort *zu* absolut zielgerichtet auf etwas ganz Bestimmtes hin. Das *zu* schleudert zuerst durch die Explosion des «Z» den geballten Sehnsuchtsschrei raketenartig in den Himmel hinauf. Ist erst die Wucht des Stoßes durchgestanden und nichts an Wollen greift dazwischen, geschieht etwas Wunderbares. Das zielsicher nach außen abgefeuerte «zu» bewegt sich nur so lange weg, wie die Schubkraft des «Z» anhält. Irgendwann erschöpft sich die Antriebskraft des Drängenden, Suchenden. Die Sehnsucht bleibt einen Moment zwischen Himmel und Erde hängen, steht still, dreht sich um die eigene Achse und fällt dann langsam durch die Schwerkraft des «U» zurück zur Ausgangsposition. Dort angekommen, dringt das «U» in die eigene Tiefe hinunter, wo es von einem Licht empfangen wird, vom Wort «Dir». Doch auch im «Dir» gibt es keine Rast, das «U» bohrt sich als ein dunkler Nachtlaut durch das «D» hindurch, um zu seinem eigenen Urgrunde zurückzufinden. Und dort steigt es aus der eigenen Tiefe herauf: als dunkler, warmer Laut: «M-M-M». Ich bin in meinem Tempel angekommen, die Lippen fest verschlossen wie zwei Engelswächter an der Pforte eines Heiligtums.

So ist das Wort «Dir» die verbindende Brücke zu «mir» geworden.

> Wie der Hirsch schreit nach frischem Wasser,
> so schreit meine Seele zu mir.
>
> Meine Seele dürstet nach mir, wann werde ich dahin kommen,
> daß ich wieder in mein eigenes Angesicht schaue.
>
> Meine Tränen sind meine Speise Tag und Nacht,
> weil ich mich täglich frage: wo bin ich selbst?
> Wenn ich des inne werde, so schütte ich mein Herz aus bei mir
> selbst!

Was betrübst du dich, meine Seel, und bist so unruhig in mir?
Harre auf dich selbst! Denn du wirst es dir noch danken,
daß du dir hilfst mit deinem eigenen Angesicht.
Harre auf dich.

Gebeugt ist meine Seele in mir; darum gedenke ich mein.
Meine Fluten rauschen daher, daß hier eine Tiefe und dort eine
Tiefe brauset:
alle meine Wasserwogen und Wellen gehen über mich.

Des Tags seufze ich und des Nachts singe und flehe ich nach mir.

Ich sprech zu mir, meinem Fels:
Warum hab ich meiner vergessen?
Warum muß ich so traurig sein?

Die unendlichen Leidverstrickungen in Beziehungen sind
demnach vor allem darauf zurückzuführen, daß wir uns selbst
abhanden gekommen sind. Und das ist das eigentliche Leiden!
Deshalb muß jeder Versuch fehlschlagen, etwas an den Partner
zu delegieren, ihn zu veranlassen, mir das Fehlende zu ersetzen. Nur weil ich in mir nicht anwesend bin, schreie ich verzweifelt nach dem *Du*. Es ist der größte Schmerz überhaupt,
sich nicht zur Verfügung zu haben. Wenn ich meine in mir
wohnenden menschlichen Anlagen nicht zur vollen Entfaltung
bringe, mein inneres Königreich nicht erschließe und lebe, er-
leide ich tiefste Verzweiflung. Der andere wird niemals meine
Begabungen, Stärken und Talente für mich leben können. Auf
der körperlichen Ebene wird es ganz klar: Es gibt niemanden,
der unsere leiblichen Funktionen und Aufgaben übernehmen
kann, der für uns ißt, für uns verdaut, unseren Stoffwechsel erledigt usw. Der körperliche Organismus ist an uns gebunden.
Der seelische und der geistige ebenfalls! Wir sind dazu aufgefordert, alles in uns selbst zu erschließen.

Vielleicht ist es ganz gut, zunächst einmal eine Inventur zu
erstellen, in welchen Bereichen wir versucht haben, unsere Fähigkeiten herunterzudrosseln und andere über uns verfügen zu
lassen. Lena Malmgren hat dies für einen schwedischen Frau-
engottesdienst zusammengefaßt und formuliert:

«Ich bekenne,
– daß ich keinen Glauben an meine eigenen Möglichkeiten gehabt habe;
– daß ich in Gedanken, Worten und Taten Verachtung für mich, für mein Können gezeigt habe.
– Ich habe mich selbst nicht gleichviel geliebt wie die anderen, nicht meinen Körper, nicht mein Aussehen, nicht meine Talente, nicht meine eigene Art zu sein.
– Ich habe andere mein Leben steuern lassen.
– Ich habe mich verachten und vielleicht sogar mißhandeln lassen.
– Ich habe mehr auf das Urteil anderer vertraut als auf mein eigenes.
– Ich habe zugelassen, daß andere respektlos und abwertend mir gegenüber waren, ohne ihnen Einhalt zu gebieten.
– Ich bekenne,
daß ich mich nicht im Maße meiner vollen Fähigkeiten entwickelt habe,
daß ich feig gewesen bin, um in einer gerechten Sache Streit zu wagen,
daß ich mich gewunden habe, um Auseinandersetzungen zu vermeiden.
– Ich bekenne,
daß ich nicht gewagt habe zu zeigen, wie tüchtig und stark oder schwach und verletzlich ich bin, nicht gewagt habe, so zu sein, wie ich wirklich bin.
Wenn ich um etwas bitte, dann um das:
Vergib mir meine Selbstverachtung
Richte mich auf
Gib mir Glauben an mich selbst
Und Liebe zu mir selbst.»

Unsere seelische Befindlichkeit ist ein präziser Indikator, wie weit wir aus unserer Mitte abgedriftet sind. Unglücklichsein heißt immer, ich bin mir abhanden gekommen, ich habe mich selbst verloren. Den Partner verpflichten, die Lücken in uns zu schließen, treibt uns unweigerlich von uns weg und zuweilen in erhebliche Ängste.

Ich erinnere mich an meine ehelichen Angstjahre. «Mein» damaliger Mann hatte mich anläßlich eines von ihm zu haltenden Referats gebeten, bei einem bestimmten Stichwort auf einen Knopf zu drücken, um einen Hellraumprojektor in Gang zu setzen. Bereits zwei Wochen zuvor konnte ich nicht mehr schlafen und litt entsetzlich unter Lampenfieber. Ich stellte mir vor, was geschehen würde, wenn er das vereinbarte Stichwort vergessen würde. Dann wüßte ich nicht, wann ich das Gerät bedienen sollte. Ich würde wie eine Ertrinkende an seinen Lippen hängen und auf das Erlösungswort harren, welches ich dann vor lauter Anspannung überhören oder falsch verstehen würde. Ich war davon überzeugt, daß ich es niemals schaffen würde, zum richtigen Zeitpunkt auf den Knopf zu drücken. Wenn ich heute zu meinen Vorträgen fahre, muß ich immer wieder an meine alten Ängste denken. Ich kann diese nirgends mehr in mir entdecken, obwohl ich weit mehr gefordert bin, als nur stumm auf einen Knopf zu drücken. Ich habe ein absolut sicheres Gefühl, weil ich weiß, was ich kann und wo allfällige Schwierigkeiten liegen könnten. Ich kenne meine Möglichkeiten und Fähigkeiten. Vor allem weiß ich, daß ich mich auf mich verlassen kann. Früher war es, als ob ich mich an jemanden klammerte, der soeben im Begriff war, schwimmen zu lernen. Da er dieser Aufgabe, uns beide über Wasser zu halten, nicht gewachsen war, schluckte ich ständig Wasser. Vor lauter Anklammerung hatte ich meine eigenen Fähigkeiten vergessen. So hatte ich vergessen, daß ich selbst eine ausgezeichnete Schwimmerin war.

Wenn wir uns davon abhängig machen, daß der andere uns sicher durchs Leben rudert, müssen wir es logischerweise mit Ängsten zu tun bekommen. Denn durch seine Unfähigkeit kann es geschehen, daß das Boot kräftig schaukelt oder gar kentert. Viele Frauen leiden unter großen Ängsten. Sie haben keine Ahnung, woher diese kommen und was sie zu bedeuten haben. Erst wenn sie durch die Umstände gezwungen werden, auf ihren eigenen Füßen zu stehen, sind die Ängste wie vom Erdboden verschwunden. Diese treten erst dann wieder auf, wenn sie die Verantwortung für ihr Glück erneut an jemanden delegiert haben. Deshalb ist jeder Partner für unsere Entwicklung sehr hilfreich, der nicht bereit oder in der Lage ist, diese Funktionen zu übernehmen. Das Leiden zwingt uns, aus solchen hoffnungslosen Unternehmungen zurückzukehren. Damit wir uns den eigenen Fähigkeiten zuwenden, um sie für unser Leben umzusetzen.

Die Erkenntnis aus dem Psalmtext war mir äußerst hilfreich.

Sie half mir, mich allmählich aus den Sackgassen des Beziehungsfilzes herauszuarbeiten. Meine Beziehung zu Felix begann sich zu verändern. Nicht er veränderte sich, wie ich mir das so sehnlichst gewünscht hatte, sondern ich entließ ihn nach und nach aus der unsäglichen Rolle, mir mein Glück verschaffen zu müssen. Selbstverständlich gab es und gibt es immer noch viele Kräche. Die Macht alter Gewohnheiten aufzubrechen, ist nicht einfach, zumal in diesen Bereichen. Es liegt mir oft noch um einiges näher, Felix und sein Verhalten genauestens zu beobachten, anstatt mich selbst in meine Grenzen zurückzuweisen. Das alte Modell (der Partner müsse sich um mein Wohlbefinden kümmern) flackert immer wieder auf, wenn auch zuweilen durch unterschiedlichste Verkleidungen getarnt. Wenn ich ihn wieder einmal für mein nicht vorhandenes Glück verantwortlich machen will, kann es sogar Tage dauern, bis es mir gelingt, etwas Licht in meine bis zur Unkenntlichkeit verdeckten Wünsche, Erwartungen, Hoffnungen und Phantasien zu bringen. Oft genug verrenne ich mich im Labyrinth von psychologischen Erklärungen, Deutungen und psychiatrischer Familienanamnese. Selbstverständlich nur, was ihn betrifft.

Heimwärts

In einer schlaflosen Nacht stellte ich mir die Frage, was wohl geschähe, wenn Felix alle meine Wünsche erfüllen würde. Und mit dieser Frage brach ich in meine Geschichte ein, krachte tief hinunter, vorbei an meiner Mutter, vorbei an den ungünstigen Umständen, vorbei an den schwierigen Familienverhältnissen, und landete direkt bei meinem Vater. Der Vater, der mir als erster Mann in meinem Leben begegnet ist, prägte mein Männermodell. Seine Reaktion auf mich war nicht von emotionaler Freude durchdrungen. Er gab mir das Gefühl, nicht vorhanden zu sein, unerwünscht. Etwas an mir konnte also nicht stimmen, war schief oder defekt.

> Vater,
> Groß zürnt Dein Auge.
> Bist fremd mir,
> unerreichbar bist Du.
> Nur manchmal,
> im Herbst
> reißt mir glühende Sehnsucht den Himmel auf.

Obwohl ich mit Felix völlig andere Erfahrungen gemacht habe, lag unserer Beziehung dennoch mein Vater-Muster zugrunde. Die Vorstellung, er könnte eines Tages eine gesicherte berufliche Existenz aufbauen, führte mich genau an diese schmerzliche Wunde: Denn dann würde es nichts mehr geben, was ich für ihn tun könnte, und er würde mich unverzüglich verlassen. Ich kenne das Gefühl nicht, von einem Mann um meiner selbst willen geliebt zu werden, einfach so, wie ich bin. Ich kenne lediglich das Gefühl, meiner Leistungen und Funktionen wegen geschätzt oder vielleicht sogar ein wenig geliebt zu werden.

Ich war ziemlich erschüttert über die Feststellung, daß mir mein Vaterdefizit auch in der Beziehung zu Felix ein Bein gestellt hatte. Felix, dieser Anti-Vater-Typ, der mich emotional in seine jünglingshaften Gefilde hineingeführt und mich davon überzeugt hatte, endlich dem väterlichen Einfluß entronnen zu sein.

Immer wenn ich meine Erwartungen an ihn und meine eigene Verantwortung überdachte, stieß ich auf meine Mädchenwünsche. Da war ein zutiefst enttäuschtes Kind, das noch immer darauf wartete, endlich die väterliche Fürsorge und Zuwendung zu bekommen, die es so lange entbehrt hatte. Das starre und beharrliche Aufrechterhalten meiner Hoffnung auf Ausgleich schützte mich zugleich vor dem unbeschreiblichen Schmerz des kleinen vaterlosen Mädchens, das wie gebannt auf die kleinsten Liebesbeweise wartete.

> Getarnte Dankbarkeit,
> um die Empörung nicht schreien zu lassen,
> verkleidete Zufriedenheit,
> um nicht noch einmal den Hungertod nagen zu hören.
> Nachts, in den knisternden Kissen.

Jedesmal, wenn es mir gelingt, ein klein wenig von dieser Hoffnung aufzugeben, dann lösen sich heiße Kindertränen und rinnen über mein bald fünfzigjähriges Frauengesicht. Ich nehme mich dann selbst in den Arm. Inzwischen weiß ich, daß nur ich selbst mich trösten kann, und ich spüre soviel Mütterlichkeit für mein kleines Kind in mir. Und manchmal auch ein klein bißchen Väterlichkeit.

Die Beziehung respektive die Beziehungslosigkeit zum Vater zu erkennen ist für uns Frauen von größter Wichtigkeit. Erst wenn wir diese in all ihren Nuancen richtig erfaßt haben, wird es uns möglich sein, unser Verhalten in der Partnerschaft zu verstehen. Wir sollten uns immer vor Augen führen, daß der Vater der erste Mann in unserem Leben ist, den wir lieben. Wird unsere Liebe, die wir ihm entgegenbringen, nicht erwidert, werden wir in uns als prägende Erinnerung weitertragen: Meine Liebe wird nicht beantwortet. Viele Frauen haben dieses Muster erlebt. Es sind «liebesfähige» Frauen. Sie stehen mit ihrer Liebe wie mit großen Blumensträußen vor verschlossenen Türen und warten und hoffen – wie sie es als kleine Mädchen ebenfalls getan haben.

Wenn wir als erwachsene Frauen einem Mann begegnen, bei dem wir intuitiv erahnen, daß er unsere Liebe nicht erwidert, wird es uns magisch zu ihm hinziehen. Es sind die heimatlichen Glocken, die da läuten.

> Ich stapelte mehrere Attrappen übereinander,
> eine in die andere
> wie auseinandergefaltete Eierkartons.
> Und wie die Ausbuchtungen für zwölf Eier
> haargenau ineinanderpaßten,
> entsprachen die Formen
> väterlicher Verweigerung
> dem Urbild.

Dort will ich hin, in dieses Klima will ich zurück, da bin ich zu Hause. Und dort, wo ich zu Hause bin, wünsche ich mir sehnlichst, daß sich das Wunder endlich ereignet. Daß sich das große Wunder, auf das ich so lange gewartet habe, ereignet und die Türe endlich aufgeht. Damit ich hindurchschreiten kann und in freudige Arme aufgenommen werde. Da dies nie geschieht, bricht die alte Wunde auf und mit ihr die alte Sehnsucht, daß endlich unser Partner das riesige Defizit ausgleicht.

> Ich purzelte aus der Ersatzhand
> wie eine Kaffeebohne.
> Hart war der Fall.
> Meist ohne Netz.
> Elefantenhaut. Schwimmring. Elfenbeinschmerz.

Viele Beziehungen beginnen aber auch anders. Endlich ein Mann, der uns schätzt, uns liebt, und wir sind im siebenten Himmel. Das Glück scheint vollkommen. Endlich! Und irgendwann ist plötzlich alles anders. Durch die Hintertüre schleicht sich die Vaterproblematik herein und beginnt sich allmählich breitzumachen: Der Partner soll nun die gesamten emotionalen Gefühlsschulden zurückerstatten. Und weil er damit hoffnungslos überfordert ist, reagieren wir mit Rückzug, meist im sexuellen Bereich. Wir halten aber die Forderung nach ungebrochener Aufmerksamkeit aufrecht. Irgendwann fallen wir dann aus allen Wolken, wenn er sich eine Freundin genommen hat.

Die Rolle der Vaterschaft wurde lange unterschätzt. Schließlich sind es die Mütter, die die Kinder aufziehen und sich tagaus, tagein mit ihnen beschäftigen. Viele Väter haben als sonntägliche Freizeitfigur sehr viel weniger mit ihnen zu tun und werden deshalb in ihrem Einfluß auf die Entwicklung vergessen. Dabei sind das Nichtvorhandensein, die emotionale Abwesenheit, das Nichterreichtwerdenkönnen der Väter weit bestimmender und prägender für uns Frauen als das Verhalten unserer Mütter! Ebenso bestimmt die partnerschaftliche Beziehung die emotionale Grundstimmung der Mutter und wirkt sich auf das Kind aus.

Wir sollten endlich aufhören, auf unseren Müttern herumzuhacken, sie für unsere Misere haftbar zu machen und dabei die Auseinandersetzung mit dem Vater zu verpassen. Wir müssen den Gang zum Vater wagen! Damit meine ich nicht, daß dies mit ihm persönlich erfolgen sollte. Wir tragen den Kindheitsvater in uns, um diesen handelt es sich. Wir müssen diesen Vater wie eine Statue vor uns hinstellen und langsam um sie herumgehen, um sie von allen Seiten unter die Lupe zu nehmen. Wir müssen untersuchen, wie dieser Vater unsere Weiblichkeit beantwortet hat und welchen Wert er dem Weiblichen zuerkannte (zum Beispiel: wie ging er mit meiner Mutter und anderen weiblichen Familienmitgliedern um?). Dazu gehört selbstverständlich auch die Begegnung mit unserer alten Wut und Empörung:

> Vater
> der-Du-mich als Nebenprodukt
> nachtbrünstiger Lust
> unbeabsichtigt in fruchtbare Erde geseufzt,
> einzig gezielter Akt
> zusammengeballter Muskelspannung;
> Zufallstreffer!
> Hast Kinder gezeugt
> ohne Vater zu werden.
> Vaterpflichten hängen
> wie Wollkleider im Sommermottenschrank;
> als wärmende Illusion für kalte Tage.

Eine wirkliche Veränderung in der Beziehung zum Partner kann für uns Frauen nur über die Auseinandersetzung mit dem Vater erfolgen. Selbstverständlich sollten wir dies nicht tun, um abermals die Verantwortung abzuschieben, sondern um zu erkennen, welche Muster und Erlebnisse wir als Leitmodelle in uns tragen. Wenn wir uns darüber bewußt werden und die verdrängten Kränkungen und Verletzungen zulassen und durchleiden, können wir irgendwann den geheimen Groll sowie unsere Ansprüche und Wünsche, die wir vom Vater auf den Partner übertragen haben, aufgeben und alles in die eigene Verantwortung zurückholen. Erst wenn wir unserer alten Wut begegnen, den glühenden Sehnsuchtsschmerz in unseren Herzen fühlen, zu unseren Wünschen und Hoffnungen stehen und dabei dem Vaterbild mitten ins Antlitz blicken, können wir den

Partner aus der unmöglichen Rolle entlassen, für unser Glück
zuständig zu sein:

> Tausend Tränen Dir zum Geleit.
> Ausgeweint.
> Ausgehofft.
> Ausgetrauert.
> Hoffnung zerfällt.
> Staub bist Du mir geworden, Vater.
> Ein kühler Windhauch trägt Dich zu Dir.
> Und mich zu mir.
> Weht mich versöhnend
> heimwärts.

Die heilsame Abwesenheit des Glücks

Der steinige Weg durch Gebirge und Wüste

Es ist ein langer und oft auch mühevoller Gang durch die eigene Geschichte. Zweifellos ist es naheliegender, den Partner, das Umfeld und die ganze Welt verändern zu wollen, als sich mit sich selbst auseinanderzusetzen und dabei sich selbst zu begegnen. Was steckt für eine gewaltige Kraft dahinter, die uns dazu veranlaßt, den Blick stets nach außen zu richten? Welche inneren Gesetzmäßigkeiten werden hier wirksam, daß viele jahre-, ja jahrzehntelang in Ehen und Partnerschaften zutiefst unglücklich ausharren und nicht in der Lage sind, etwas daran zu verändern? Weshalb ziehen es Menschen vor, lieber zu erkranken, sich Operationen zu unterziehen, anstatt den Gedanken an eine Trennung oder Scheidung zu wagen? Weshalb ist es naheliegender, sich insgeheim den Tod des Partners zu wünschen oder sich in Phantasien zu ergehen «wenn-er-einmal-nicht-mehr-sein-sollte», anstatt sich von einem Lebenden zu verabschieden?

Je heftiger und unerbittlicher wir im Strudel unserer Lebensumstände auf diese Fragen hingewiesen werden, um so größer wird die Chance, diese zu beantworten. Dabei kommen wir nicht darum herum, die großen Akkorde vom Sinn der menschlichen Existenz anzuschlagen: Woher – wohin – wozu?

Ein Kind wird bei der Zeugung aus einer Einheit abgerufen. Wir können uns dies rein zellular vorstellen oder davon ausgehen, daß es sich aus einer geistigen Welt herauslöst. Das Kind trägt also in sich vorbewußt die Grunderfahrung des Einsseins, ob nun als tiefes Urwissen mitgebracht oder als Wissen, das in seinen Zellen schlummert. Die weiteren Stationen werden diese grundsätzlichen Erfahrungen nochmals bestätigen. Zuerst im Mutterleib, wo das Kind als Teil vom mütterlichen Organismus genährt und vollumfänglich versorgt wird. Das Kind ist also wieder in einer Einheit eingebettet. Nach der Geburt erlebt sich das Kind zunächst als Einheit mit der Mutter. Es behält also sein Grundgefühl bei, und dieses Grundgefühl ist identisch mit Glück. Allmählich wird der Bezugsrahmen auf weitere Familienmitglieder ausgeweitet. Das Kind ist von einem sozialen und emotionalen Gefüge umgeben, welches sein Grundgefühl fortsetzt: aufgehoben zu sein in etwas Ganzem.

Kann durch bestimmte Umstände der elterlichen Verhältnisse oder der Bezugspersonen das Gefühl des Aufgehobenseins nicht vermittelt werden, wird das Kind mit Verdrängung, Kompensation oder Wunschphantasien reagieren. Denn es trägt tief in sich die Erfahrung dieses urglückhaften Zustandes des Einsseins, und alles in ihm drängt wieder dahin.

Das Kind entfaltet und entwickelt sich nach außen sichtbar in körperlichem Wachstum. In seinem Innern wachsen seine seelischen und emotionalen Fähigkeiten. Wenn ein Kind auf die Welt kommt, ist es noch nicht in der Lage, mit seinen seelischen Kräften auf die Umwelt zu antworten. Aber schon nach wenigen Wochen wird die Mutter oder Bezugsperson wahrnehmen können, wie es mit einem ersten Lächeln auf die Welt antwortet. Die Fortsetzung des ersten Lächelns zeigt sich in der Liebesfähigkeit des Kindes. Es gibt nichts Liebenderes als ein Kind! Und es gibt nichts Verzeihenderes als ein Kind. Kinder sind in der Lage, Kränkungen, Demütigungen, körperliche Züchtigungen, ja selbst Mißhandlungen der Eltern zu verzeihen. Sie kommen immer wieder mit ausgebreiteten Armen auf sie zu. Kinder tragen in sich eine gewaltige Liebeskraft, die sich ausdrücken und entfalten will. Wird diese Liebesenergie am Fließen gehindert, ist das wohl die größte Tragödie. Es ist mit dem Versuch vergleichbar, körperliches Wachstum zu unterbinden. Kinder leiden unendlich, wenn sie in ihrem Drang zu lieben unterbunden werden, wie dies z. B. auch bei Scheidungskindern der Fall sein kann. Es nützt ihnen nichts, wenn sie von einem Elternteil um so mehr geliebt werden. Die Liebe des Kindes ist wie eine Pflanze, die wachsen will, die gedeihen will, um sich in voller Blüte zu verschenken.

Wenn wir Kinder in ihrem unermüdlichen Bestreben, ihre Liebe zu verströmen, beobachten, erahnen wir etwas von der großen Kraft, die dahintersteckt und die sich nach ihren eigenen Gesetzen richtet. Ich möchte hier nicht auf die verschiedenen psychologischen Entwicklungsstufen des Kindes eingehen, sondern lediglich die Linie der Liebesentwicklung weiterverfolgen. Diese führt uns an eine weitere wichtige Stelle: die Pubertät, den Eintritt in die Geschlechtsreife. Bis zu diesem Zeitpunkt war das heranwachsende Kind von der Triebkraft des Geschlechtlichen unbehelligt. Das heißt aber keineswegs, daß der gegengeschlechtliche Elternteil für das Kind keine Bedeutung hat. Im Gegenteil. Wie die Mutter den Sohn in seiner Identität als Mann beantwortet und somit in seinem Selbstbewußtsein fördert, so ist der Vater für die Tochter gleichermaßen bedeutend für ihr Selbstverständnis als heranreifende Frau. Nur spielt der Antrieb, der auf eine geschlechtliche Verwirklichung hinzielt, noch keine Rolle. Ich bin also nicht der Ansicht, daß das Kind bereits über sexuelle Bedürfnisse verfügt und danach verlangt, diese auszuleben. Vielmehr meine ich, daß eine immense Kraft an Liebesenergie vorhanden ist, die sich als Impuls des Herzens verwirklichen will.

In der Pubertät verlagert sich die Zielrichtung der Liebesenergie, was oft über Jahre hin als Unruhe und ungezieltes Getriebensein für die anderen spürbar ist. Für Eltern oder Bezugspersonen ist dies eine Zeit, in der die Familie als Ganzes aufzubrechen droht. Gemeinsame Unternehmungen werden vom Jugendlichen nicht mehr mitgemacht, sabotiert, negativ bewertet usw. Der Jugendliche wird durch eine ungeheuerliche Kraft nach außen gezogen, dann wieder drängt es ihn kurzfristig in das Vertraute zurück, um abermals wieder aufzubrechen. Was sich zunächst innerhalb der Familie als Liebesenergie entfaltet hat, wird mit dem Einbruch der sexuellen Energien nach außen verlagert. Die geschlechtliche Triebkraft scheint unvereinbar zu sein mit dem grundlegenden Liebesverhältnis des Kindes zu seinen Eltern und Geschwistern. In der Zeit der Pubertät erhält die Liebe eine andere Richtung. War sie zunächst ohne sexuelle Betätigung lebbar, so drängt sich nun diese Energie in den Vordergrund und damit aus der Familie heraus. Der Jugendliche gleicht einem ständig Suchenden, der nicht einmal in der Lage ist, das, wonach er sucht, genau zu formulieren. Zunächst wird er sich mit anderen Suchenden zusammenschließen, in Gruppen, die entweder ein bestimmtes Interesse verbindet oder die sich lediglich in ihrem Thema «Suchen» finden. Daß sich die noch ungebundenen Kräfte in irgendeiner Weise zur Selbstdarstellung zu bringen versuchen, ist augenfällig. Ob nun in einer bestimmten Haartracht, in einer bestimmten Kleidung, einem spezifischen Verhalten oder durch gemeinsame Interessen.

Die Gruppe der Gleichaltrigen kann als Übergangslösung betrachtet werden, sich als Individuum zu erleben und sich damit auch dem Wagnis auszusetzen, sich als geschlechtliche Halbheit zu fühlen und sich dem Sehnen nach Ergänzung auszuliefern. Das Sehnen nach der anderen Hälfte ist also eine Grundsehnsucht nach dem einstigen Urzustand, nach dem Einssein, nach dem Ganzen, dem Heilen. Der Eintritt in diese Welt fordert von uns das Aufgeben des Einsseins im Ganzen. Wir können lediglich in der einen oder anderen geschlechtlichen Hälftigkeit in diese Welt kommen. Die Gebärmutter übernimmt zuerst in Statthalterschaft die Funktion des Einsseins, dann die Mutter oder die Bezugsperson. Sie alle treten stellvertretend in diese Funktion. Demnach ist es völlig folgerichtig, wenn wir die ergänzende Hälfte sehnlichst erneut suchen, um wieder in die Nähe jenes Urzustandes zu geraten, wo wir uns eins fühlten. Mit der anderen Hälfte, mit dem Liebespartner soll der paradiesische Urzustand wieder erlebt werden. Und hier liegt der wunde Punkt. Die meisten sind weder in der Lage noch bereit dazu, den anderen als einen, der in der Funktion des Statthalters steht, zu erkennen. Der andere wird als etwas zu einem Gehörendes erlebt («meine Frau», «mein Mann»), er wird einverleibt, wird in die Hälftigkeitswunden wie Balsam gegossen. Dort wo er nicht ganz in unser Bild hineinpaßt, wird an ihm gezogen, gezerrt, werden ihm Vorwürfe gemacht, damit er sich gefälligst so verhalte, daß die Schnittstellen der Halbheit endlich aufhören zu schmerzen.

«Ich weiß eigentlich nicht, ob ich meinen Mann damals geliebt habe. Aber ich wollte endlich irgendwo aufgehoben sein.» Dieser Aussage begegne ich in meiner Arbeit mit Frauen häufig. Sie zeigt, daß die Sehnsucht nach der Heimat, die wir im anderen zu finden hoffen, eine ungeheuerliche Kraft des Suchens in Bewegung setzt. Haben wir uns dann mit einem anderen vervollständigt, ist die Wunde gestillt. So hoffen wir wenigstens. Wir setzen alles daran, auch wenn wir dabei noch so unglücklich werden, mit der anderen Hälfte ein Ganzes zu sein. Im dunklen Vorfeld einer Trennung wird daher die gesamte Energie dafür verwendet, die drohenden Hinweise erfolgreich zu verdrängen. So erinnerte sich Adele, daß sie über längere Zeit den gleichen Traum hatte: Ihr Haus, in welchem sie mit ihrer Familie wohnte, ging in Flammen auf und krachte über ihr zusammen. Sie konnte jeweils in letzter Minute gerade noch die Kinder und sich selbst retten. Sie veranstaltete eine beachtliche Hirnakrobatik, um die deutlichen Bilder nicht verstehen zu müssen. Das Leiden muß bei vielen massiv an die Türe poltern, bis die Verdrängungsbarrieren niederbrechen und das Schreckenswort «Scheidung» oder «Trennung» wie ein Blitz am dunklen Himmel aufleuchtet und für einen kurzen Moment den Blick auf die Wahrheit freigibt. «Scheidung ist schlimmer als meine Brustamputation. Es ist, als wenn mir eine Körperhälfte weggeschnitten worden wäre.» – «Kurz nach der Scheidung fühlte ich mich wie entzweigeteilt.»

Aus dieser Betrachtung zeichnet sich eine klare Entwicklungslinie ab, wie wir in die Sackgassen partnerschaftlicher Leidensgemeinschaften hineingeraten. Als Kinder sind wir vollumfänglich eingebunden in einen natürlichen Prozeß der Liebesentfaltung und des Liebens. Wer dies bezweifelt, sollte vielleicht wieder einmal die eigenen Kinderphotos betrachten, dabei speziell auf die Strahlkraft der Augen achten, um eine Ahnung von der urgewaltigen Liebeskraft zu erhalten.

In der Pubertät beginnen die meisten Leidensgeschichten, vom ersten Verliebtsein zum Entliebtsein, erneutes Verlieben und Entlieben – ständig auf der Suche nach dem verlorenen Glück: Damit sind wir in einem leidvollen Gelände gefangen.

Solange jedoch unser Blick nach außen gerichtet ist und wir das Fehlende durch einen anderen ergänzen wollen, bleiben wir stets im Leid fixiert.

Es ist tatsächlich das beste, was uns zustoßen kann, wenn unsere Sehnsucht nicht erfüllt wird und wir auf uns selbst zurückgeworfen sind. Die Auseinandersetzung mit sich selbst wird durch die Abwesenheit des Glücks gefördert, weil wir dann nicht darum herumkommen, das Suchen in uns fortzusetzen. Dies erfordert einen schwierigen Umdenkungsprozeß. Unsere Zeit ist geprägt von dem Gedanken, daß alles leicht machbar ist, und zwar mit möglichst wenig Anstrengung und persönlichem Einsatz. Am liebsten wäre es uns, wenn wir alles geschenkt bekämen oder doch wenigstens zum halben Preis. Die Strategie von Werbung und Medien entlarvt das Psychogramm des heutigen Menschen: Wenn uns das Gefühl vermittelt wird, mehr zu erhalten als das, was wir dafür zu entrichten haben, sind wir willige KäuferInnen. Aktionen zwei für eins sprechen für sich. Wir wollen überall etwas herausholen, wofür wir nicht den vollen Tribut zu entrichten haben. Wir wollen im Schlaf Sprachen lernen, ohne Sonne braun werden, ohne Geld Anschaffungen machen. Das gibt uns ein gutes Lebensgefühl; da fühlen wir uns von der Schöpfung geliebt oder, präziser ausgedrückt, das steht uns einfach zu. Diese Mißwirtschaft spiegelt sich einerseits in der hemmungslosen Ausbeutung unserer Bodenschätze, aber auch in Partnerschaften und Ehen. Wir haben uns in die fordernde Haltung verwöhnter Kinder hineinmanövriert, alles auszuplündern, alles als Selbstverständlichkeit für uns zu beanspruchen und möglichst nichts dafür zu leisten. Aber während sich viele Menschen von den ökologischen Schäden nicht betroffen fühlen, muß in der Partnerschaft und Ehe jeder seine Zeche bis auf den letzten Heller selbst bezahlen und die Arbeit selbst erledigen – und sei sie noch so mühselig.

Als wir Kinder waren, wurde für uns gesorgt. Das körperliche Wachstum ereignete sich ebenfalls ohne unser Dazutun. Die Liebesfähigkeit, die wir als Kinder in uns trugen, blühte aus unseren Herzen, ohne daß wir uns besonders darum kümmern mußten. Wenn wir erwachsen werden, verändert sich diese Selbstverständlichkeit: Wir müssen selbst für uns sorgen, für unsere Existenz aufkommen. Unsere Liebesfähigkeit plätschert nicht mehr von selbst wie ein liebliches Bächlein durch den Kinderwald, sondern sie muß plötzlich geleistet werden: «So ihr nicht werdet wie die Kinder...».

Diese Betrachtung läßt die Forderung und Erwartung nach dem Glück im luftleeren Raum hängen. Es braucht wohl eine gehörige Erschütterung, um sich auf ein solches Umdenken einzulassen.

Eros – Philia – Agape

Wir sind als Deutschsprechende in der schwierigen Lage, daß wir nur das eine Wort «Liebe» für verschiedene Arten von Liebe zur Verfügung haben. Mit Hilfe der griechischen Begriffe Eros, Philia und Agape wird eine differenziertere Sichtweise möglich, welche die Unterschiede deutlicher werden läßt und deshalb mehr Klarheit in die eigene Liebessituation bringt.

Diese drei Begriffe lassen sich anschaulich auf das Bild eines Berges übertragen, den es zu besteigen gilt. Am Fuße des Berges steht Eros, der unsere sexuellen Bedürfnisse und Wünsche durch Triebenergie in Bewegung setzt. Im Mittelfeld befindet sich Philia als freundschaftliches, wohlwollendes Zugeneigtsein, und auf der Bergspitze als Ziel und Krönung unserer Liebesfähigkeit thront Agape: die allumfassende Liebe.

Die sexuelle Energie hat also eine wichtige Aufgabe. Sie ist es, die uns aus dem Schoße der Familie aufbrechen läßt, die uns zu außerhalb Suchenden werden läßt. Als sehnende Hälften schwirren wir herum und kommen nicht eher zur Ruhe, bis wir von einer anderen Hälfte magnetisch angezogen werden. Im Zustand der Sehnsucht nach Ergänzung sind wir kaum in der Lage, auf größtmögliche Übereinstimmung zu achten. Spätestens wenn der Sog der Sehnsucht nach kurzer Zeit des Zusammenseins nachläßt, beginnen wir, den anderen in seinen eigentlichen Möglichkeiten zu erleben. Aber ohne sexuellen Antrieb würde die Ablösung aus dem elterlichen Haus, aus der

Familie in andere zwischenmenschliche Beziehungen nicht stattfinden. Er kurbelt also sowohl die äußere Betriebsamkeit als Fortpflanzung und Arterhaltung an als auch die innere Entwicklung im Menschen. «Eros spielt also in einer doppelten Weise mit: einmal führt er den Menschen zum Erlebnis des Schönen, und zum andern erweckt er in der Begegnung mit dem Schönen zugleich die Sehnsucht nach der geistigen Heimat, aus der der Mensch gekommen ist.» (Herman Weidelener, Wie er hatte geliebt die Seinen) Somit erhält der Eros eine ganz bestimmte und wichtige Funktion: Aufbruch und Suche. Eros spielt sich ausschließlich im Bereich der Vorzugsliebe ab. Der Partner wird aufgrund bestimmter Auswahlkriterien ausgesucht. Eros kann mit dem Getroffenwerden von einem Blitzschlag aus heiterem Himmel verglichen werden. Es sind Naturgewalten, die da im Menschen losbrechen und die kaum unter Kontrolle zu bringen sind. Sinngemäß bezeichnen wir einen solchen Zustand nicht mit «Liebe», sondern als «ver-liebt sein». Die Vorsilbe «ver» weist unmißverständlich auf einen Zustand hin, bei welchem sich etwas ver-schoben, ver-loren, ver-rückt hat. In diesem Zustand übersehen wir gerne, daß die beiden Hälften nicht nahtlos ineinanderpassen. Die Phantasie eilt uns zur Hilfe und ergänzt großzügig das Fehlende. Im Rausch des Eros sind wir überglücklich, endlich am Ziel «Glück» angelangt zu sein. Die erotische Anziehung spielt also eine immens wichtige Rolle. Sie übernimmt das sehnende Verlangen nach Ergänzung und Komplettierung, damit sich der einzelne als Ganzes fühlen kann. Im Zustand des Verliebtseins fallen meist sämtliche verstandesmäßigen Überlegungen aus: Sie werden von den ungeheuerlichen Eroskräften einfach hinweggespült, damit wir an das Ziel der sexuellen Vereinigung gelangen als Ausdruck des körperlichen Einsseins mit dem anderen. Es ist eine sinnvolle Einrichtung, daß die Triebkräfte eine solch gewaltige Kraft über uns ausüben. Das gibt uns einen gehörigen Stoß, uns auf den Weg zu machen, um zu Liebenden zu werden.

Wenn wir nun die Liebesfähigkeit als eine zu erbringende Pflicht anerkennen, dann zeichnet sich daraus ein Weg ab, der uns aus der Erosebene weiterführt. Eros ist die Anlaufstelle am Fuße des Berges, als An-Triebs-Kraft, die uns anspornt, die uns auf den Weg schleudert, um den Berganstieg zu bewältigen. Eros als Anlasser, um den Motor in Gang zu setzen.

Die Sprache weist unüberhörbar darauf hin, was sexuelle Betätigung ist: «Liebe machen», präziser kann es eigentlich nicht mehr ausgedrückt werden, denn diese Formulierung beschreibt genau, um was es sich handelt; die Liebe wird gemacht.

«Miteinander schlafen» beschreibt den Gegensatz zur Wachheit. Miteinander eintauchen in die Dunkelheit, sich den Triebkräften überlassen, die nicht dem wachen Bewußtsein des Menschen entspringen. Wir müssen unsere aufgerichtete Körperhaltung, Ausdruck eines wachen Bewußtseins, aufgeben und uns zur Erde niederlegen.

«Miteinander-ins-Bett-gehen» rückt den Aspekt des Ausruhens in den Vordergrund; sich mit der sexuellen Energie stärken und dann mit voller Kraft den Berganstieg wagen.

«Geschlechtsverkehr haben» heißt nicht mehr und nicht weniger als geschlechtlich verkehren, auf das Geschlecht bezogen – in heterosexuellen Beziehungen als Mann und Frau, in homosexuellen Beziehungen unter Gleichgeschlechtlichen.

Der Ort der Geschlechtlichkeit ist die unterste Öffnung unseres Körpers und mit dieser geographischen Verortung ist der Weg auf der Körperlandkarte deutlich signalisiert. Das soll die Sexualität keineswegs abwerten. Ihr wird lediglich der Platz zugewiesen, der ihr zusteht: Anlaufstelle, Anlasser, vitalisierendes Element, das ungeheure Energien freisetzt, um die Liebesfähigkeit zum Blühen zu bringen. Sexualität übernimmt lediglich eine Funktion und ist nicht das Ziel. Wäre sie das Wichtigste, müßte man sich den Körper umgedreht vorstellen. Dann wäre das Geschlecht an oberster Stelle und zwischen den Beinen läge der Kopf.

Die Fortsetzung des Weges ist Philia als das Zusammenschwingen der Seelen in Sympathie, Freundschaft, menschlicher Wärme, wohlwollendem Zugeneigtsein. Dies ist eine konsequente Weiterführung aus der gegenseitigen erotisch-sexuellen Mann-Frau-Bezogenheit in den Bereich der Freundschaften. Sie sind eine Weiterentwicklung und Verfeinerung der körperlichen Liebe. Bei den meisten Menschen zeigt sich ein natürliches Bedürfnis, die geschlechtliche Mann-Frau-Bezogenheit zu erweitern und in den Bereich des menschlichen Miteinander zu gelangen. Wenn das nicht möglich ist, weil sich einer der beiden weigert, wird es früher oder später in der Beziehung zu Problemen kommen. Max hatte, als er älter wurde, wie viele seiner Geschlechtsgenossen Schwierigkeiten mit seiner allmählich nachlassenden Potenz. Über seine erste Frau (fünf Jahre jünger als er) beklagte er sich: «Meine Alte törnt mich nicht mehr an.» Als er die junge Kathi kennenlernte, erlebte er nochmals ungetrübte sexuelle Lust. Dies war für ihn der Beweis, daß es nur an der geeigneten Partnerin lag. Er fühlte sich wieder jung und potent. Aber er berücksichtigte nicht, daß Kathi nicht nur aus einem Körper bestand, sondern gleichzeitig auch noch ein Mensch war. «Neben diesem Mann verhungere ich seelisch!» Max entzog sich den Auseinandersetzungen, woraufhin Kathis sexuelle Leidenschaft zunehmend abkühlte. Max warf ihr nun vor, sie törne ihn nicht mehr genügend an. Er kaufte ihr zu Weihnachten luxuriöse Nuttenwäsche und wünschte sich, daß sie sich noch Heiligabend das satinrote, mit schwarzen Spitzen besetzte Mieder umschnallte, um seine erlahmte Lust wieder anzuheben.

Ich meine, daß zur Sexualität eine weitere Qualität dazukommen muß, nämlich das Sich-«freundlich-Zugeneigtsein», das gegenseitige Wohlwollen. Das heißt, nicht die erotische Anziehung bleibt ausschlaggebend, sondern das Seelische rückt zunehmend in den Vordergrund. Sicherlich ist es kein Zufall, daß der Mensch im Laufe des Älterwerdens die äußeren Reize allmählich verliert. Denn er benötigt diese Signale nicht mehr, um auf sich aufmerksam zu machen und das andere Geschlecht anzulocken. Die Haare als Kopfschmuck werden in Farbe und Volumen unauffälliger, die pfirsichstraffe Haut wird faltig, die Figur verliert die geschlechtliche Ausprägung. Alles deutet darauf hin, daß wir diese Signale nicht mehr nötig haben, da an die Stelle der äußeren Reize nun die Schönheit einer reifen Seele tritt:

Zieh Deinen Körper aus,
Geliebte, schnell,
und laß mich, endlich,
Deine Seele sehen:
diese goldene Sonne.
(Werner Sprenger)

Sich auf den Bereich der Philia einlassen heißt, daß wir die Sexualität verfeinern. Wir benötigen sie nicht ständig als Antriebsmotor zum «Liebe machen», da wir uns bereits auf dem Bergaufstieg befinden und sich in uns die Liebesfähigkeit zu entfalten beginnt. Es gibt Menschen, mehr Männer als Frauen, die rennen ein Leben lang am Fuß des Berges herum. Sie drücken unentwegt den Anlasser, hüpfen ein paar Meterchen weiter, bis ihnen der Motor wieder stillsteht und sie erneut den Anlasser betätigen müssen. Sie sind pausenlos auf der Suche nach sexueller Aktivität und verbrauchen ihre gesamte Energie horizontal, ohne dem vertikalen Impuls nach oben zu folgen. Die Liebesenergie drängt indessen als natürlicher Wachstumsprozeß stets nach oben wie Pflanzen und Bäume, die sich nach dem Licht richten. Dieser Bewegung nicht zu folgen, ist eine fundamentale Weigerung, sich in die Aufgerichtetheit zum wirklichen Menschsein zu entwickeln. Diese Entwicklung kann nicht schlafend im Bett vollzogen werden, sondern muß in innerer Klarheit und Wachheit erbracht werden. «Jede Lage ist für den Menschen peinvoll. Es gibt keine andere Lage als eine peinvolle. Denn der Mensch ist nicht auf die Lage hin geschaffen, sondern auf den Stand.» (Herman Weidelener)

In der Liebesbeziehung zeigt sich Philia als Vertiefung und Überschreitung des Geschlechtlichen, in anderen zwischenmenschlichen Beziehungen als liebendes, einfühlsames Wohlwollen. Diese Liebesenergie setzt sich auch in beruflichen Bereichen durch. Sei dies in helfender, sozialer oder pädagogischer Betätigung. Gerade in diesen Berufen hängt der Erfolg von der Liebesfähigkeit ab: Sie ist die tragende Kraft.

Aus der Philia entwickelt sich die Liebe, die in uns jene Herzensbereiche öffnet und uns die Arme weit ausbreiten läßt für den Nächsten. Agape bildet die Bergspitze, die es zu erklimmen gilt, damit wir zu allumfassenden Liebenden werden. Agape ist das Gegenteil von Eros. Während wir im Erotischen einen aus vielen heraussuchen, ihn allen anderen vorziehen, schließen wir in der Agape nichts und niemanden aus. Denn Agape orientiert sich nicht an besonderen Vorzügen, sondern wertschätzt und liebt das göttliche Prinzip, den göttlichen Funken in jedem, ungeachtet der äußeren Merkmale. Eros ist die Vorzugsliebe, die andere ausschließt, Agape ist die umfassende Liebe, die alles vereint.

Eros ist der zündende Funke, der uns lehrt, uns ganz zu verschenken, der uns in die Knie zwingt, um das ständige Sehnen nach Verschmelzung zu stillen. Er läßt uns für Momente in das Gefühl umfassenden Einsseins eintauchen, und der Pulsschlag zieht sich auf einen einzigen Punkt zusammen, um im anderen zu erblühen. Es ist die körperliche Lektion, sich hinzugeben, sich wie eine Blume dem Licht zu öffnen, um das große Glück des Einsseins als Grunderfahrung wieder zu beleben. Eros ist die Öffnung ins Körperliche, er durchdringt uns aus den Urtiefen. Er steigt in urgewaltigem Sehnen aus den dunklen Ufern unseres Leibes, wo er herzwärts weiterströmt und sich zur Philia verfeinert. Schritt für Schritt führt uns die Philia zielsicher weiter und durchdringt unseren Geist als kristallklare Quelle, bis sich das Herz weit öffnet und aufbricht in den Jubel allumfassender Liebe. Und jeder und jede, der uns als nächste/r begegnet, wird in unseren weitausgebreiteten, liebenden Armen aufgenommen: «Siehe der Mensch!»

Wenn wir die Liebesfähigkeit nicht als einen Entwicklungsprozeß erkennen und uns die einzelnen Etappen fremd sind, wird es sehr schwierig, unsere Position in Liebesverhältnissen einzuordnen und zu verstehen. Wenn wir uns z. B. außerhalb unserer Beziehung in einen anderen «ver»lieben und plötzlich das Gefühl haben, wir seien zur allumfassenden Liebe fähig und könnten ohne weiteres noch einen anderen dazu lieben, dann ist das ein Irrtum. Solange Eros mithineinspielt, befinden wir uns nicht in der Agape, sondern im Eros. Wir versuchen mit Hilfe eines neuen Anlassers, unseren Liebesmotor in Gang zu bringen. Denn die Liebesbeziehung zu einem Dritten entsteht meist nicht neben einer üppig blühenden Beziehung, sondern in karger und meist ausgetrockneter Vegetation. «Alles war in unserer Ehe in Ordnung, wir waren glücklich, bis diese Affäre begann», ist ein Trugschluß. Wir Frauen lamentieren und jammern über unsere Männer, die sich klammheimlich eine Geliebte zulegen. Seien wir ehrlich! Blicken wir in unsere Seele hinein! Wo haben wir uns aus der Begegnung herausgeschlichen? Wo haben wir die Antwort auf den anderen verweigert? Und die Männer fallen aus allen Wolken, wenn sie von ihrer Frau plötzlich verlassen werden. «Sie hatte alles von mir. Ich habe ihr alles ermöglicht!» klagt er enttäuscht. Hat er sich auf ihre Gefühlswelt eingelassen? Hat er ihr jemals richtig zugehört, sie ernst genommen?

Wenn sich Frauen *seelisch* nicht beantwortet fühlen, ist das die größte Kränkung, die sie erleiden. Damit verbindet sich eine schleichende, aber permanente Selbstentwertung. Nach einigen Jahren ist die Frau ziemlich auf dem Nullpunkt ihres Selbstbewußtseins angelangt. Sie verliert ihre Strahlkraft und allmählich die Freude am Leben. In vielen Fällen wird sich der Körper verschließen, sexuelle Lust klingt dann wie ein Fremdwort. Entweder begegnet sie einem anderen und beginnt mit sprühenden Energien neu zu leben oder, wenn der Leidensdruck stark genug ist, trennt sie sich und verläßt den Partner. Männer wiederum reagieren sehr empfindlich, wenn sie *körperlich* nicht beantwortet werden; mit einer lustlosen Frau, die den Geschlechtsakt als eheliche Pflichtübung hinter sich bringt, läßt sich eben keine «Liebe machen».

Viele Ehen und Partnerschaften geraten dadurch in Sackgassen. Der Weg in die verfeinerte Ebene des freundschaftlichen, wohlwollenden Miteinander, aber auch der Weg zur Sexualität ist versperrt; die Frau öffnet sich für die Sexualität, wenn sie sich seelisch verstanden fühlt, und der Mann öffnet seine Seele, wenn er sexuell beantwortet wird. Wenn aber beide Partner in gegenseitiger Lieblosigkeit verflochten sind, kommen sie nicht weiter. In einem solchen Klima werden die Blicke matt, die Berührungen leblos; beide fühlen sich ungeliebt, beiden ist die Entfaltung der Liebesfähigkeit blockiert. Es nisten sich tiefe

Verletzungen und Kränkungen ein, und das ganze Lebensgefühl schrumpft zusammen; wir sehen die Sonne nicht mehr, können den Duft der nassen Bäume nicht mehr wohlig in uns hineinatmen, und wir hören die Vögel nicht mehr singen. Bis plötzlich ein Dritter/eine Dritte auftaucht und mit seiner belebenden und kraftspendenden Beantwortung die Blockade aufbricht.

Somit erhält die neue Beziehung eine belebende und vitalisierende Funktion, jedenfalls für denjenigen, der sie eingeht und sich daran laben kann. Für den anderen allerdings wird es sehr schmerzlich. Die Illusion, vorher sei alles in bester Ordnung gewesen, kracht zusammen. Der größte Fehler, den man in dieser Situation begehen kann, ist die Beruhigungs- und Besänftigungstaktik: «Ich habe eben so viel Liebe in mir und kann deshalb zwei lieben.» Damit gerät der/die Alleingebliebene in einen tiefen Konflikt. Ahnt er doch im Innersten, daß letztendlich die allumfassende Liebe anstrebenswert ist und deshalb dem Partner nicht verwehrt werden sollte. Aber in ihrem Schmerz sind die meisten nicht mehr in der Lage, klar zu unterscheiden. Es schleudert sie in ihren Gefühlen hin und her, von heftigsten Anklammerungswünschen bis zu freilassender Großzügigkeit, um im nächsten Moment wieder in den Abgrund heftigster Eifersucht zu stürzen. Außenbeziehungen haben nichts mit Agape zu tun. Sie sind ganz und gar im Bereich des Eros, der Vorzugsliebe anzusiedeln. In der Regel erfüllen sie einen Mangel. Es sind ungelebte Bereiche in der Beziehung, die durch einen anderen/eine andere wieder neu belebt werden. Gerade darin liegt die Chance für eine wahrhaftige Auseinandersetzung, die endlich Licht in die vernachlässigten Bezirke bringt. Der/die, welche/r eine Außenbeziehung unterhält, fühlt sich mit drängender Kraft und Lebensfreude durchdrungen und kann das Defizit in der Beziehung somit sehr gut ausgleichen. Deshalb denken die wenigsten daran, sich ausgerechnet dann zu trennen, wenn derart viel neue Energiezufuhr erlebt wird. Der/die Entliebte hingegen äußert oft den Wunsch, sich zu trennen, weil die Situation zu sehr schmerzt.

Es ist tatsächlich ungeheuer schwer, mit einem Partner zusammenzuleben, nach außen zwar als Paar, als Ganzes aufzutreten, aber innerlich zu spüren, wie sich der/die andere mit jemand anderem ergänzt. Zusehen zu müssen, wie die Augen des Partners glänzen, wenn er sich zum Rendezvous richtet. Es ist aber auch ungünstig, auf der Auflösung der Außenbeziehung zu beharren, solange die bestehenden Defizite nicht behoben sind. Zugleich müssen wir lernen, daß es immer unbesiedeltes Beziehungsgebiet gibt. Es schützt uns vor der Illusion, daß irgendein anderer nahtlos in meine Hälftigkeitsschnittstelle hineinpassen könnte. Zwar sind viele Paare unermüdlich damit beschäftigt, die Leerstellen zu kolonisieren wie etwa mit Kindern, gemeinsamen Aktivitäten oder Interessen. Sie sind vielleicht jahrelang damit beschäftigt, eine Wohnung einzurichten, oder sie bauen sich gar ein Haus. Das ist das äußere Manifest gemeinsamer Aktivität, das sie miteinander verbindet. Wenn das Haus steht, die Wohnung eingerichtet ist, die Kinder erwachsen sind und ausziehen, fallen diese Gemeinsamkeiten weg. Dies veranlaßt Paare dazu, das Haus wieder zu verkaufen, umzubauen oder erneut umzuziehen, um sich wieder gemeinsam mit neuen Plänen zu beschäftigen und die klaffenden Lücken zu schließen. Erwachsene «Kinder» werden bei diesen Eltern nicht in die eigene Verantwortung freigegeben. Nicht selten dienen deren Schwierigkeiten und Probleme den Eltern als einzige Gemeinsamkeit. Sie versuchen ein Leben lang, den Partner in die unerträglichen Leerstellen zu ziehen, selbst dann, wenn sich dieser ständig widersetzt.

Die Urerfahrung des glückhaften Zustandes in totaler Einigkeit setzt sich in allen Variationen unermüdlich durch und inszeniert sich immer wieder neu. Der Eros als sexuelles, körperliches Erleben des Ineinanderverschmelzens führt uns einerseits im Orgasmus dicht an das Ersehnte heran, läßt uns für kurze Momente heimkehren in diese ozeanische Erinnerung, um uns jedoch unverzüglich die Lektion zu erteilen: Im Körperlichen gibt es keine totale Einigkeit. Wir fallen sofort wieder aus dem Einssein heraus in unsere Hälftigkeit. So kann der Wunsch nach einem Kind aus dem schmerzlichen und sich stets wiederholenden Trennungserlebnis aufkeimen, die Vereinigung mit dem geliebten Menschen dauerhaft zu besiegeln. Die Ehe als institutionelle Einrichtung unterstützt die Hoffnung, daß es irgendeine von außen machbare Sicherheit gibt.

Im Bereich der Philia versuchen wir auf der seelischen Ebene zusammenzuschwingen und uns zu vereinen. Die Liebesenergie will sich aus der Festigkeit des Körperlichen heraus verfeinern. Es ist beachtlich, wie viele Frauen nach einem Orgasmus Weinkrämpfe bekommen und wie oft für Männer und Frauen hinterher eine leise Trauer nachschwingt. Dahinter versteckt sich ein tiefer Schmerz, daß die Liebe nicht zu ihrer ureigensten Bestimmung geführt wurde, nicht zu ihrer vollen Blüte gebracht wurde. Ein dunkles Erahnen, das da aufsteigt, daß sexuelle Betätigung allein unmöglich mit Liebe gemeint sein kann. Wenn über Jahre der Geschlechtsverkehr in der Ehe oder Partnerschaft in einem mechanischen Ablauf vollzogen wird wie etwa Zähneputzen oder die regelmäßige Darmentleerung, ist das eine systematische Entwürdigung für Mann und Frau.

Es kann unmöglich Ziel unserer Schöpfung sein, daß wir auch in reifen Jahren bewußtlos lustvoll herumwippen, ohne dabei unsere Aufgabe, die Entwicklung unserer Liebesfähigkeit, zu leisten, daß es uns gelingt, den Schwerpunkt aus der untersten Region des Geschlechts nach oben zum Herzen zu verschieben. Denn erst in der Agape, der allumfassenden Liebe, fällt alles Trennende weg. Sie ist das geistige Prinzip, das nicht der materiellen Gesetzmäßigkeit unterworfen ist. Sie verbindet sich mit allem.

Bei der Beschäftigung mit den drei Worten Eros, Philia und Agape wird deutlich, daß Liebe nicht etwas Süßes, Molliges, Plüschtierhaftes ist, an dem wir uns einfach ergötzen können, sondern zur unumgänglichen Pflicht der menschlichen Entwicklung gehört.

Der alles überfliegende Weg

Als ich nach den schlummernden Jahren des Vorfelds in die akute Phase des Aufbruchs hineingeriet, wünschte ich mir oft:

168

«Wenn ich doch alles irgendwie überfliegen könnte und mich nicht mühsam durch die Täler und tiefen Schluchten hindurchgraben müßte. Mit einem einzigen Flügelschlag die ganze Qual überfliegen könnte und keine Entscheidungen für die eigene Hinrichtung treffen müßte.» Bei meinen Ausflügen durch die Texte des Neuen Testaments begegnete ich dem aufregenden Satz: «Ich zeige Euch einen alles überfliegenden Weg.»

Hier wird ebenfalls in aller Deutlichkeit aufgezeigt, daß die Liebe als Weg, der alles zu überfliegen imstande ist, nichts mit der Vorstellung zu tun hat, vom anderen geliebt zu werden, sondern daß diese Liebe etwas von jedem einzelnen zu Leistendes ist. Diese These erfordert einen umfassenden Umdenkprozeß, der sowohl für die eigene Lebensgestaltung als auch für die Partnerschaft neue Perspektiven eröffnet.

Paulus schreibt im ersten Korintherbrief: «Wenn ich mit Menschen- und mit Engelzungen redete, und hätte der Liebe nicht, so wäre ich ein tönend Erz oder eine klingende Schelle. Und wenn ich weissagen könnte und wüßte alle okkulten Erkenntnisse der Menschheit und alle andere Erkenntnis und hätte allen Glauben, also daß ich Berge versetzen könnte, und hätte der Liebe nicht, so wäre ich nichts. Und wenn ich alle meine Habe den Armen gäbe und ließe meinen Leib verbrennen, so wäre mir's nicht nütze.»

Wir können also noch so klug und von Wissen durchdrungen daherreden, wenn wir dabei nicht von Liebe erfüllt sind, so können wir es auch lassen. Die gesamten karitativen Impulse sind wertlos, blühen sie nicht auf dem Grund der Liebe. Unsere Aufopferungsbereitschaft, Selbstopferung auf dem ehelichen Altar oder in der Familien-GmbH ist nutzlos, wenn sie nicht von der Liebe getragen ist. Wie viele halten in einer Ehe aus, weil sie denken, es sei ihre christliche Pflicht? Kirchliche Vertreter raten ihnen auszuhalten, obwohl ihnen ihre Liebe abhanden gekommen ist. Noch wird die Scheidung als etwas gegen Gott Gerichtetes verurteilt: «Was Gott zusammengefügt hat, soll der Mensch nicht trennen.» Dieser unglückselige Mahnsatz hat viele Menschen dazu veranlaßt, in ehelichen Gefängnissen auszuharren, obwohl die Türe zum Leben und zur Liebe für sie offenstand. Diese Worte sind wohl nur verständlich, wenn wir uns von sämtlichen vorgeformten gedanklichen Konstruktionen freimachen, sie lange in unserem Herzen bewegen, um an die eigentliche Aussage zu gelangen. Und dann tauchen da plötzlich Fragen auf, die in Kirchenkostümen keinen Platz hatten. Was hat denn Gott zusammengefügt? Hat denn er diese Ehen gegründet? Ist es nicht etwas eigenartig, sich plötzlich an eine Instanz zu erinnern, die auf geheimnisvolle Weise bei der Ehegründung mitgewirkt haben soll? Meine Ehe sowie viele andere auch hat gewiß nicht irgendein Gott zusammengefügt. Ich habe damals keinen einzigen Gedanken daran verschwendet. Und wäre ich damals vor einen Gott mit der Bitte hingetreten, diese Ehe zusammenzufügen, hätte er mich wahrscheinlich noch inmitten der Festlichkeiten diskret zur Seite genommen und mir dringendst empfohlen, die Verantwortung für mich und mein Leben selbst zu übernehmen.

Mit welcher Vermessenheit wird die Zuständigkeit für das Glück an eine göttliche Schaltstelle delegiert, von der ich aber sonst nichts wissen will! Diese Verantwortung muß ich in mich zurückholen, muß meine Beweggründe überprüfen und mir dabei in mein eigenes Antlitz blicken.

In einer Ehe auszuhalten «und habe der Liebe nicht», ist für alle Beteiligten ein nutzloses Opfer und darüber hinaus für die Kinder eine Zumutung. Auch Alkestis wollte sich für ihren Gemahl opfern und wurde von den Göttern zurückgeschickt. Zwar werden wir nicht von Göttern zurückgeschickt, aber die Zeichen um uns sprechen oft deutlich genug. Wir sehen die Sonne nicht mehr, hören die Vögel nicht mehr zwitschern, das Lachen und die Heiterkeit unserer Kinder macht uns traurig oder nervt uns, unser Körper wird sogar krank, denn unser Reservoir an Liebeskraft ist leer.

Und dann schreitet Paulus das Feld, was Liebe zu sein hat, in großen sicheren Schritten ab: «Die Liebe ist langmütig, sie ist gütig und freundlich; die Liebe eifert nicht, die Liebe prahlt nicht, sie bläht sich nicht auf, sie tut nichts Unschickliches, sie suchet nicht das Ihre, sie läßt sich nicht erbittern, sie rechnet das Böse nicht an, sie freut sich nicht über die Ungerechtigkeit, sondern sucht nach der Wahrheit, sie erträgt alle, sie glaubt alles, sie hofft alles, sie duldet alles.

Die Liebe höret nimmer auf, so doch die Weissagungen aufhören werden und das Zungenreden aufhört und die okkulte Erkenntnis aufhören wird. Denn unser Wissen ist Stückwerk, und unser Weissagen ist Stückwerk. Wenn aber kommen wird das Vollkommene, so wird alles Stückwerk verwandelt werden. Solange ich ein Kind war, redete ich wie ein Kind, ich machte mir Gedanken wie ein Kind und überlegte wie ein Kind; als ich ein Mann geworden war, tat ich ab, was kindisch war. Bis jetzt sehen wir durch einen Spiegel in eine Welt von Rätseln; dann aber werden wir von Angesicht zu Angesicht schauen. Bis ich erkenne, wie ich erkannt worden bin. In der Zwischenzeit bleibt Glaube, Hoffnung, Liebe, diese drei; das größte von ihnen ist die Liebe.»

Das Gebot: «Liebe deinen Nächsten wie dich selbst» steigt dabei wie ein Kometschweif am Himmel auf und zeigt unmißverständlich in zwei Richtungen: zum anderen und zu mir selbst. Sich auf die Liebe als eine zu erbringende Leistung einlassen, heißt stets: das eigene Selbst miteinbeziehen. Den eigenen Tempel in sich mit liebevoller Sorgfalt und größter Aufmerksamkeit pflegen, um allfällige Gäste mit der nötigen Würde aufnehmen zu können oder andere, die ihren Schmutz hineintragen, unverzüglich hinauszuweisen.

Die Liebe ist langmütig

Also kein momentanes Entzücken, mal hier eine Blume, mal dort eine Blume, hier etwas Schnuppern und dort etwas Naschen in selbstvergessenem Entzücken. Das hat mit Liebe wohl nichts zu tun, sondern schwingt in ganz andere Regionen hinein, wo schmetterlingshafter Frühlingszauber die Sinne beflügelt und das Handeln bestimmt. Die Liebe aber ist nicht irgendwie ein vergnüglicher Zeitvertreib, ein amüsantes Hobby. Sie ist ein lebenslanges Werk. Wir sind aufgefordert, ernsthaft daran zu arbeiten. Denn die Liebe ist langmütig, lang und mutig, mutig für das lange Dauernde.

Die langmütige Liebe in sich erschließen heißt, sie für sich selbst und für den anderen zur Verfügung haben. Das Schwierigste ist wohl, sich selbst gegenüber eine liebevolle Gesinnung zu entwickeln, mit sich selbst liebevoll und sorgfältig umzugehen. Ebenso werde ich dazu aufgefordert, mich niemals aufzugeben, auch nicht für kleine Ausflüge. Ich darf mich nie vergessen, mir niemals abhanden kommen, sondern ich muß mir selbst die Treue halten. Den Mut haben, mir auf die Länge eines ganzen Lebens treu zu bleiben. Denn es ist das einzige, was ich mit absoluter Sicherheit weiß: ich bleibe mit mir bis an mein Lebensende zusammen. Diese Investition in sich selbst lohnt sich auf jeden Fall! «Hier stoßen wir auf den eigentlichen Verrat, den wir begehen können: die Treulosigkeit uns selbst gegenüber. Und, meine Freunde, wer nicht auf dieser Höhe lernt – auf der Höhe der Pflicht –, sich selbst zu lieben, der wird auch niemals den anderen wirklich lieben können.» (Herman Weidelener, Vom Reich und von der Herrlichkeit der Liebe)

Schließlich ist dies der Boden, auf welchem die Liebe wächst und dem anderen entgegenblüht. Ein vertrockneter, ungenährter Boden bringt keine Frucht hervor. Die liebevolle Hinwendung zu sich selbst ist deshalb von großer Bedeutung. Nur aus der Sicherheit einer dauerhaften Liebe zu sich selbst erwächst die Zuversicht, langmütig in der Liebe zum anderen stehen zu können. Diese Liebe stellt keine Forderungen, daß sich der Partner verändert, stellt keine Ansprüche und Bedingungen, wie sich der andere verhalten soll. Sie ist wie ein Baum, der zum Himmel hinaufwächst.

Wir haben in vielen Frauengruppen darüber diskutiert, welche Eigenschaften der Auserwählte haben sollte, damit wir bereit sind, uns auf eine Beziehung mit ihm einzulassen. Dabei übersahen wir, daß derartige Anforderungsprofile lediglich die Fähigkeiten des anderen unter die Lupe nehmen. Dagegen ist an und für sich nichts einzuwenden, wenn die ganze Angelegenheit nicht die Überschrift «Liebe» trägt.

Die Liebe ist gütig, ist freundlich

Als warmer Grundton der Beziehung schwingt in der Liebe, die über die Vorzugsliebe hinausgeht, die zwischenmenschliche Qualität des Freundseins mit hinein. Wir wählen unseren Partner aufgrund von bestimmten Eigenschaften aus, genauso wie wir aus einer Vielzahl von Blumen eine bevorzugen. Die erotische Anziehung spielt dabei eine bedeutende Rolle. Sexualität als Signal, als Duft, Farbe und äußere Form der Blume. Bleiben wir jedoch auf der Ebene der sexuellen Anziehung stehen, wird es uns nicht gelingen, durch die geschlechtliche, erotische Fassade zum eigentlichen Menschen vorzudringen. Vielen fällt es schwer, im anderen den Freund zu sehen, dem sie grundsätzlich wohlgesonnen sind, sondern sie sehen in ihm lediglich den Glücksspender. Sie werden böse auf ihn, wenn er nicht bereit oder in der Lage ist, ihre Wünsche und Forderungen zufriedenzustellen. Gelingt es uns nicht, den anderen aus der gegenseitigen Verstrickung der Mann-Frau-Bezogenheit zu entlassen, landen wir plötzlich auf der Kehrseite der Medaille, werden feindselig oder sogar haßerfüllt.

> Lieber Gott, die Leute in der
> Wohnung nebenan streiten die ganze Zeit.
> Du solltest nur sehr gute Freunde heiraten lassen.
> Nan (Children's Letters to God)

Sich selbst gütig und freundlich gesinnt zu sein, ist ebenfalls eine klare Aufforderung. Mit sich lernen umzugehen wie mit einem teuren Freund oder einer Freundin. Mir wohlwollend auf die Schulter klopfen, wenn ich etwas nicht gleich auf Anhieb so verändern konnte, wie ich es wünschte. Aus einem freundlichen, liebevollen und sorgfältigen Umgang mit sich selbst entwickeln sich freundlichere Töne für den anderen. Wie kann ich denn anderen freundschaftlich gesonnen sein, wenn ich mit mir selbst keinen freundschaftlichen Umgang pflege? Und meine eigenen Innenräume vernachlässige? Lisa pflegte einen ausgesprochen lieblosen Umgang mit sich selbst. Sie war in ständigem Hader und sogar Kampf mit und gegen ihre Wünsche und Bedürfnisse. Sie nahm sich straff an die Kandare, um ihre Gefühle erfolgreich zu unterdrücken. Als Kind hatte sie durch hartes Körpertraining versucht, Aufmerksamkeit und Anerkennung zu erhalten, um dadurch den Vater emotional zu erreichen. Als Erwachsene wollte sie durch Härte gegen sich selbst ihre Ehe retten. In ihren versteinerten Gesichtszügen blickten glanzlose Augen, und ihr Körper erinnerte an die erstarrte Todeslandschaft des Winters. Wie kann aus einer solchen Lieblosigkeit gegen sich selbst etwas wie Liebe aufkeimen?

Wir Frauen haben hier oft eine eigenartige Sichtweise. Wir beschäftigen uns manchmal ein Leben lang mit Überlegungen, was wohl für den anderen gut und förderlich sei, wie wir z. B. dem Partner behilflich sein können, daß er endlich Zugang zu seinen Gefühlen bekommt und sie besser ausdrücken kann. Gespräche unter Frauen kreisen oft nur um dieses eine Thema. Wir opfern unsere Zeit, indem wir uns ausdenken, wie wir es geschickt anstellen, daß sich der Partner erfolgreicher fühlt, daß es ihm besser geht oder daß er sich endlich so verändert, wie wir es wünschen. Was dann an Zeit, Energie und finanziellen Mitteln noch übrigbleibt, ist gerade noch gut genug für unseren eigenen Bedarf. Wir investieren kaum in uns – hingegen alles in andere. Wenn ich mich liebe als den Nächsten, dann muß ich lernen, liebevoll und sorgsam mit mir umzugehen: Nur das Beste ist gut genug für mich! Aus einem lieblosen Umgang mit mir selbst kann nur Lieblosigkeit hervorgehen, auch wenn sie noch so gut getarnt ist, die Geringschätzung wird stets spürbar.

Die Liebe eifert nicht

Wirkliche Liebe ist also nicht eifersüchtig. Das ist wohl eine der härtesten Nüsse, die es zu knacken gibt. Ich habe viele Frauen erlebt, einschließlich mich selbst, die sich dabei beinahe die Zähne ausgebissen hätten. Die Partnerliebe als reine Vorzugsliebe wird mit dem Akt des Auswählens grundsätzlich leidanfällig, weil der alleinige Anspruch auf den Partner immer wieder gefährdet ist. Innerhalb der Vorzugsliebe wird der Dritte, der Nächste, immer ausgeschlossen. Es ist lediglich eine Frage der Position, ob ich zu den glücklichen Auserwählten oder zu den unglücklichen Aussortierten gehöre. Nun ist es aber besonders schwierig, aus der Position des Ausgeschlossenseins Gefühle der Eifersucht und des Besitzanspruches einfach aufzugeben. Schließlich rührt es an unseren tiefsten Ängsten, die andere Hälfte zu verlieren. Das größte Thema unserer Existenz taucht auf: heimatlos werden. Sämtliche Bestrebungen zielten lebenslang dahin, sich irgendwo, irgendwie zu beheimaten. Der Partner wurde zur Heimat. Wird diese nun gefährdet, klafft ein fürchterlicher Abgrund vor uns auf. Dabei übersehen wir, daß dies alles mit Liebe nichts zu tun hat. Solange wir dies nicht durchschauen, wird es uns kaum möglich sein, uns weiterzuentwickeln.

Wenn ich hier ausschließlich aus der Sicht der Frau spreche, dann nicht deshalb, weil ich der Meinung bin, nur die Frauen werden aussortiert und den Männern geschehe das nie, sondern erstens, weil ich selbst aus meiner eigenen Erfahrung als Frau von dieser Thematik betroffen war und mich deshalb darin gut auskenne, und zweitens, weil ich vorwiegend mit Frauen an diesen Problemen arbeite. Ich nehme an, daß die Seitensprung-Quote bei Männern und Frauen etwa gleich hoch ist. Der Sexualforscher Alfred Kinsey schätzte in den 50er Jahren, daß etwa die Hälfte der Ehemänner irgendwann ihrer Frau untreu waren. Inzwischen sind immerhin 40 Jahre ins Land gezogen und die «sexuelle Befreiung» hat zweifellos dazu beigetragen, die Bedenken und Vorstellungen der Frauen entweder wegzuspülen oder gehörig aufzuweichen.

Die Untreue des Partners reißt uns plötzlich aus der Illusion heraus, daß unsere Gemeinschaft ein unantastbarer Hort des Aufgehobenseins in einer Ganzheit sei. Aber sehen wir uns einige Beispiele an, wie Frauen auf die Untreue des Partners reagieren:

Vera, eine tüchtige kaufmännische Teilzeitangestellte, handelte unverzüglich. Nach sechsjähriger Ehe, aus der zwei Kinder (drei und fünf) hervorgegangen waren, erfuhr sie per Zufall, daß ihr Mann seit einem Jahr eine Freundin hat. Der Mann kam oft nachts nicht nach Hause mit der Begründung, er übernachte der vielen Arbeit wegen im Geschäft. Die Freundin war bereits hochschwanger. Der ganze Freundeskreis war im Bilde. Keiner sagte Vera etwas davon, um sie zu «schonen». Als dann die Sache aufflog, schwor ihr Mann, daß er seine Familie niemals verlassen wolle und daß er sie doch noch immer liebe. Vera flippte nicht aus, wurde nicht depressiv und drohte auch nicht mit Selbstmord, sondern sagte nur: «So geht das nicht für mich.» Sie überlegte drei Tage. Dann teilte sie ihrem Mann mit, sie ginge für ein halbes Jahr mit den Kindern weg. In dieser Zeit solle er sich überlegen, was er wolle. Sie ging, arbeitete nachts als Serviererin , während sie tagsüber die Kinder betreute. Obwohl er sie zu einer verfrühten Rückkehr drängte, blieb sie ein halbes Jahr. Er solle es sich lieber gründlich überlegen, war ihre Antwort. Vera war keine Frau, die alles hinterfragte, psychologisierte und den Mann zum Pathologen erklärte. Sie wollte klare Verhältnisse, übernahm augenblicklich die Verantwortung für sich und entließ den Partner aus der Pflicht, für ihr Glück zuständig zu sein. Eines aber wußte sie genau: «Das steh' ich in dieser unmittelbaren Nähe nicht durch», und ging.

Lisa pendelte seit Jahren zwischen Es-nicht-wahrhaben-Wollen, Auflehnung und Wut («jetzt hab' ich die Nase voll und reiche die Scheidung ein»), Verunsicherung und tiefen Zweifeln, ob sie sich vielleicht doch täusche und sich alles einbilde («ach, es ist doch eigentlich alles in bester Ordnung»). Zwischendurch litt sie unter längeren Phasen depressiver Verstimmung. Nach dem Intermezzo von Franz und Vroni in Faux Pas bekam sie derart heftige Menstruationsblutungen, daß sie einen Arzt aufsuchen mußte. Da die Blutungen nicht mehr aufhörten, schlug er ihr vor, die Gebärmutter zu entfernen. Die Mitteilung schlug bei ihr ein wie ein Blitz. Sie wurde plötzlich hellwach und entschied: «Bevor ich mich einer solchen Operation unterziehe, will ich wissen, was mir mein blutender Körper zu erzählen hat.» Sie legte sich ins Bett und begann, sich mit ihrer eigenen Geschichte auseinanderzusetzen. «Meine ganze Seele ist von Verletzungen übersät. Ich habe sie nie zur Kenntnis genommen.» Sie weinte viel in diesen Tagen. «Manchmal kommen Erinnerungen hoch, und ich meine, ich muß mich übergeben.» Irgendwann hörten die Blutungen auf. Nun hatte sie endlich den Mut, sich mit ihrem Partner auseinanderzusetzen. Sie machten eine Ehetherapie, anschließend besuchten sie über längere Zeit allwöchentlich eine Gruppe für Paargespräche. Ein Paar, das viel Zeit und Energie in die Beziehung investiert hat. Die Mühe hat sich gelohnt, sie haben beide viel gelernt, vor allem aber, daß Beziehungen sorgfältig gepflegt werden müssen.

Adele hing wie eine Ertrinkende an Otto und nahm dankbar seinen Vorschlag an, drei Tage in der Woche mit ihm zu leben. Die restlichen vier wollte er mit Cäcilia verbringen. Sie hatte inzwischen eine Unmenge über die Psychologie des Mannes gelesen und schwankte zwischen den verschiedensten Erklärungsmodellen hin und her. Entweder behauptete sie, er habe eine gestörte Mutterbeziehung, und grollte der Schwiegermutter, weil diese ihr das alles eingebrockt habe, oder sie bagatellisierte sein Verhalten, indem sie sich einredete: «Er braucht das einfach.» Nach vier Monaten blieb Otto nur noch zwei Tage in der Woche bei Adele. Nach einem Jahr kam er jeweils nur noch donnerstags zum Abendessen – ohne Übernachtung. Adele lechzte nach diesen Abenden, ging vorher zum Friseur, bereitete Otto ein wunderschönes Nachtessen zu und richtete ihm die Wäsche, die sie nach wie vor für ihn besorgte. Bei jedem Treffen erklärte er ihr, wie sehr er sie noch immer liebe und was sie doch für eine großartige Frau sei, daß sie ihm so viel Verständnis entgegenbringe. Irgendwann reichte Otto die Scheidung ein. Adele fiel aus allen Wolken.

Die Skala an Möglichkeiten, mit Eifersucht umzugehen, ist breit gefächert. Dennoch lassen sich einige Grundmuster aufzeigen, wie Frauen versuchen, damit irgendwie fertig zu werden.

Vera, durch den Tatbestand zwar erschüttert, schätzte sich selbst realistisch ein: «Das steh' ich nicht durch. Ich kann nicht zusehen, wie er zu einer anderen geht.» Sie wußte, was sie sich zumuten konnte und was nicht. Sie richtete ihre ganze Aufmerksamkeit auf sich und gab sofort sämtliche Wünsche und Phantasien auf. Sie löste sich von ihrem «Besitz» und ließ ihrem Mann die Entscheidungsfreiheit. Sie sprang in die Selbstverantwortung hinein, stellte sich ihrem Gefühl, heimatlos zu sein. Sie setzte sich mit ihren Ängsten auseinander, mit ihrer Wut und ihrem Schmerz. Auffallend war in dieser Zeit, daß sie kaum über ihren Mann sprach – weder negativ noch positiv. Sie analysierte nicht nächtelang sein Verhalten, stocherte nicht in seiner Geschichte herum, um etwas daraus abzuleiten, noch nahm sie seine Beziehung zu seiner Mutter unter die Lupe. Sie machte keinen psychiatrischen Fall aus ihm, den es zu therapieren galt, noch verteufelte sie ihn zu einem Wüstling, der ihr Übles angetan hat. Sie ließ ihn einfach den eigenen Weg finden. Ob er sich damit auseinandersetzen wollte oder nicht, das war seine Angelegenheit. Sie wollte mit ihrem Leben klarkommen, koppelte sich ab und widmete sich ihrem eigenen Hausputz. Dabei entdeckte sie, wie sie einen seit Jahren schleichenden Groll gegen ihren Mann entwickelt hatte. Sie fühlte sich seit der Geburt ihres ersten Kindes ziemlich von ihm im Stich gelassen. Während er oft geschäftlich auf Auslandsreisen ging, mußte sie zu Hause bleiben. Bislang hatte sie diesen Gefühlen wenig Beachtung geschenkt und sich für überempfindlich gehalten.

Lisa hingegen richtete über Jahre ihren Beobachtungsscheinwerfer auf ihren Mann, machte sich ganz von seinem Verhalten ihr gegenüber abhängig. Sie fragte ihn täglich: «Liebst Du mich noch?» Ihr Wohlbefinden wurde ausschließlich durch seine Zuwendung bestimmt. Wandte er sich vorübergehend einer anderen zu, versuchte sie es entweder zu verdrängen oder, wenn eine Verdrängung nicht mehr möglich war, plumpste sie in ein Loch. Ohne seine Liebe war sie niemand; sich ungeliebt fühlen war schlimmer als gestorben sein; ein Gefühl von häßlich sein, überflüssig sein, eine Versagerin sein, dumm sein. Lisa verlor dabei auch ihre Heiterkeit und Strahlkraft sowie ihre Fähigkeiten und Begabungen; sie landete in einem miesen Selbstwertgefühl. Frauen, die in diesen Teufelskreis geraten, fühlen sich nichts wert. Das wirkt sich auf ihren ganzen Lebensbereich aus. Gedanken an Trennung oder Scheidung werden erst gar nicht zugelassen. Denn diese Frauen trauen sich nicht zu, selbständig in der Welt zu überleben, geschweige denn noch irgendeiner Betätigung nachzugehen, bei der sie ihre Talente entfalten könnten. Lisa fand schließlich doch noch zu sich selbst, weil ihr Leidensdruck so groß war. Das ist das beste, was uns geschehen kann. Solange wir noch an der Anamnese unseres Partners herumstudieren, bleiben wir im Leiden fixiert. Psychologisch geschulte und interessierte Frauen haben es da besonders schwer, sich von psychologischen Theorien abzukoppeln und den Fokus auf sich selbst zu richten. Wir müssen wohl sehr erschüttert werden, bis wir die Lampe ausknipsen, mit der wir die Seele des Partners ausleuchten, um endlich den Lichtstrahl auf uns selbst zu richten.

Adele gelang es trotz ihres beachtlichen Leidens zunächst nicht, auf sich selbst zu stoßen. Sie lebte von Otto, durch Otto und für Otto. Auch wenn er nicht vorhanden war, war er in ihr. Sie liebe ihn über alles und wolle sich darum bemühen, das, was er liebe, ebenfalls zu lieben. Ihre Liebe sei so groß, daß sie nur sein Glück wolle. Das hört sich zwar sehr gut an, und ich möchte überhaupt nicht daran zweifeln, daß es Menschen gibt, die dazu in der Lage sind. Aber die sehen anders aus! Sie hängen nicht wie geknickte Gartenschläuche herum, aus denen man keinen Tropfen Wasser mehr herausquetschen kann. Vor allem sind sie nicht ununterbrochen auf den anderen fixiert. Noch kleben sie am anderen wie an einem elektrischen Draht, von dem sie nicht mehr loskommen. Nein, solche Menschen sind in sich zentriert wie die Sonne und strahlen unbekümmert aus ihrer Mitte. Adeles Sturz war tief. Ihr ein und alles, ihr Gott hatte sie einfach fallen lassen. Sie brauchte etwa ein Jahr, um sich einigermaßen von dem Schock zu erholen. Während der Scheidung war sie noch erheblich angeschlagen und wagte nicht, zu sich zu stehen, um entsprechende Forderungen geltend zu machen. Ihre Anwältin vertrat ihre Rechte mehr schlecht als recht. Zwei kleine und ängstliche Mädchen, die vor dem patriarchalen Justizapparat mit zitternden Knien standen und insgeheim hofften, bei Wohlverhalten vom mächtigen Vater etwas hinterm Ohr gekrault zu werden. Adeles finanzielle Situation war desolat, so daß sie eine miserabel bezahlte Arbeit mit gleitender Arbeitszeit annehmen mußte, um sich besser in der Kinderbetreuung zu organisieren. Wen wundert's, daß sie sich nach einer starken Schulter umschaute, die ihr die Lebensbürde abnehmen konnte. Sie fand ihn in der Gestalt eines arbeitsscheuen Angebers – hoch verschuldet, aber verbal vielversprechend. Und bevor sie sich umsah, saß er bequem als viertes Kind in ihrem Wagen, den sie nun beinahe nicht mehr von der Stelle brachte. Irgendwann krachte sie unter der Bürde zusammen. Der hilfreiche Mann verschwand abermals mit einer anderen. Adeles Sturz war zwar heftig und schmerzreich, aber nicht mehr ganz so tief wie beim ersten Mal. Langsam kam sie zur Besinnung. Statt weiterhin Ausschau nach einem geeigneten Mann zu halten, der mit den ersehnten Vorzügen und vor allem mit der Fähigkeit ausgerüstet war, ihren Lebenswagen durch die Gegend zu ziehen, besann sie sich auf sich selbst. Sie besann sich auf sich zurück, kehrte zu sich heim, räumte auf und entdeckte dabei, daß da einiges an ungelebten Kräften in ihr schlummerte. Sie fand ihre alten Zeugnisse und ihr Diplom als Lehrerin, das sie im langjährigen ehelichen Entwertungsmechanismus fast vergessen hatte. Nach und nach begannen sich die Konturen von jener begabten und selbstbewußten, selbständigen Frau abzuzeichnen, die in ihr lange geschlummert hatte. Und irgendwann meinte sie: «Das, was ich für Otto empfand, hat mit Liebe nichts zu tun! Ich habe mich selbst aufgegeben, habe mich an seinen Organismus angeschlossen, mich als Teil von ihm erlebt. Ich brauchte ihn als Wirt, weil ich selbst nicht in der Lage war, mich zu bewirten.»

Sobald ein Dritter in einer Beziehung auftaucht, wird es schwierig. Auf dem Boden der Vorzugsliebe, wo sich eine Hälfte mit der bevorzugten anderen Hälfte ergänzt, wird einer das Feld räumen müssen. Die Versuche, aus drei Hälften ein Ganzes zu bilden, scheitern deshalb immer. Es sei denn, drei *ganze* Menschen fühlen sich liebend verbunden – dann können es auch vier oder fünf oder mehr sein, denn diese Liebe ist nicht mehr in der erotischen Anziehung der Vorzugsliebe angesiedelt.

Ralph, der neben Katharina noch eine Freundin hatte, sah dies als Beweis seiner großen Liebesfähigkeit an. Er wollte auch, daß diese Freundin mit ihnen zusammenlebte. Katharina pendelte zwischen Großzügigkeit und intensiven Eifersucht- und Haßgefühlen hin und her, wofür sie sich dann zutiefst schämte. Jedesmal, wenn Ralph sich mit der anderen Frau zwecks geschlechtlicher Vereinigung in sein Zimmer einschloß, schenkte er Katharina einen großen Blumenstrauß mit einem Liebesbrief. Den las sie dann so lange, bis die Tür wieder aufgeschlossen wurde. Sie wurde immer depressiver, nahm Medikamente und Alkohol. Sie mußte ihren geliebten Beruf als Ärztin aufgeben. Sie machte eine schwere Krise durch bis zu einem Suizidversuch. Ihre Verzweiflung führte sie in dunkle Tiefen hinunter, wo sie sich irgendwann wieder fand. Es folgte eine intensive Auseinandersetzung mit ihrer Lebensgeschichte, vor allem was ihre Beziehung zum Vater betraf.

Wohl die meisten Partnerschaften stoßen irgendwann einmal auf die Schwierigkeit, daß sich einer der beiden zu einem anderen hingezogen fühlt. Dies ist ein signalartiger Hinweis, daß bestimmte Bedürfnisse nicht abgedeckt werden und zu kurz kommen. Wenn nun derjenige, der eine Außenbeziehung anstrebt, dies dem Partner offen mitteilt, kann sich daraus eine wichtige Auseinandersetzung ergeben. Meist geschieht nichts derartiges, weil die Seitensprünge in aller Heimlichkeit vollzogen werden.

Außenbeziehungen könnten eine Chance sein, wie ein Vitaminstoß, der das Paar aus dem symbiotischen Winterschlaf aufweckt. Dies funktioniert aber nur dann, wenn beide bereit sind, endlich über all das zu sprechen, was bislang verdrängt wurde. Scheidung ist für diesen Konflikt nicht die Lösung, hingegen ist eine innere Trennung unvermeidbar. Damit wir uns gegenseitig wieder als eigenständige Personen respektieren; jeder ist sein eigenes Universum.

Wer kennt sie nicht, diese aufgeplusterten Hähne, die ihre Schwanzfedern als Krönung ihrer menschlichen Existenz gen Himmel aufrichten? Die mangelnde Fähigkeit zu gefühlsmäßigem Erleben und Fühlen wird auf der mechanistischen Werkzeugebene kompensiert. Liebestechniken müssen den Mangel an Gefühl ersetzen. Die Selbstdarstellung als einer, der alles kann und allen anderen überlegen ist, der soundso viele Frauen «glücklich» machen kann, ist aber bestenfalls mit dem Krähen des Hahnes auf dem Misthaufen vergleichbar. Mehr nicht!

Doch schauen wir in die eigenen Reihen. Wer kennt sie nicht, die grauen Mäuschen, unscheinbar, mit wenig sichtbaren Attributen von besonderen Vorzügen, die mit jedem Wort ihren wunderbaren Geliebten aufblähen, ihn zur omnipotenten Figur aufblasen, die ihnen die Welt vor die Füße legt. Was ist das denn anderes, wenn wir uns gegenseitig erzählen, wieviel der Ring gekostet hat, den ER uns geschenkt hat, wie teuer der Urlaub war, den ER für uns bezahlt hat. Da wir selbst nichts wert sind, koppeln wir uns an ein männliches Prachtstück an, pumpen es auf, und weil wir ja Teil von ihm sind, werden wir auch etwas größer und wunderbarer. Und vielleicht macht er mit unserer Hilfe Karriere, und wir können dann unseren Freundinnen erzählen, was «mein Mann» alles kann, alles ist, alles wird. Wir geben zwar nicht direkt mit unseren erotischen und sexuellen Techniken an, sondern verkleiden sie mit der nötigen Romantik.

Als Kathi ihren Max kennenlernte, erzählte sie ihren Kolleginnen nichts über seine menschlichen Qualitäten, sondern berichtete mit großem Eifer, was er ihr alles geschenkt hatte und wie teuer die Geschenke waren.

Der Satz «Die Liebe prahlt nicht, sie bläst sich nicht auf» fordert uns auf, uns so zu erkennen, wie wir sind. Ohne irgendwelche Beschönigungen. Wozu soll ich mir eine Fassade zulegen, die mit mir eigentlich nichts zu tun hat? Wozu soll ich mich mit fremden Federn schmücken? Wozu soll ich diesen gigantischen Aufwand auf mich nehmen, etwas darstellen zu wollen, was ich gar nicht bin? Als junges Mädchen war ich fasziniert – und bin es immer noch – von Schillers Figur «Maria Stuart». Besonders ein Satz beflügelte meine Phantasie: «Das Ärgste weiß die Welt von mir, und ich kann sagen, ich bin besser als mein Ruf.» Jedesmal, wenn ich diesen Satz laut vor mich hin sprach, fühlte ich ein unbeschreibliches Glücksgefühl. Selbsttherapie mit Worten! Meine Seele blühte auf, Energien und Kräfte wurden frei. Denn es gab nichts mehr, was ins Dunkle, Verborgene abgeschoben werden mußte. Auch wenn es mir nicht gelang, alles ans Licht der Wahrhaftigkeit aufsteigen zu lassen, so hatte ich unendlich viele Stunden damit verbracht, es mir vorzustellen. Auf der Schaukel hinterm Haus, zwischen Hühnerstall und Apfelbaum hin und her durch die Luft zu gleiten. Gelegentlich in kühnem Schwung in die hohen Äste hineinzuspringen oder hinüber zur Turnstange zu fliegen und in diesen wohltuenden Gedanken zu brüten mit schier unbeschreiblichem Jubel im kleinen Kleid.

Sich aufblähen bedeutet, den Raum zwischen unserem Selbst und dem, was wir nach außen sein möchten, mit Luft auffüllen, um etwas vorzutäuschen. Wie gut, wenn wir plötzlich durch einen Wespenstich aufschrecken und entsetzt feststellen, wie die Luft wieder entweicht.

Die Liebe tut nichts Unschickliches

Sie ist also nicht nachlässig. In den meisten Partnerschaften und Ehen ist davon nicht mehr viel zu sehen. Wir gehen unsorgfältig miteinander um, gar grob und vor allem respektlos. Wir behandeln jedes Gerät liebevoller, gehen mit jedem Gegenstand aufmerksamer um als mit dem Partner. Mit welcher Vorsicht parken wir unser Auto, damit wir nicht an andere hinrempeln! Mit welcher Behutsamkeit wischen wir den Staub vom Fernsehgerät! Mit welcher Zartheit reinigen wir den Bildschirm unseres Computers!

Die Beschäftigung mit solchen Überlegungen erschüttert mich persönlich immer wieder. Mit welcher Selbstverständlichkeit verfüge ich über Felix! Er soll dieses tun, er soll jenes machen, er sollte sich so oder so verhalten. Wenn er jetzt noch dieses oder jenes täte, dann... usw. Und ich gehe mindestens so lässig und nachlässig mit mir selbst um! Setze mich einfach über meine Verletzlichkeiten hinweg und mute mir oft Dinge zu, die mich so kränken, daß ich es erst nach Jahren fühlen kann. Jedesmal, wenn ich mit allergrößter Aufmerksamkeit und präziser Millimeterarbeit mein Auto in die viel zu kleine Garage einparke, nehme ich mir dies zum Vorbild, mit Felix und auch mit mir selbst umzugehen. Partnerschaft ist nicht der Ort, wo ich mich einfach gehenlassen kann wie ein Hefeteig, der zum Schüsselrand hinaussteigt. Sich gehenlassen, schlampig werden mir selbst gegenüber und damit selbstverständlich auch vor dem Partner: «Wir sind ja unter uns.» Die Aufmerksamkeit für den anderen sinkt auf den Nullpunkt. Vielleicht ist es ganz gut, sich wieder einmal an den Beginn der Beziehung zu erinnern, mit welcher Sorgfalt wir uns für ein Treffen vorbereitet haben, mit welcher inneren Wachheit wir dem anderen begegnet sind.

Die Liebe sucht nicht das Ihre

Wahrscheinlich denken wir, daß dies wohl klar sei. Bei uns Frauen sowieso. Viele bemühen sich darum, sich ausschließlich um das Wohl des Partners zu kümmern. Sie denken weiß Gott nicht an das eigene. Und doch sollten sie diesen Impuls einmal unter die Lupe nehmen und ihn genau prüfen. Da viele Frauen sich als einen Teil von IHM erleben, bauen sie ihre Bedürfnisse klammheimlich bei IHM ein und versuchen dann, diese über IHN irgendwie zu befriedigen. Paula versuchte möglichst viel von ihrem Mann fernzuhalten, der als Arzt in einer ländlichen Gemeinde eine Praxis führte. Sie bediente abends und an freien Tagen das Telefon, überprüfte die Dringlichkeit der Anrufe und wies so viele wie möglich zurück. Sie stellte sich vor ihn und bewachte seine freie Zeit. «Schließlich braucht er auch mal Ruhe.» Als ihm noch ein politisches Amt angetragen wurde, das er liebend gerne angenommen hätte, riet sie ihm dringendst davon ab und argumentierte, daß seine jetzige Arbeit ihn bereits überbeanspruche. Urlaub buchte sie stets in einem fernen Winkel, wo er für niemanden zu erreichen war. Dort wollte sie ihn endlich mal nur für sich alleine haben. Sie hatten dann öfters Streit, weil er stets irgend etwas unternehmen wollte. Er hatte ganz andere Bedürfnisse als sie. Für ihn bedeutete Ausspannen nicht Alleinsein mit seiner Frau. Er wollte unter Menschen, sich über irgend etwas unterhalten. Das war für ihn Entspannung. Hinter der Fürsorge um den Partner verstecken Frauen oft ihre ureigensten Bedürfnisse. Deshalb suchen sie in solchen Aktionen ausschließlich das Ihre. Damit meine ich natürlich nicht, daß es uns nicht zusteht, etwas für uns zu wollen. Aber wir müssen lernen, zu unseren Wünschen und Bedürfnissen direkt zu stehen und sie als solche auszusprechen. Damit grenze ich meine eigenen Bedürfnisse ganz klar von denjenigen meines Partners ab. Ich gestehe ihm eigene Vorstellungen zu, eine eigene Welt, eigene Gedanken, Phantasien usw. Und lasse ihm dabei seine Entscheidungsfreiheit.

Uns fällt es oft viel leichter, uns für andere stark zu machen, uns für andere einzusetzen. Wenn es jedoch um unsere eigenen Belange geht, wagen wir nicht, dazu zu stehen. Wir verhalten uns so, als ob es uns nicht zusteht, etwas für uns zu beanspruchen, sondern wir verhüllen mit dem Mantel der «Liebe» unsere Erwartungen und Forderungen. Ich muß zunächst meine eigenen Wünsche kennenlernen und sie aussprechen. Ich halte dies für eine der bedeutendsten Aufgaben, sich aufzurichten, um aus diesem Aufgerichtetsein sich und die eigenen Anliegen würdevoll zu vertreten.

Die Liebe läßt sich nicht erbittern

Wieviel Bitternis wird aus den einst süßen Trauben der Verliebtheit in langen, zähen Ehejahren herausgekeltert! Die ganzen Lebenssäfte werden bitter. Die Galle, das Organ des Kummers und der Kränkung, läuft uns über und fließt wie das Öl eines gestrandeten Tankers aus, verunreinigt unser Wasser, verdreckt unseren Seelenstrand. In all unseren Gedanken klebt Bitterkeit, nichts schwebt mehr vogelleicht und freudig in uns.

Bitternis ist wie eine Sackgasse, in die ich mich habe treiben lassen oder – selbst getrieben habe. Bitter werden wir dort, wo uns ein innig erwarteter Wunsch versagt blieb und wir weiterhin in einer fordernden Haltung verharren. «ER muß mich doch lieben» – «ER darf mich doch nicht betrügen!» – «Ich hab' ein Recht, geliebt zu werden!» – «ER muß mich glücklich machen!» – «ER darf mich nicht verlassen!» Woher nehme ich die Gewißheit, daß ER das alles muß? Ist ER auf dieser Welt, um mir diese Wünsche zu erfüllen? Ist das seine Lebensaufgabe? Sind das nicht jene Kinderwünsche, die ich nicht an meinen Vater stellen konnte und die ich nun nachträglich durch den Partner erfüllt haben will? Das Verharren in diesen Erwartungen, die nie erfüllt werden, macht uns bitter. Der mißlungene Versuch, die Verantwortung für unser eigenes Glück irgendwo anzuhängen, erbittert uns. Viele Frauen verharren jahrelang in dieser Forderung und sitzen wie widerspenstige, aufsässige Kinder da. Je länger sie so sitzen und fordernd harren, desto herber werden ihre Gesichtszüge. Die Vorwurfshaltung an die Außenwelt macht deutlich, daß sie Hilfe erwarten. Und das ist der große Trugschluß. Wir können warten, bis wir hundert Jahre alt sind! Niemals wird ein Prinz durch den Wald geritten kommen, uns sanft die bitteren Tränen trocknen und uns des Lebens Unbill versüßen. Es gibt nur einen einzigen Ausweg aus der Bitternis: Umdenken! Nicht mehr in der Erwartung leben, jemand übernehme die Verantwortung für meine Lebensbürde und sei für mich zuständig. Sondern ich muß mich auf mich besinnen. Damit ist die Forderung verknüpft, meine Würde als Mensch zu entfalten und in aufrechter Verantwortung die Zügel für mein Leben selbst in die Hände zu nehmen. Erst dann verwandelt sich die bittere Pille zu einer aufgehenden Sonne in mir. Und ich spüre den milden Versöhnungswind durch meine Seele wehen, der mich dankend macht für das wunderbare Geschenk, mich wieder zu fühlen, und vielleicht muß ich dann einfach auf die Knie sinken und sagen:

«Wenn ich um etwas bitte, dann um das:
Gib mir Glauben an mich selbst
und Liebe zu mir selbst.»

Das «Böse» ist der Zwilling des «Guten». Wo Gutes ist, ist auch Böses. Ohne Finsternis gibt es kein Licht. Es gibt nicht das eine ohne das andere. Wir leben in einer Welt, in der alles polar vorhanden ist. Wir können also keine Trennung vornehmen und die Welt in zwei voneinander unabhängige Teile halbieren, in einen guten und einen schlechten. Und dort, wo dies praktiziert wird wie z. B. in der traditionellen Kirche, ist das Fiasko unübersehbar. Wir können die Welt nicht entzweiteilen, Bereiche aussondern und ausgrenzen, denn es handelt sich immer um eine Ergänzung.

«Gut» und «Böse» gehören also zusammen wie Tag und Nacht, wie oben und unten. Im Zustand des Verliebtseins richten wir unser Augenmerk auf die eine Seite, addieren und multiplizieren die lieben und angenehmen Eigenschaften des Partners und blenden die Kehrseite völlig aus. Davon wollen wir nichts wissen. Falls wir daran nicht so ohne weiteres vorbeikommen, sind wir sofort bereit, mit dem Glanz der geliebten Seite die andere zu überstrahlen. Im Laufe der Zeit ändern wir unsere Buchführung. Wir zählen nur noch die unliebsamen Dinge auf, rechnen sie zusammen und zimmern uns daraus ein entsprechendes Bild. Unserer Freundin erzählen wir nur noch, welche Ungeheuerlichkeiten ER sich nun wieder geleistet hat.

«Jede Art von kritischem Vermögen, das wir einsetzen in dem Vorgang der Liebe, ist störend und hindernd und verhindert vor allen Dingen, daß wir unsere Ganzheit bewahren in der Liebe. Ehen gehen daran zugrunde, daß der Partner mit dem einen Auge wohl immer noch den auch schon gewohnten Geliebten sieht, mit dem anderen zynischen alle seine Fehler registriert: wie schlecht er ist, wie schlampig er ist, wie unfreundlich er ist, wie nachlässig er ist, und so weiter. Nicht die Fehler des Menschen, den ich liebe, sind schuld, daß die Beziehung zerstört wird, sondern das, daß ich ein geteiltes Auge habe, ein gespaltenes Auge.» (Herman Weidelener, Vom Reich und von der Herrlichkeit der Liebe)

Das Böse nicht anrechnen heißt also nichts weiter, als daß

wir immer beide Seiten im Bewußtsein tragen sollen. In der Partnerschaft zeigt sich eine Gesetzmäßigkeit: Jeder hat Schatten- und Lichtseiten – und wo viel Licht ist, ist auch viel Schatten. Und das gilt natürlich auch im Umgang mit uns selbst. Wir ziehen in der Regel immer die negative Brille an, um uns zu beurteilen. Aber das ist nie die ganze Wahrheit, sondern immer nur die halbe – und die halbe Wahrheit ist so gut wie gar keine.

Die Liebe freut sich nicht über die Ungerechtigkeit, sondern sucht nach der Wahrheit

Hier folgt die konsequente Weiterführung. Die Wahrheit finden wir nur, indem wir immer beide Seiten in Betracht ziehen. Die Liebe freut sich nicht über die Ungerechtigkeit. Für viele ist es jedoch eine große Befriedigung, wenn sie nach einem Streit mit dem Partner bei einer Drittperson so richtig über ihn herziehen können und alles Negative über ihn ausbreiten; damit tun sie dem Partner immer unrecht. Wahrscheinlich kennen sie aber auch den unguten Beigeschmack, wenn sie nach einem solchen Gespräch nach Hause fahren und irgendwie das Gefühl haben, von der Wahrheit abgekommen zu sein und dem Partner unrecht getan zu haben. Dies verstärkt sich noch, wenn uns der Partner arglos oder gar liebevoll empfängt und nichts von jenen Eigenschaften zeigt, die den ganzen Abend in den schwärzesten Formen angeprangert worden sind. Besonders ungünstig wirkt sich das alles noch aus, wenn wir diese Gespräche mit einer Person geführt haben, die ihm ohnehin nicht wohlgesonnen ist und eigentlich nur auf den Moment gewartet hat, bis wir diese Abneigung bestätigen. Wir geraten dann unweigerlich in einen Konflikt, wenn wir unseren Partner wieder in einem besseren Licht sehen, denn wir haben unserer Freundin überzeugt versprochen: «Von dem will ich nichts mehr wissen.»

Ich bin selbst in verschiedene Fallen dieser Art hineingeraten und habe dabei folgendes gelernt: Es gibt nur eine einzige Möglichkeit, wie ich der Wahrheit wirklich begegne und meinem Partner gegenüber gerecht werden kann; im Gespräch mit ihm. Er ist mit seiner Person anwesend, und daher ist es viel schwieriger, die eine Seite auszublenden und einfach zu vergessen. Habe ich aber das Bedürfnis, mit einer außenstehenden Person partnerschaftliche Schwierigkeiten zu besprechen, so muß diese über ganz besondere Qualitäten verfügen. Sie muß nämlich in dem Gespräch stets beide Seiten im Bewußtsein tragen. Das heißt nicht, daß sie mir meine unguten Gefühle ausredet. Im Gegenteil! Ich soll sie aus mir heraussprechen können. Das aber kann ich nur vollumfänglich und klärend tun, wenn mir der andere die Gewißheit gibt, daß er meinem Partner grundsätzlich wohlgesonnen ist. Ich habe wenig Freunde, bei denen ich mit absoluter Gewißheit weiß, daß durch meine Schimpftiraden nichts an Zuneigung für Felix verlorengeht.

Sich um die eigene Wahrheit kümmern, ist ebenso wichtig. Die eigene Wahrheit zu erforschen, ist nicht immer angenehm. Wir haben nicht nur von anderen, sondern auch von uns selbst ein Bild, wie wir sein sollten. Dadurch wird es besonders schwierig, all jene Eigenschaften als etwas eigenes anzunehmen, die nicht in dieses Bild hineinpassen. So verwenden wir oft einen erheblichen Anteil unserer Energie dazu, das uns Unliebsame nicht wahrzunehmen. Aber es hilft nichts, es nicht haben zu wollen, es abzuschieben, auszusondern, auszugrenzen. Es kommt irgendwie durch eine Hintertüre wieder herein und beeinflußt unser Leben erheblich. Wir sollten in jene Ecken hinschauen, wo wir das Licht längst ausgelöscht haben, denn nur so erkennen wir, wie wir wirklich sind. Es ist unser tragendes Fundament, auf welches wir unser Haus bauen. Es lohnt sich, sich genau zu informieren, mit wem ich es zu tun habe, wenn ich mich auf mich selbst einlassen will.

Die Liebe trägt alles

Die Kraft der Liebe ist wohl die größte Kraft und wird auch unter der größten Last nicht zusammenbrechen. Wenn ich tatsächlich in der Liebe zu stehen vermag, wird mich nichts erschüttern können. Wenn ich in mir meine Liebesfähigkeit entfaltet habe, werde ich weiterhin meine Liebe behalten, auch wenn sie mein Partner mir gegenüber schon längst verloren hat. Aber ich denke, das sind höchste Anforderungen! Es gibt genügend Beispiele dafür, wie die Liebe gerade durch schwerste Bedingungen an unerschütterlicher Kraft gewinnt. Dies ist jedoch nicht mit der beharrlichen Weigerung zu verwechseln, für sich selbst die Verantwortung zu übernehmen, sich an den Partner zu klammern wie eine Ertrinkende und das alles auch noch als «die Liebe» zu deklarieren.

Adele stand nicht in dieser Liebe. Sie selbst war ausgebrannt vom langen Warten und Hoffen, Hadern und Fordern. Sie wünschte sich nichts sehnlicher, als daß ihr Otto wieder zu ihr zurückkehre. Sie nahm selbst mit seiner tropfenweisen Anwesenheit vorlieb, versuchte sich von diesen Brotkrumen zu nähren, die vom Tisch für sie herunterfielen. Sie wurde zur Bettlerin, die mit allem zufrieden war, was ihr noch hingeworfen wurde. Wo aber war da ihre Liebe, die zu strahlen imstande sein sollte? Die zum Blühen in der Lage war? Wo war die Liebe zu sich selbst geblieben, welche die eigene Würde nicht einfach preisgibt?

Es ist zweifellos ein weiter Weg zu jener Liebe, die alles zu tragen vermag, die sich über mir und dem anderen ausspannt wie das weite Dach eines Tempels, das von starken Säulen getragen wird.

Die Liebe glaubt alles

Wenn ich beginne, hinter dem Partner herzuschnüffeln, detektivisch allfällige Spuren sichere, dann kann ich ganz sichergehen, daß das mit Liebe nichts zu tun hat. Dann möchte ich den Partner lediglich für mich alleine besitzen, über ihn verfügen und ihn in meine Welt einordnen. Alles, was er ohne mich, ohne meine Zustimmung und ohne mein Wissen unternimmt, ist deshalb feindlich.

Die Liebe glaubt an das eigentlich Menschliche im Partner, das jeder in sich trägt. Sie glaubt an das Licht, an die Buddhanatur, an das Göttliche, das jedem menschlichen Lebewesen innewohnt. Diese Forderung steigt weit über das Geschlechtliche hinaus und bleibt nicht in der Verstrickung Mann–Frau hängen. Denn das Innerste ist nicht auf eine geschlechtliche Halbheit reduziert, sondern richtet sich stets auf das Ganzsein des Menschen. «Ich glaube an Dich», ist wohl die größte Liebeserklärung überhaupt. «Ich glaube an Dich, daß Du den Weg zu Dir in Deine innerste Quelle finden wirst. Denn Du besitzt als menschliches Wesen alle Fähigkeiten, um zum Innersten vorzudringen, wo Du als Krönung Deines Seins sagen kannst: Ich bin.» Die Liebe glaubt also an die dem Menschen innewohnenden Möglichkeiten. Sie macht das Ausmaß ihres Glaubens nicht von der Realisierbarkeit abhängig. Damit sind der Phantasie Tür und Tor geöffnet. Auf den Flügeln der Phantasie schwingen wir uns hinauf zu jenen Gipfeln menschlicher Entfaltungsformen, die in uns ungeahnte schöpferische Kräfte freisetzen. Wie und in welcher Form diese sich umsetzen werden, ob es überhaupt zur Umsetzung kommt, ist völlig unbedeutend. Dem Partner etwas ausreden zu wollen, ihn auf den Boden der Realität bringen zu wollen, ihn auf seine Grenzen hinzuweisen, kann den Möglichkeiten, die jede/r in sich trägt, niemals gerecht werden. Deshalb tun wir dem anderen in einer Realitätsaktion immer unrecht. Denn durch den Zweifel schwächen wir seine Kraft zur Umsetzung. «Ja, soll ich denn allem einfach zustimmen, was mein Partner vor sich hin phantasiert?» fragte mich empört eine Frau. Ich bin davon überzeugt, daß niemand in der Lage ist, die ungelebten Fähigkeiten und Begabungen des Partners richtig einzuschätzen und zu beurteilen. Was wissen wir denn von den schlummernden Kräften und Fähigkeiten in ihm, wo wir diese meist bei uns selbst nicht kennen?

In diesem Bereich habe ich viel von Felix gelernt. Es gibt wohl nichts, was er mir nicht zutraut. Und dieser unerschütterliche Glaube an mich ist ein Kapital. Als ich mein erstes Buch «Feuerzeichenfrau» zu schreiben begann und ihm verkündete, daß ich ein Buch schreibe, war sein Kommentar: «Ja, das kannst Du. Mach das!» Niemand also, der mich gebremst hat, mich zur Landung in die Schlingpflanzen meiner eigenen

Selbstzweifel niederzwang. Damals war nicht klar, ob es mir gelingen würde. Ich habe ihm schon oft erzählt, was ich alles tun werde, und habe es dann doch nicht ausgeführt. Ich habe ihm erzählt, ich würde mit einer Freundin zusammen ein Motorrad kaufen, um im Sommer, wenn alle in ihren Blechkabinen schwitzen, mit offenem Haar durch die Straßen zu fegen. Hab' ihm erzählt, ich würde, um endlich meinen chronischen Bewegungsmangel auszugleichen, Rollschuhe kaufen und mit ihm abendliche Runden in unserem Quartier drehen. Hab' ihm erzählt, daß ich mit Sicherheit irgendwann einmal von irgend jemandem ein schönes altes Schloß in Frankreich geschenkt bekommen würde, daß wir beide dann dort wohnen würden und ich viele Bücher schreiben könnte. Auch wenn sich nichts davon realisieren läßt, glaubt er weiterhin unerschütterlich an meine Prophezeiungen. Dies beflügelt und inspiriert mich wiederum so sehr, daß ich daraus unbeschreiblich viel Energie und Freude am Leben beziehe.

Mir hingegen gelingt es nicht immer, unkritisch seinen Höhenflügen zu folgen. Gelegentlich hole ich ihn mit meinen Kommentaren in seine eigenen Zweifel herunter und nehme ihm dadurch den Schwung, den er für die Realisierung benötigt. Ein Akt der Lieblosigkeit fürwahr. Da kann ich noch einiges von ihm lernen.

Wenn ich mich selbst liebe, dann gelingt es mir auch, unerschütterlich an mich zu glauben. Das ist die Kraft, die mich hinaufträgt in die unerschöpfliche Vielfalt meiner Möglichkeiten. Es ist die Gewißheit, daß ich eingebunden bin in das Naturgesetz der Schöpfungskraft; alles wächst und blüht – auch der Mensch. Ich glaube daran, daß es mir gelingen wird, meine seelische Landschaft im Laufe meines Lebens kennenzulernen. Daß ich jene Teile, die durch irgendwelche Ereignisse verunstaltet oder verwüstet wurden, allmählich von den umherliegenden Trümmern säubern kann. Daß ich gleichermaßen meine Seelenkräfte, die gelegentlich wie wilde Pferde überall herumgaloppieren, zu zähmen vermag. Daß ich sie gezielt vor meine Lebenskutsche spanne, um sie auf eine einzige finale Richtung zu lenken. Und ich glaube daran, daß wir als menschliche Wesen in der Lage sind, unseren Geist derart zu erhellen und zu klären, daß er sich uns irgendwann als unauslöschliches Licht offenbart und daß wir – wenn es an der Zeit ist – den Leib ablegen und hinüberwandern, begleitet von den Worten: «Ich bin das Licht der Welt.»

Die Liebe hofft alles

Hoffen heißt, den Weg zur Entfaltung, Entwicklung und Reifung immer offenhalten. Stets diejenige Brille auf der Nase tragen, die uns die Perspektiven für Werdendes zeigt. Hoffen heißt, aufrecht stehen bleiben, den Blick zum Himmel gerichtet, mit innerer zielgerichteter Gespanntheit. Es ist das Gegenteil von träger Lässigkeit, von innerlich Durchhängen, von der «Null-Bock»-Stimmung, der «Es-scheißt-mich-doch-alles-an»-Befindlichkeit, der «Im-Grunde-ist-alles-sinnlos»-Philosophie! In diesem Acker wird sich jedes Korn weigern, etwas von seiner fruchtbringenden Natur zu offenbaren. Eher geht es kümmerlich zugrunde, um an einem anderen Ort aufzuerstehen, wo der Boden fruchtbar ist.

In der Partnerschaft die Hoffnung auf einen gemeinsamen Weg aufgeben heißt, die Zelte abbrechen. Wir können also nicht langsam unsere Utensilien einsammeln und zusammenpacken und gleichzeitig erwarten, daß es in diesen Verhältnissen noch sonderlich behaglich und wohnlich sein kann.

Die Liebe duldet alles

Dieser Satz hat viele zu fragwürdigen Verhaltensweisen geführt und dazu beigetragen, daß sie in unzumutbaren Verhältnissen ausharrten. Zweifellos ist damit nicht gemeint, sich als Liebende alles gefallen zu lassen und sich dabei in sträflicher Weise selbst zu vergessen. Adele hatte sich aufgegeben und bemerkte nicht mehr, daß ihre Würde abhanden gekommen war. Wenn die Liebe nicht gleichermaßen in beide Richtungen fließt, dann führt solches Verhalten auch zu nichts. Was bleibt da noch übrig, wenn wir unsere menschliche Herkunft völlig vergessen

haben und uns nur noch als Abfalleimer für irgendwelche giftigen Essenzen zur Verfügung stellen!

Es ist sicher kein Zufall, daß dieser Satz über die Liebe hier
erst an zwölfter Stelle folgt. Die Liebe duldet alles heißt z. B.
keineswegs, daß sie sich einfach alles gefallen läßt. Wenn wir
die Liebe als zu erbringende Leistung so verstanden haben, daß
wir uns aus gegenseitigen Ansprüchen entlassen, dann blüht sie
uns in ihrer ganzen Strahlkraft auf, und es wird unmöglich
sein, sich wieder in Sackgassen zwischenmenschlicher Entwür-
digungen zu verstricken. Es geht immer darum, die Würde des
anderen sowie die eigene zu gewährleisten. Nur dann kann die
Liebe wirklich alles dulden, erdulden, erst dann ist die Liebe
voll von umfassender Geduld und schwingt sich hinauf in jene
feinen Sphären, wo wir unser göttliches Licht, unsere Buddhanatur in uns erahnen.

Die Liebe vergeht niemals

«Der Mensch, der nicht liebt, hat in sich keinerlei Garantie der
Ewigkeit, so wenig wie eine Garantie der göttlichen Lebendig-
keit in sich, und er muß wissen, daß da irgend etwas nicht in
Ordnung ist.» (Herman Weidelener) Und hier wird es ganz
deutlich. Es geht nicht um die Liebe, die mir von meinem Partner zufließt. Diese mag zweifellos sehr wohltuend sein, aber in
bezug auf mein eigenes Sein ist sie völlig unbedeutend. Es geht
in allererster Linie um die Frage: Ist es mir gelungen, meine eigene Liebesfähigkeit zu erschließen? Meine eigene Quelle, die
ich als Mensch in mir trage, ausfindig zu machen und sie in Bewegung zu bringen, zum Fließen?

Denn nur so bin ich am Liebesgeschehnis stets beteiligt und
kann eigentlich nie mehr herausfallen. Ich bin nicht mehr abhängig von irgendwelchen äußeren Zuschüssen, die mich nähren sollen. Sondern ich bin BesitzerIn der Liebe, die mir nie
mehr von irgend jemandem genommen werden kann. Diese
Liebe vergeht niemals. Sie verweht nicht bei Sturm, nicht bei
Regen, nicht bei Unwetter. Sie verdunstet nicht bei totaler
Trockenheit und auch niemals während des oft langen Weges

durch die Wüste. Sie weht in mir, in meiner Seele als steter Hauch, als Atem, der mich in wunderbarer Weise umgibt. Sie beatmet und belebt mich mit dem liebenden unendlichen Weltatem: «Mit jedem Atemzug empfange ich mich neu aus Deiner Hand, o mein Gott. Das ist meine Wahrheit und meine Freude.»

Wenn uns die Worte aus dem 1. Korintherbrief auch völlig utopisch erscheinen mögen, so vermitteln sie dennoch einen großartigen Entwurf menschlicher Entwicklungsmöglichkeit. Es wird deutlich, daß die Liebe nicht irgend etwas ist, auf das wir grundsätzlich Anspruch haben, um es von jemandem geliefert zu bekommen. Sondern wir tragen in uns sämtliche Anlagen, die Liebe in uns zu entfalten. So wird die Liebe in der Partnerschaft zu einem wichtigen Lernprozeß, um irgendwann als Liebende die Liebesfähigkeit zu erlangen.

Lernfeld Partnerschaft

Die Liebe in der Partnerschaft ist also ein Entwicklungsweg. Ihre Gesetzmäßigkeiten sind wie Wegweiser, die uns von Lektion zu Lektion führen, um irgendwann auf der Bergesspitze zur vollen Entfaltung zu gelangen. Der menschliche Entwurf weist unübersehbar darauf hin, daß das Ziel unseres Daseins die Menschwerdung ist, damit wir uns zu Liebenden entwikkeln. Wenn dieser dem Menschen innewohnende Wachstumsprozeß gehindert wird, das heißt, wenn wir uns weigern, die nötigen Entwicklungsschritte zu machen, dann wird die Energie, die nach oben zur Bergesspitze drängt, mit großer Wucht nach unten ausschlagen. Wenn der natürliche Wachstumsprozeß, die Wanderschaft vom Fuße des Berges zu seiner Spitze, nicht geleistet wird, wenn der Weg zum Herzen versperrt ist, pervertiert die Liebeskraft und stürzt in die bewußtlose Dunkelheit des Körpers. Meine zehnjährige psychotherapeutische Arbeit im Männergefängnis zeigte mir die Not der Männer, die kein Ventil fanden, ihre Liebesenergie in einer verfeinerten Form zu einem anderen Menschen fließen zu lassen. Der Weg nach oben war verstopft, und sie kurvten als Sklaven ihrer Triebe auf der untersten Rille herum, tapezierten sich ihre Zellen mit übergroßen nackten Frauen.

Ich habe aber auch beobachten können, was mit diesen Männern geschah, als sie eine Brieffreundschaft aufbauen konnten. Ihre Kräfte begannen sich zu verlagern, und das Verlangen, lieben zu dürfen, wurde in andere, herznähere Regionen geleitet.

Wenn die Erosenergie sich nicht nach oben weiterentwickeln kann, wird sie gezwungenermaßen einen anderen Ausweg suchen.

Andere wiederum halten sich gewaltsam am Eros fest. Auch wenn ihr Körper deutliche Signale sendet, wie z. B. verminderte sexuelle Bereitschaft, und die Liebesenergie anders zum Ausdruck bringen will als in sexueller Aktivität, können sie es nicht lassen, sich künstlich mit allen erdenklichen Hilfsmitteln zu stimulieren. Die erzwungene Stagnation der eigenen Entwicklung ist eine systematische Entwertung und Erniedrigung der menschlichen Würde.

Die allmähliche Verfeinerung der Erosenergie folgt keinem linearen Prozeß, wie es etwa die Vorstellung suggeriert, daß man in jungen Jahren vorwiegend auf der Erosebene herumkreist, sich in mittleren Jahren in den Gestaden der Philia aufhält, um sich in den späten Jahren an die Erstürmung des Gipfels Agape zu wagen. Wir befinden uns lebenslang in einem ständigen Auf und Ab: Trägt uns ein Windhauch als umfassende Liebende für Momente hinauf zu höchsten Wipfeln, so tauchen wir unverhofft wieder hinunter in das wohlige Meer der Sinnesfreuden, um erneut Kräfte für den nächsten Aufmarsch zu sammeln.

In der Partnerschaft befinden wir uns meist auf unterschiedlichen Ebenen. Während der eine fröhlich am Fuße des Berges seine Runden dreht, befindet sich der andere gerade in höheren Regionen. Es gibt genügend Ereignisse im Leben, die uns aus der Eros-Bezogenheit weit über das Geschlechtliche hinausheben. Deshalb kann die Beantwortung des anderen nicht aus einer geschlechtlichen Position erfolgen, sondern ausschließlich durch umfassendes Mitfühlen. Fühlt sich einer der beiden Partner vom anderen in seinem Erleben nicht verstanden, sind dies tiefste Verletzungen der Würde als menschliches Wesen. Damit ist die Krise programmiert, die sich oft erst Jahre später zeigt.

Ich kann hier lediglich die Seite der Frau kompetent aufzeigen, weil ich sie aus eigener Erfahrung kenne und sie in der Arbeit mit Frauen vielfach bestätigt gefunden habe. So erleben z. B. Frauen durch eine Schwangerschaft eine Verfeinerung ihrer Liebesfähigkeit. Alles in ihnen drängt in die Regionen der Philia und der Agape – sie lösen sich vorübergehend aus der Erosregion heraus. Durch die Veränderung des weiblichen Körpers in der Schwangerschaft wird der Mann viel stärker auf das Seelische, Übergeschlechtliche verwiesen. Da er diesen Prozeß meist nicht versteht, fühlt er sich zurückgestoßen, hofft aber, daß die Frau nach der Geburt wieder gleichermaßen den sexuellen Freuden nachgehen wird wie zuvor. Oft ist dies nicht der Fall. Denn die Frau fühlte sich seelisch alleingelassen, was ihr den Zugang zur Sexualität blockiert. Dazu kommt noch, daß sich die Frau in der Beziehung zum Kind als umfassende Liebende außerhalb des Eros erlebt. Sie erahnt etwas von dem Glück, vollumfänglich ihre Liebesenergie strömen zu lassen. Dadurch entfernt sie sich innerlich vom Partner, der auf einer völlig anderen Position steht.

Da die meisten Paare nicht wissen, was mit ihnen geschieht, werden sie auch nicht damit umgehen können. Sie können die unterschiedlichen Ebenen nicht miteinander besprechen, sondern erleben eine allmähliche Entfremdung, und beide sind zutiefst enttäuscht, daß sie vom anderen nicht verstanden oder zurückgewiesen und alleingelassen worden sind. Der klassische weitere Verlauf sieht dann so aus, daß sich die Frau als Liebende zum Kind erlebt, von ihm emotional beantwortet wird und sich nach und nach vom Mann zurückzieht. Der Sexualakt wird für sie zur Pflichtübung, der sie mit Migräne oder sonstiger körperlicher Unpäßlichkeit zu entgehen versucht. Der Mann kompensiert sein sinnliches Unbeantwortetsein zunächst im Beruf und wird vielleicht erfolgreich. Irgendwann ist er so ausgebrannt und verhungert nach Liebe, daß er irgendwo einfach «Liebe machen» muß, und zwar mit einer anderen Frau.

Ebenso können erschütternde Ereignisse Frauen dazu veranlassen, sich körperlich vom Mann zu distanzieren, wie z. B. Schwangerschaftsabbruch, Fehlgeburt, Totgeburt, Krankheit oder sonstige schwere seelische Belastungen. Die meisten Frauen gehen durch diese Erlebnisse ohne den seelischen Beistand ihres Partners. Unter seelischem Beistand verstehe ich natürlich nicht ein bißchen Händchenhalten, ein bißchen tröstend übers Haar streicheln und bei der Gelegenheit am Busen herumfummeln, sondern ein menschliches Ohr, das all die Not, Bedrängnis und Trauer aufnimmt, ohne sie zu verharmlosen und zu bagatellisieren. Viele Frauen beklagen sich darüber, daß ihre Männer nicht in der Lage seien, zärtlich zu sein, ohne dabei sexuelle Ziele anzupeilen. Es ist immerhin beachtlich, wie viele Frauen in erster Linie Beistand bei einer Freundin suchen und nicht beim Partner oder Ehemann; «er versteht mich nicht», ist die Erklärung dafür. Wenn Männer uns nicht verstehen, dann kurbeln sie zur Zeit auf der Erosrille herum, sind auf Sexualität ausgerichtet und können in der Frau oft nicht einfach einen fühlenden, leidenden und verzweifelten Menschen sehen. Sie sind fixiert auf die Frau als Trägerin irgendwelcher erotischer Signale. Dies ist eine so tiefe Verletzung und Entwürdigung, daß sich daraus noch Jahre später größte Probleme ergeben können, die dann von niemandem verstanden werden.

In der heutigen Zeit werden die meisten Partnerschaften von unten aufgebaut, d. h. die Geschlechtsteile dienen als Kontaktorgane, die sexuellen Regionen werden zuerst kennengelernt. Das Seelische und Geistige erfolgt später. Der Zugang zum Partner geschieht über das Geschlecht. Die Räume des anderen werden als erstes durch die Kellertüre betreten. Danach folgt ein Suchen nach der Treppe, die aus den dunklen Erdräumen nach oben zu den sonnenhellen Gemächern hinaufführt. Früher war es eher umgekehrt: Paare lernten sich zunächst in den wohlgeordneten oberen Stockwerken kennen, und später wurde die Kelleretage miteinbezogen. Beide Varianten weisen darauf hin, daß es letztlich um das Erschließen eines Ganzen geht. Es ist entwürdigend, sich auf die unteren Räume zu begrenzen, während die oberen unbewohnt bleiben. Genauso ist es unbefriedigend, nur den Dachboden zu bewohnen und die geheimnisvollen und verborgenen Winkel und Nischen in einem Haus niemals kennenzulernen.

Weitere Konflikte können sich aus der eigenen Vergangenheit entwickeln. Wir bringen eine Geschichte mit in die Partnerschaft, die uns geprägt hat und unser Handeln bestimmt. Diese wird uns ohnehin in der Partnerwahl maßgebend beeinflussen, auch dann, wenn wir uns größte Mühe geben, das zu vermeiden, indem wir z. B. einen Partner suchen, der uns in keiner Weise an einen Elternteil erinnert; der Antityp läßt die alte Wunde zwar vorläufig ruhen, aber sie wird später genauso aufbrechen.

Adele und Lisa sind typische vaterlose Töchter. Bei beiden war der Vater zwar physisch anwesend, aber emotional nicht erreichbar. Adele hat noch zwei ältere Brüder und eine jüngere Schwester. Die Brüder waren die Träger von Intelligenz, sportlicher Ertüchtigung und sämtlicher Begabungen schlechthin. Der Vater war mächtig stolz auf seine Stammhalter, und Mutters Augen bekamen diesen geheimnisvollen Glanz, wenn sie ihre Söhne erblickte. Ihre jüngere Schwester holte sich die Aufmerksamkeit durch ihre zarte und zerbrechliche Konstitution. Sie war meist krank, verweigerte oft das Essen, so daß sie viel pflegerische Aufmerksamkeit für sich beanspruchte. Adele hingegen neigte zu Übergewicht wie die Mutter. Sie warb um die Gunst des Vaters, was ihr aber einfach nicht so recht gelingen wollte. In der Schule litt sie an erheblichen Konzentrationsstörungen, schaffte aber trotzdem mit Ach und Krach die Matura. Die Anerkennung des Vaters blieb aus. Sie versuchte dann durch die Wahl eines naturwissenschaftlichen Studiums die Aufmerksamkeit des Vaters auf sich zu lenken. Auch dies mißlang. Nach den ersten Wochen mußte sie das Studium abbrechen. Später besuchte sie das Lehrerseminar. Nach dessen Beendigung lernte sie Otto kennen. Sie verlor innerhalb von sechs Wochen acht Kilo Gewicht und fühlte sich so wohl wie noch nie in ihrem Leben. Endlich ein Mann, von dem sie beantwortet wurde, der sie liebte! Otto war ebenfalls überglücklich, die Frau seines Lebens gefunden zu haben. Er hatte zwar große

Mühe, über sich und seine Gefühle zu sprechen, aber Adele fand gerade diese stumme Übereinstimmung fabelhaft: «Er ist für mich wie ein unverrückbarer Fels in einer stürmischen Brandung! Wie schön, wir verstehen uns auch ohne Worte!» Ihr Glück schien vollkommen. Nach zwei Jahren heirateten sie. Mit dem Ehestand segelte Adele in ihre Kindheit zurück. Nur mit dem Unterschied, daß sie nun sämtliche Mängel und Defizite, die sie durch väterliche Verweigerung in sich trug, von Otto erfüllt haben wollte. Sie übergab ihm die Verantwortung für ihr Glück, für ihr Wohlbefinden, wurde fordernd und machte ihn unausgesprochen für alles verantwortlich.

Otto wiederum, der ohnehin wenig Zugang zu seinen Gefühlen hatte, brachte seinerseits seine entsprechende Lebensgeschichte mit. Er hatte früh gelernt, seine Gefühle nicht zur Kenntnis zu nehmen. Er war der jüngere von zwei Brüdern. Was auch immer er tat – sein Bruder konnte es viel besser und wurde ihm stets als Vorbild hingestellt. Der Vater, ein gebildeter und kultivierter Mann, machte sich oft über Ottos Unzulänglichkeiten lustig. Aber nicht etwa grob oder plump, sondern in diesem feinen, scherzhaften Sarkasmus, der für Kinder so demütigend ist und gegen den sie sich kaum zur Wehr setzen können, da er sich beinahe liebevoll anhört. Die Mutter war ebenfalls eine sehr kluge Frau, die ihre Gefühle vor allem in geistreichen, intellektuellen Kostümen zum Ausdruck brachte. In dieser Familie wurde viel gewitzelt, gespöttelt und geistreich disputiert. Otto schützte sich vor den subtilen Kränkungen, indem er seine Gefühle nicht wahrnahm; er begann, sich immer mehr zuzumauern. Er besaß also langjährige Übung darin, sich gegen Kränkungen zu schützen, indem er sich verschloß. Adeles Anschuldigungen, er würde sich zu wenig um sie kümmern, prallten deshalb an seinem Panzer ab. Er zog sich zurück, dies wiederum empfand Adele als Interesselosigkeit. Tief verletzt und gekränkt reagierte sie mit körperlichem Rückzug. Für Otto hingegen war Sexualität sehr wichtig, denn dort war es ihm möglich, sich zu öffnen, seine Gefühle zu leben und sich zu spüren. Als die Möglichkeiten dazu spärlich wurden, reagierte auch er mit zunehmend stärkerem Rückzug, bis er irgendwann von Adeles Freundin Cäcilia Zuwendung erhielt. Er verliebte sich in sie und erlebte mit ihr eine sexuell vollumfänglich befriedigende Beziehung. Mit Cäcilia fühlte er sich wieder lebendig, und das Interesse an Adele versiegte gänzlich. Für sie war die Wiederholung ihres Vaterdefizites perfekt. Sie wollte lange nicht aufgeben, wollte nicht erwachsen werden, sondern hielt mit einer unbeschreiblichen Hartnäckigkeit an ihren Forderungen, Otto sei für ihr Glück zuständig, fest. Und dafür war sie bereit, alle erdenklichen Demütigungen hinzunehmen.

Es ist völlig müßig, irgendwo nach einer Schuld zu fahnden. In schwierigen Beziehungen trägt jeder seinen Teil Lebensgeschichte dazu bei. Jeder Mensch strebt nach Glücklichsein. Die Abwesenheit des Glücks schmerzt jedoch derart, daß jeder verzweifelt versucht, es irgendwie zu erhaschen. Wohl keiner fügt seinem Partner aus reiner Bosheit und Gehässigkeit Leid zu, sondern immer aus eigener Not und Verzweiflung.

Lisa erhielt zwar von ihrem Vater sehr viel Aufmerksamkeit, aber nur dann, wenn sie seinen Interessen nachging. Er war ein erfolgreicher Sportler gewesen und hatte mehrere Auszeichnungen erhalten. Deshalb förderte er Lisa in ihrer sportlichen Aktivität. Emotional war er jedoch abwesend: «Er stand wie ein unförmiges Möbelstück mitten in der Wohnung.» Sie hatte ihre Gefühle gut im Griff und lernte, sich die Zuneigung ihres Vaters durch Leistung zu verdienen. Sie machte einen sehr selbstsicheren und selbstbewußten Eindruck, war äußerst tüchtig und willensstark. Sie wußte genau, wie sie etwas anpacken mußte, um ans erwünschte Ziel zu gelangen.

Franz war das älteste von drei Kindern. Seine Familie genoß viel Ansehen im Dorf. Der Vater war ein erfolgreicher Kaufmann, der das alte Familienunternehmen weiterführte. Die Mutter war eine verhinderte Schauspielerin. Sie legte viel Wert auf gutes Benehmen und gab große Gesellschaften. Vor allem achtete sie streng darauf, daß die Kinder eine gute Erziehung erhielten. Der Vater hingegen liebte das Landleben, ging oft zur Jagd und entzog sich großen Einladungen, so oft er konnte. So mußte Franz in die Lücke springen, um der Mutter Vaters Abwesenheit erträglich zu machen. Sie erzog ihn als kleinen, wohlgeratenen Kavalier und überschüttete ihn mit ihrer Liebe. Franz entwickelte sich zu einem eher scheuen, beinahe ängstlichen Jungen. Als Lisa und Franz sich kennenlernten, hatte sich Franz soeben vom Elternhaus abgesetzt und genoß es sehr, sein Leben selbst zu bestimmen. Lisa, die eigentlich Sportlehrerin werden sollte, aber wegen einer Knieverletzung den Sport aufgeben mußte, hatte gerade ihre Ausbildung als Physiotherapeutin beendet. Sie begann sofort, sich für seine Interessen an der Literatur zu begeistern, und überraschte ihn bald mit ihren schnell fortschreitenden Kenntnissen. Ebenso übernahm sie unverzüglich die Regie des kleinen Haushalts von Franz, kaufte ein, putzte und besorgte ihm die Wäsche. Sie konnte sich nicht vorstellen, daß sie von einem Mann geliebt werden könnte, ohne etwas dafür zu leisten. Franz war begeistert von ihr: «Was für eine wunderbare, starke Frau.» Die beiden waren sehr glücklich miteinander. Irgendwann wurde Lisa schwanger, und sie heirateten. Bereits während der Schwangerschaft begannen die Probleme. Lisa hatte eine ziemlich klare Vorstellung davon, wie sich ein werdender Vater verhalten sollte. Franz fügte sich sofort ihren Wünschen, und alles schien in bester Ordnung. Gelegentlich aber wurde er aggressiv gegen Lisa, was er dann sehr bereute. Hinterher bemühte er sich noch mehr, Lisas Vorstellungen zu entsprechen. Es herrschte ein ständiges Wechselbad zwischen symbiotischer Nähe, in der keiner ohne den anderen etwas unternahm, oder wutvollen Abgrenzungsversuchen von Franz. Er warf Lisa dann vor, sie würde ihm die Luft zum Atmen rauben, enge ihn ein und bestimme über ihn. Lisa reagierte darauf mit strikter Kontrolle sowohl über ihre Gefühle wie über Franz. Sie überwachte jeden Schritt von ihm, was wiederum Franz in Panik versetzte. Die heimlichen Liebschaften, auf die sich Franz im Laufe der Jahre einließ, standen für ihn symbolisch für Freiheit und Selbstbestimmung. Als Lisa dies irgendwann entdeckte, erlitt sie einen Nervenzusammenbruch. Später begann sie sich mit eisern durchgeführten Atemübungen über den Schmerzabgrund hinwegzuatmen.

Die tiefen seelischen Verletzungen, Kränkungen und Defizite, die wir wie eine Aussteuer in die Partnerschaft tragen, sind:
- wir wurden vom gegengeschlechtlichen Elternteil in unserer geschlechtlichen Identität nicht beantwortet;
- wir wurden in unseren Gefühlen, in unserer seelischen und geistigen Entwicklung nicht beantwortet;
- wir wurden nicht verstanden;
- wir wurden nicht wertgeschätzt;
- wir wurden nicht ernst genommen;
- wir wurden eingeengt;
- wir wurden daran gehindert, uns selbst zu spüren;
- wir wurden nicht für das geliebt, wie wir waren, sondern für das, wie wir hätten sein sollen.

Und dieses Repertoire wird sich in allen Variationen in unseren Beziehungen wiederbeleben. Frauen haben oft beachtliche Defizite an väterlicher Beantwortung. Dies führt dazu, daß wir uns ein Leben lang nach diesem Blick sehnen, der uns sagt: «So wie du bist, so bist du wunderbar.» Viele Frauen leiden unter dem Gefühl, irgend etwas an ihrem Körper sei defekt und nicht in Ordnung. Das ist eine typisch weibliche Art, mit dem Vaterdefizit umzugehen. Der Gedanke liegt ihnen näher, daß mit ihnen etwas nicht stimmt, als daß sie z. B. mit Empörung und Wut auf die Interesselosigkeit des Vaters reagieren.

Auch leiden die meisten Frauen darunter, daß sie sich von ihren Männern nicht verstanden fühlen. Es zieht sie aber gerade da magnetisch hin, wo sie das alte Vaterthema ahnen. Uns interessieren vor allem die emotional impotenten Männer, die uns aus ihrem Unvermögen heraus nicht beantworten können. Das sind die heimatlichen Gefühle, vor verschlossener Türe zu stehen, und die alte Sehnsucht bricht in uns auf, endlich doch noch das heißersehnte Wunder der Beantwortung zu erleben. Aber was uns zunächst am Partner als «heimatliche Glocken» faszinierte und magisch anzog, zeigt im Laufe der Beziehungsgeschichte eine Kehrseite, und auf den Partner werden die elterlichen Schulden samt Zinsen übertragen. Damit werden die gesamten alten verletzten Gefühle und Kränkungen in der Auseinandersetzung mit ihm wiederbelebt.

Zwar genießen wir in einer ersten Phase des Verliebtseins das wunderbare Gefühl: «Hier bin ich zu Hause», und unsere schönsten Blumen blühen aus dem Herzen: «Ach, Franz ist für mich wie ein Fels in der Brandung.» Die Hoffnung, diesen Fels von der Stelle zu rücken, ihn zu bewegen, zu erweichen, wird nach Abklingen der ersten symphonischen Akkorde als altes Vaterthema wiederbelebt. Und weil es selten klappt, den Partner stellvertretend für den Vater in die erwünschte Richtung zu verändern, wird der alte Schmerz wieder aufbrechen.

Bei Franz wurde das Mutterthema: «zu enges Kostüm» und «fremde Wünsche erfüllen» belebt. Was ihn zuerst an Lisa faszinierte («sie weiß ganz genau, was sie will») wirkte sich allmählich in seinem Erleben als ständiger Übergriff auf seine persönliche Freiheit aus.

Um in der Partnerschaft und Ehe diese unglückselige Verflechtung aus alten Wünschen und Defiziten, die wir auf den Partner übertragen, zu lösen, müssen wir als erstes uns kennenlernen. Dabei können uns Gespräche mit anderen sehr helfen. Frauen finden in Frauengruppen, Männer in Männergruppen einen reichhaltigen Fundus an Hilfestellungen, um Licht in Vergessenes zu bringen. Wir müssen uns mit unserer Geschichte auseinandersetzen, müssen zurück zu den alten Wunden in uns, den alten Schmerz von damals fühlen und die alte Geschichte austrauern, damit sie endlich abgeschlossen werden kann. Dabei lernen wir, die Illusion aufzugeben, daß es auf dieser Welt irgend jemanden gibt, der uns unser Glück verschaffen kann. Auch unsere Eltern nicht. Die meisten Eltern tun ihr Möglichstes für ihre Kinder. Sie handeln aus ihrer eigenen Geschichte heraus, die wiederum ihr Verhalten bestimmt. Die Eltern haben in letzter Konsequenz nur Statthalterfunktion, wie wir sie unseren Kindern gegenüber ebenfalls haben. Wenn wir uns mit unserer Lebensgeschichte auseinandersetzen und sie bearbeiten, wird es uns gelingen, endlich die Zügel für unsere Lebensgestaltung selbst in die Hände zu nehmen, und wir verlassen den unwürdigen Opferstatus.

Die Partnerschaft ist also eine unermüdliche Herausforderung und kurbelt unseren Entwicklungsprozeß ständig an.

Wenn wir uns gerade zur Ruhe setzen wollen und unsere Hände gemütlich in den Schoß legen, kommt glücklicherweise die nächste Erschütterung. Wir können uns niemals in einer Partnerschaft behaglich einrichten, es uns wohnlich machen, ohne vom tödlichen Pfeil des Gewöhnlichwerdens getroffen zu werden. Wir sind als Menschen in der ewigen Situation des Weitergehens, der Entwicklung und Entfaltung: «Die Vögel unterm Himmel haben ihre Nester. Die Füchse haben ihre Gruben. Aber der Mensch hat nicht einen Ort, wo er sein Haupt hinlegen kann.»

Wie wir alles in uns zur Entfaltung und zum Erblühen bringen, wie wir in uns Ganzheit erlangen, lehren uns die Lektionen mit dem Partner. Denn die Partnerschaft ist nicht das Ziel, sondern führt uns durch einen Lernprozeß. Der Partner hat lediglich stellvertretende Funktion; er ist Stellvertreter und Verwalter für das vorläufig Fehlende.

Die Partnerschaft hilft uns auf dem Weg zu uns selbst. Sie spiegelt uns alles, was wir in uns zu erschließen haben. Der Partner macht uns stets durch sein Verhalten darauf aufmerksam, vor allem mit seinen unangenehmen Eigenschaften. «Otto ist ein Egoist, er denkt nur an sich», schimpfte Adele öfters. Nun, ein Egoist kann nein sagen. Adele war eine typische Jasagerin. Sie hätte von Otto zumindest lernen können, nein zu sagen. Und Otto wiederum hätte lernen können, von seinem Egoismus abzuweichen. Marianne klagte jahrelang darüber, daß jeden Sonntag ihre Schwiegereltern zu Besuch kämen. Während sich ihr Mann jeweils in sein Zimmer zurückzog und las, quälte sie sich mühsam mit seinen Eltern durch stockende Gespräche. Frauen könnten von ihren Männern lernen, sich abzugrenzen. Sie sollten bei ihnen in die Karten schauen, wie sie das anstellen, sich ohne Schuldgefühle den eigenen Bedürfnissen zu widmen. Adele klagte jahrelang: «Ich habe immer alles gegeben, immer nur an ihn gedacht, weil ich ihn so geliebt habe.» Daß sie sich dabei selbst schamlos ausplünderte, nichts in die eigene Erde investierte, keinerlei Nährstoffe zugab, sich keine Pflege angedeihen ließ, bis sie wie eine völlig vertrocknete Scholle dahindarbte, entging ihr dabei. Sie war nicht mehr in der Lage, etwas Lebendiges, geschweige denn etwas wie Liebe hervorzubringen. Viele Frauen beklagen sich, daß sie in ihrer Partnerschaft alles geben und nichts bekommen. Was wird denn dem anderen gegeben? Die Verantwortung für sein eigenes Glück? Wenn wir mit einem Partner zusammen sind, der besser nehmen als geben kann, sollten wir es dringend von ihm lernen, anstatt sein Verhalten ständig verändern zu wollen. Und wenn ich dazu neige, wie ein offenes Buch jede Gefühlsregung sofort mitzuteilen, kann ich von meinem Partner lernen, auch einmal etwas für mich zu behalten. Dadurch sammle ich die Kraft in mir, bündle sie und kann sie gezielt und in freier Entscheidung einsetzen. Das Ziel ist, daß wir alles in uns erschließen, auf sämtlichen Oktaven zu spielen vermögen und nicht entweder nur die tiefen oder nur die hohen Töne zum Klingen bringen.

Es ist eine wunderbare Einrichtung, daß sich vollkommen gegensätzliche Menschen in Partnerschaften ergänzen. Es finden sich selten Paare, bei denen beide Jasager sind, beide nur geben wollen, beide sich den Bedürfnissen des anderen anpassen wollen, beide gefühlsbetont sind, beide intellektuell sind. In der Regel sind Partnerschaften gut ausgewogen, so daß sich uns wirklich ein weites Feld bietet, vom anderen zu lernen. Wenn wir diesen pädagogischen Aspekt jedoch ausblenden, wird jeder mit den Jahren seine bereits vorhandenen Tendenzen verstärken: Der Neinsager wird noch ausgeprägter und die Jasagerin als Entsprechung ebenfalls. Und beide werden noch hälftiger und benötigen den anderen dringendst als Gegengewicht. Gleichzeitig bekämpfen sie sich aber. Typisch für eine solche Entwicklung ist z. B., daß beim Mann im Laufe der Jahre der Zugang zu seinen Gefühlen immer verstopfter wird. Die Frau hingegen übernimmt den ganzen Gefühlshaushalt und gibt ihre intellektuellen Fähigkeiten auf; sie delegiert alles analytische, logische Denken an den Mann: «Mein Mann hat gesagt» – «mein Mann meint» – «mein Mann denkt»! Beide versäumen, ihre eigenen Fähigkeiten zu erschließen.

Ich gehe davon aus, daß jeder Mensch alle Möglichkeiten in sich trägt. Da es aber ein Unterschied ist, ob ich in einem weiblichen oder in einem männlichen Körper wohne – die Bewohner eines Hauses, das auf einem Hügel steht, haben eine andere Perspektive als jene, deren Haus in einer Talsohle liegt –, wird es auch entsprechende Präferenzen geben. Menschen, die in einem weiblichen Körper wohnen, haben andere Verhältnisse, um ihr Körperhaus nach außen zu verschließen. Stellen wir uns das einmal vor! Wir sind niemals in der Lage, unsere Kellertüre zu verriegeln, sondern befinden uns immer in der Situation, in welcher ziemlich mühelos gewaltsam eingedrungen werden kann. Diese Grundsituation bestimmt unsere seelische Disposition! Und es bedarf einer zielstrebigen Auseinandersetzung, um uns innerlich so weit zu entwickeln, daß wir in uns das männliche Prinzip erschließen.

Die Partnerschaft ist ein hilfreicher Lehrmeister, der uns ständig neu dazu auffordert, uns aus der geschlechtlichen Halbheit hin zu einer Ganzheit des Menschen zu entwickeln. Damit wir das gesamte menschliche Spektrum, das männliche und das weibliche Prinzip, zu uns zurückholen und dadurch selbst zum Ganzen werden. Damit wir mit der gesamten Kraft, die uns zur Verfügung steht, alles in uns erschließen und nützen können.

In der Partnerschaft werden wir unerbittlich darauf hingewiesen, daß der Partner ein eigenständiges Wesen mit einem eigenen Willen ist und mit einer ihm gemäßen Aufgabe. Wir sind nicht Teil von ihm und er nicht Teil von uns. Wir kommen als einzelne Wesen in diese Welt und gehen als solche aus dieser Welt. Keine Symbiose, keine Anklammerung vermag es, uns vor diesem absoluten Alleingang zu schützen.

Den Partner lernen zu respektieren, zieht unweigerlich die Verantwortung für sich selbst nach sich. Es ist unmöglich, Respekt vor dem anderen zu haben und ihm gleichzeitig die gesamte Verantwortung für das eigene Glück anzuhängen. Dies sind Lektionen, die vor allem Frauen lernen sollten. Die Ehe ist kein Eintopfgericht, wo alles miteinander gargekocht wird, sondern ein Lernfeld, sich auf eigene Füße zu stellen. Sie ist kein Tauschgeschäft: «Ich wasche Dir Deine Unterhosen und Du mußt mich dafür glücklich machen!» Jeder ist ein geschlossenes Universum und für sein inneres Gleichgewicht selbst verantwortlich. Ich kann nicht die Verdauungsarbeit für meinen Partner übernehmen, während er für mich Gallensäfte produziert. Derartige Verflechtungen würden für beide Organismen tödlich enden.

Im Anfang war das Wort

«Wozu hab' ich denn überhaupt geheiratet?» fragte mich eine aufgebrachte Frau, «ich wollte endlich mal Sicherheit haben und glücklich sein!» Ich dachte an ihren Mann, der wohl unter dieser Forderung entweder zusammenbricht, innerlich emigriert oder sich eine heimliche Geliebte sucht. «Und was sagt denn Ihr Mann zu dieser Aufgabe?» – «Das ist ja gerade das Problem! Ich kann nämlich nicht mit ihm darüber sprechen.»

Die Frauen möchten mit ihren Männern sprechen, die Männer schweigen, sprechen über alles andere – nur nicht über ihre Gefühle: «Mein Mann kann hervorragend stundenlang über technische Belange öffentlich referieren, wenn er aber über sich und seine Gefühle sprechen soll, bringt er kein Wort heraus.»

Wer eine Partnerschaft erhalten will, muß sie pflegen. Was nicht gepflegt wird, verkommt. Das Pflegemittel für die Partnerschaft ist das Gespräch. Die Sprache ist die Krönung unseres Menschseins, sie bildet die geistige Brücke zum eigentlichen Menschheitlichen, vom Ich zum Du. «Alle Dinge sind durch dasselbe geworden, und ohne das Wort ist auch nicht eines geworden, das geworden ist...» Ohne Sprache gibt es kein Bewußtsein, ohne Sprache wäre unsere Welt tot. Partnerschaften sterben ab, wenn sie nicht mit Worten beatmet werden.

«Ach, wir verstehen uns auch ohne Worte!» rief mir bei einer Diskussion nach einem Vortrag ein Mann ärgerlich zu.

«Ja wie denn?»

«Wir kennen uns eben so gut, daß wir wissen, was der andere denkt.»

«Wissen Sie denn auch, was Ihre Frau fühlt?»

«Ach, Sie mit Ihren Gefühlen.»

Zwei Wochen später meldete sich seine Frau in meiner Praxis. Sie wolle endlich mal mit jemandem über ihre Gefühle sprechen.

Die meisten Paare müssen erst einmal lernen, daß eine Partnerschaft mindestens so sorgfältig gepflegt werden muß wie ein Auto. Wenn wir mit derselben Aufmerksamkeit irgendwelchen Störungen nachgingen, wie wir dies bei defektverdächtigen Geräuschen des Motors tun, dann wäre schon viel gewonnen. Männer hören beim Auto sofort die leiseste Veränderung, rennen unverzüglich zur Werkstatt, um es abzuklären. Nur zwischenmenschliche Mißtöne überhören sie einfach. In vielen Ehen und Partnerschaften begnügt Mann sich damit, auf einem Zylinder mit rauchendem Motor weiterzufahren, und sollte er gar zu brennen beginnen, wird etwas abgewartet, bis sich alles wieder beruhigt hat, oder er fährt vorübergehend mit einem Mietauto weiter. Erst wenn der Wagen nicht mehr von der Stelle zu bringen ist, wird die Katastrophe zur Kenntnis genommen.

Es sind in etwa 90 % der Fälle die Frauen, die um Hilfe bei einer Ehe- und Paarberatung nachsuchen. Oft gehen sie die erste Zeit alleine hin. Kathi ging ein halbes Jahr ohne ihren Mann zur Eheberatung, Max weigerte sich strikt: «Ich laß mir doch nicht von irgendeinem Therapeuten sagen, was ich zu tun habe!» oder: «Was soll denn über Probleme reden schon helfen?» Als er endlich zu einem Gespräch bereit war, war es zu spät. Kathi wollte ihm lediglich noch ihren Entschluß, sich scheiden zu lassen, mitteilen, und war froh, es ihm im Beisein einer Drittperson sagen zu können. «Siehst Du, ich hab' es ja gesagt, die Ehetherapie kann uns auch nicht helfen», schloß Max daraus. Wenn ein Motor zu lange ohne Öl funktionieren muß, nimmt er derart Schaden, daß ihn selbst der beste Automechaniker nicht mehr reparieren kann. Als Roland und Brigitte zur ersten Stunde Ehetherapie zu mir kamen, bekam ich Magenschmerzen, und mir wurde beinahe übel. Ich fühlte mich wie auf einem offenen Kampffeld. Haß und negative Gefühle füllten den Raum. Sie wollten ihre Ehe, die seit Jahren schlecht ging, wegen des siebenjährigen Sohnes retten. Ich dachte an dieses Kind. Wie es sich wohl fühlte, tagtäglich in einem solchen Klima leben zu müssen?

Leider kommen die meisten Paare viel zu spät, obwohl sich die Probleme und Schwierigkeiten schon lange abzeichnen. Ehe-/Paarberatung und -therapie sollten dann in Anspruch genommen werden, wenn sich erste Störungen zeigen. Noch besser ist es, die Beziehung regelmäßig zu pflegen. Es ist ohne weiteres möglich, ohne fremde Hilfe auszukommen: wenn beide bereit sind, sich im Gespräch auseinanderzusetzen, sich zu öffnen, um dem anderen einen Einblick in das eigene Wesen zu gewähren.

Das Gespräch ist die Grundlage für jede Partnerschaft. Nur mit dem Wort kann ich den anderen wirklich erreichen. Nur über das Wort kann ich dem anderen zeigen, was sich in mir abspielt. Mit jedem Wort, das ausgesprochen wird, berühre ich den anderen in seinem Innersten. Eine körperliche Berührung bleibt im Körperlichen hängen, ein Wort hingegen geht mitten in die Seele hinein. Das ist wahrscheinlich auch der Grund dafür, weshalb es für so viele Männer schwierig ist, über ihre Gefühle zu sprechen. Frauen sind in der Regel viel intensiver mit ihrer Seele verbunden, nehmen ihre Regungen auf und lassen sich dadurch berühren. Selbstverständlich gibt es sowohl bei Männern wie bei Frauen Ausnahmen! Worte sind eine unbeschreibliche Hilfe, die Energie aus der Erosebene zu verfeinern und dadurch in den Bereich der Philia, des Wohlwollens, des Sich-freundschaftlich-Zugeneigtseins vorzudringen. Die Eroskraft steigt aus der Tiefe des Geschlechts auf und wird über das Wort im Herzbereich wirksam.

Viele Frauen haben mir erzählt oder geschrieben, daß sie am meisten darunter leiden, nicht mit dem Partner sprechen zu können. Und viele haben mich um Rat gefragt, was sie tun könnten, damit der Partner endlich über sich und seine Gefühle spreche. Leider habe ich kein Wundermittelchen, kenne keine Tricks, weiß von keinen geheimen Druckknöpfen, die wir betätigen könnten, um den Partner nach unseren Vorstellungen zu modellieren. Und das ist gut so. Das einzige, was wir tun können, ist, uns von der Vorstellung, ihn zu ändern, freizumachen. Wir müssen ihn aus unserem sonderpädagogischen Programm entlassen, das wir für ihn zusammengestellt haben, müssen ihn aus dem Status des Behinderten freigeben. Und wenn uns dies gelingt, beginnen wir automatisch, den anderen zu respektieren und zu akzeptieren. Das mag als Widerspruch erscheinen, wenn wir auf der einen Seite das Gespräch suchen sollen und auf der anderen Seite den Partner in seiner Verstummung einfach zu akzeptieren haben. Hier setzt die unentbehrliche Abgrenzung ein. Es steht mir ganz einfach nicht zu, den anderen verändern zu wollen! Das heißt, ich kann lediglich an meiner Veränderung arbeiten, weiter nichts. Wenn ich mich aber verändere, wird sich das in irgendeiner Weise auf meinen Partner auswirken. Die Auseinandersetzung mit sich selbst bringt es unweigerlich mit sich, daß man den Blick nicht mehr ausschließlich auf den Partner richtet, sondern die eigenen Gefühle und Empfindungen bewußter wahrnimmt. Dies ist eine wichtige Voraussetzung, um überhaupt ernsthaft an sich arbeiten zu können. Dadurch wird es mir auch möglich, dem Partner aufzuzeigen, wie ich mich fühle. Das heißt, ich spreche von meinem Erleben, von meinen Empfindungen und Gefühlen und grenze damit das Verhalten des Partners klar ab. Er wird also nicht als Verursacher meiner Befindlichkeit beurteilt und bewertet. «Du bist ein Egoist, zugemauert, denkst überhaupt nicht daran, wie das für mich ist!» richtet den Lichtstrahl der Be-Urteil-ung auf den anderen, der dies aus Selbstschutz sofort von sich zurückweisen wird und zum Gegenangriff startet oder sich noch mehr verschließt. Kein Mensch will sich verurteilen lassen – auch ein Liebespartner nicht! Wenn ich jedoch dem Partner mitteile: «Ich fühle mich unbeantwortet, und das schmerzt mich», dann sage ich ihm lediglich etwas über mich. Und damit werden die Welten getrennt. Ich übernehme vollumfänglich die Verantwortung für mich, spreche klar und deutlich meine Gefühle aus und stehe zu ihnen. Mit dieser Aussage dokumentiere ich auch, daß der Partner eine andere Welt hat. Denn an meine Aussage knüpft sich nicht zwingend die Erfüllung meines Wunsches. Vor allem weise ich dem anderen keine Schuld zu, und das ist entscheidend.

Ich bin mir durchaus darüber im klaren, daß das keine einfache Angelegenheit ist und wohl jahrelangen Übens bedarf. Es überrascht mich immer wieder, wie ungeduldig Menschen daran herangehen. Nachdem sie zwanzig, dreißig oder noch mehr Jahre in Auseinandersetzungen jeden Satz mit einer Beschuldigung oder Beurteilung des anderen begonnen haben, erwarten sie, daß sie das innerhalb von drei Tagen ändern können. Sie sind über sich und selbstverständlich auch über den Partner enttäuscht, wenn es wieder nicht auf Anhieb geht. In dieser Weise Gespräche zu führen, ist mit Eiskunstlaufen vergleichbar, welches ein unermüdliches Üben verlangt. Aber wir werden in dieser Kunst, Gespräche zu führen, immer wieder mal auf die Nase fallen, das gehört dazu. Ich-Aussagen zu machen, ist für die meisten von uns deshalb so schwer, weil es uns in eine Begegnung mit uns selbst zwingt. Es fordert uns heraus, uns innerlich aufzurichten, klipp und klar zu sagen, was wir wollen, was wir denken, was wir fühlen und empfinden. Kein Versteckspiel, keine heimlichen Erwartungen und Wünsche, keine geheimen Delegationen, keine Verfilzung. Nicht ausgesprochene Wünsche und Erwartungen haben hingegen eine verborgene, nicht steuerbare Wirkung. Sie verwickeln den anderen in eine unauflösbare Schuld. Und das kann eigentlich nur schiefgehen!

Ich möchte hier einige Übungen vorstellen, die sich sehr gut eignen, an sich und dem eigenen Gesprächsverhalten zu arbeiten.

Als erstes sollten wir eine Bestandsaufnahme unserer Gesprächsgewohnheiten erstellen. Dies läßt sich sehr einfach machen, indem wir ein Kassettenaufnahmegerät neben das Telefon stellen und unseren Gesprächsbeitrag während eines längeren, persönlichen Telefongesprächs mit einer guten Freundin aufzeichnen. Hinterher hören wir es ab – ich weiß, das kann gelegentlich sehr unangenehm sein. Dann analysieren wir Satz für Satz. Wir achten vor allem darauf, ob wir bewertende, beurteilende Dinge über das Verhalten des Partners gesagt haben oder ob wir offen unsere seelische Befindlichkeit dargelegt und diese zu klären versucht haben.

Als nächstes nehmen wir ein Gespräch auf, das wir mit dem Partner führen. Um nicht in die Gefahr zu geraten, die Partneraussagen im nachhinein zu bewerten, spulen wir bei seinem Part weiter, ohne ihn genau anzuhören. Wir werten nur unsere eigenen Aussagen aus. Folgende Fragen können uns dabei behilflich sein:

- Beziehen sich meine Äußerungen hauptsächlich auf Verhaltensweisen meines Partners?
- Bilde ich Sätze, in denen ich klipp und klar zeige, was ich fühle, was ich denke, was ich möchte?
- Wie reagiere ich, wenn ich mich verletzt oder gekränkt fühle? Mache ich indirekte Äußerungen? Versuche ich, dem Partner Schuldgefühle anzuhängen?
- Bin ich zu meinem Partner genauso offen und ehrlich wie zu meiner Freundin? Gibt es Dinge, die ich nur ihr erzähle, obwohl sie den Partner betreffen?

Diese Fragen lassen sich am besten beantworten, wenn wir uns viel Zeit nehmen, um nach jedem gehörten Satz innezuhalten und nachzufühlen.

Diese beiden Übungen erhöhen die Sensibilität im Umgang mit sich selbst und den eigenen Ausdrucksmöglichkeiten. Durch das Beobachten schulen wir unsere Fähigkeit, bewußt unser Gesprächsverhalten wahrzunehmen und es zu reflektieren. Damit geraten erstarrte Selbstverständlichkeiten in Bewegung. Dies ist der Auftakt zu einer wirklichen Veränderung – auch für die Partnerschaft.

Eine andere Übung besteht darin, daß wir dem Partner einen Brief schreiben. Nach dem ersten Durchgang streichen wir alle Stellen rot an:

- die den Partner bewerten,
- die irgendwelche Schuldzuweisungen (da sollte jedes Wort einzeln überprüft werden) oder
- verschlüsselte Erwartungen und Wünsche beinhalten,
- die Gefühle und Empfindungen nicht klar und deutlich zum Ausdruck bringen.

Danach schreiben wir den Brief neu und versuchen, die angestrichenen Stellen zu verbessern. In der Regel müssen wir etwa mit fünf bis sechs Durchgängen rechnen, bis alles ausgemistet ist. Dann können wir den Brief zerreißen. Wir haben dabei so viel gelernt, daß sich das unweigerlich im Gesprächsverhalten niederschlagen wird.

Ein weiteres Übungsfeld ist das Zuhören. Viele können überhaupt nicht zuhören. «Ach, ich weiß schon, was du meinst!» sagen sie und winken mit einer Handbewegung ab. Sie verlassen ihre eigene Sichtweise nicht einen einzigen Moment lang, sondern projizieren ohne Zögern die eigenen Wertvorstellungen in die Welt des anderen hinein. Richtig zuhören bedeutet aber, sich auf den Blickwinkel des anderen einstellen, und dabei muß man natürlich seinen eigenen vorübergehend aufgeben. Verharre ich in meiner Position, werde ich den anderen nie so verstehen können, wie er es meint. Den anderen verstehen heißt jedoch nicht, mit ihm einer Meinung sein. Das ist ein großer Unterschied! Sondern es heißt, sich in die Welt des anderen einfühlen, in das, was er meint, was er fühlt, was er denkt. Es ist ein Grundbedürfnis des Menschen, verstanden zu werden, und zwar genauso, wie er es meint – ohne irgendwelche Abstriche. Wir sollten lernen, dem anderen so zuzuhören, als gingen wir in eine fremde Wohnung und betrachteten die Gegenstände. Wir gehen nicht einfach hin, hängen Bilder ab oder stellen Möbel um. Wir wissen, das ist die Welt des anderen. Er läßt mich Einblick nehmen, und ich muß alles so respektieren, wie es ist. Paare könnten sich darin üben, sich gegenseitig in ihren Wohnungen zu besuchen, um immer wieder neu zu erfahren, wie sich der andere eingerichtet hat. Ob er vielleicht etwas Neues erworben hat, etwas Altes aufgegeben oder einfach etwas umgestellt hat. Und dabei könnten wir auch sehen, was er vielleicht in eine Ecke weggeschoben hat, das ihm Mühe macht oder ihn gar verletzt hat.

Felix und ich haben es uns zur Gewohnheit gemacht, mindestens einmal in der Woche einen langen Nachtspaziergang miteinander zu unternehmen, um uns in aller Ruhe auseinanderzusetzen. Wir nennen es «die Stunde der Wahrheit», denn wir versuchen, all das auszusprechen, was wir im Laufe der Woche weggedrängt haben. Wir bemühen uns, aus der subjektiven

Perspektive heraus zu sprechen, ohne den anderen in irgendeiner Weise mithineinzuziehen, und wir achten streng darauf, jegliche Schuldzuweisung zu vermeiden. Wenn Derartiges anklingt, verschließt sich der andere unverzüglich und ist nicht mehr bereit, sich auf die Erlebnisweise des anderen einzulassen. Zuerst spricht der eine von uns, und der andere hört zu – je nachdem zehn Minuten oder länger. Dann tauschen wir die Rollen. Felix war alles andere als begeistert, als ich ihm dies vorschlug: «Muß das auch noch sein?»

Ich habe herausgefunden, daß wir besser über heikle Themen sprechen können, wenn wir nebeneinander gehen oder sitzen. Wir stehen uns nicht gegenüber, sondern wir blicken in die gleiche Richtung, befinden uns auf dem gleichen Weg. Keiner ist der Gegner, der ständig dazwischenwirft «ja aber...», «Du hast aber auch...» usw.

Diese Gespräche sind inzwischen kleine Oasen geworden. Ausmisten von Gedankenschädlingen und Auftanken von neuen Kräften und Impulsen. Es ist wie lautes Denken, mit dessen Hilfe der andere wirklich erfährt, was sich alles abspielt. Es ist ein großer Irrtum, darauf zu spekulieren, daß das, was der Partner nicht weiß, ihn auch nicht beunruhigt. Unausgesprochenes hat eine viel größere, aber völlig unkontrollierbare Macht und ist deshalb viel gefährlicher. Es gibt genügend Beispiele von Ehepartnern, die körperlich und seelisch auf etwas reagierten, was sie nicht wußten. Nur das, was ans Licht der Wahrheit gehoben wird, kann bewältigt werden. Die Zuhörübung bewirkt zweierlei: Erstens werde ich ehrlich, mir selbst und dem anderen gegenüber, dadurch gewinnt die Partnerschaft an Wahrhaftigkeit. Diese Ehrlichkeit verdeutlicht unsere Grenzen und fördert somit den gegenseitigen Respekt. Zweitens lerne ich, mich beim Zuhören auf die Welt und die Erlebnisweise des anderen einzulassen. Ich gebe meine Perspektive für diese Momente auf, um möglichst den anderen vollumfänglich zu verstehen. Dies dehnt meinen Blickwinkel erheblich aus, und ich lerne dabei, einseitige Betrachtungsweisen zu erweitern. Dabei kann es freilich durchaus mal geschehen, daß wir etwas Muskelkater vom seelischen Herumturnen bekommen.

Mit der Zeit wird es uns gelingen, solche Gesprächsmomente in den Alltag einzubauen. Dann werden wir erleben, wie wir den Partner allmählich aus der unsäglichen Verstrickung entlassen.

Ich komme am Morgen zu Felix ins Zimmer, um ihn zu wecken. Er schlägt die Augen auf und sagt als erstes:

«Gestern nacht ist ein Vogel gestorben.»

«Das ist aber schlimm für Dich.»

«Ja, sehr schlimm.»

«Es macht Dich traurig.»

«Ja, ich bin so traurig, am liebsten möchte ich weinen.»

«So traurig ist das für Dich.»

«Weißt Du, Vögel sind für mich einfach wichtig.»

«Sie bedeuten Dir viel.»

«Sie bedeuten mir unendlich viel. Ich habe immer Vögel gehabt. Schon als kleiner Junge.»

«Irgendwie gehören sie zu Dir und Deinem Leben.»

«Ja», er schließt die Augen und ist traurig. Ich streichle ihm über die Stirn, «als meine Mutter starb und ich in ein Heim kam, da hatte ich immer Vögel bei mir. Sie waren meine Freunde. Sie begleiteten mich durch die ganzen Stationen, vom Kinderheim zum Erziehungsheim, vom Erziehungsheim zum Heim für Schwererziehbare, dann Arbeitserziehung usw. Sie waren die einzigen, die mich nie im Stich ließen.»

Obwohl ich über zehn Jahre mit Felix zusammen bin, habe ich diese Geschichte zum ersten Mal gehört. Und erst jetzt begriff ich, weshalb er jedesmal so empfindlich reagierte, wenn ich etwas gegen seine Vögel sagte.

Wenn wir uns in einer Partnerschaft oder Ehe so negativ verfangen haben, daß wir uns nicht mehr gegenseitig in unserer Entwicklung förderlich sind, sondern die Räder unserer Lebenskutschen tief im Morast stecken und nicht mehr vor- noch rückwärts können, weil jeder Versuch, die Fahrt fortzusetzen, durch den anderen blockiert wird, dann sollten wir aus dem verkeilten Gefährt aussteigen und versuchen, vorläufig zu Fuß weiterzugehen. Es ist nicht das Ziel der menschlichen Existenz, irgendwo im Gefühlsmoor des Hasses steckenzubleiben und den anderen zugleich auch noch an seiner Entwicklung zu hindern. Nein, wir sollten lernen, unsere Flügel der Liebesfähigkeit auszubreiten. Wenn wir uns nicht mehr über die Sonne freuen, wenn wir den Duft der nassen Sommerbäume nicht mehr wohlig in uns hineinziehen, dann ist es höchste Zeit, daß wir unser Leben verändern. Gelingt es uns nicht, mit Gesprächen die Partnerschaft wieder in Bewegung zu bringen, dann müssen wir handeln. Wir können uns doch nicht zehn Jahre oder noch länger bei der Freundin beklagen, daß der Partner nicht reden will! Wir müssen ihm die Konsequenz davon mitteilen: Eine Partnerschaft, die keine Nahrung erhält, stirbt. Und es ist meine freie Entscheidung, ob ich weiterhin auf einem Friedhof leben will.

Vom geliehenen zum dauernden Glück

Das Schlimmste, was uns wohl passieren kann, ist, tatsächlich jemanden zu finden, der uns glücklich zu machen scheint. Denn dann werden wir uns niemals auf den Weg machen, das Glück in uns zu suchen, sondern uns mit einer Stellvertretung begnügen. Und damit halten wir ein geliehenes Glück in Händen, um das wir stets bangen, es zu verlieren, und das jederzeit zurückgefordert werden kann. Spätestens aber dann, wenn wir uns von dieser Welt verabschieden.

Der Partner steht stellvertretend für die von uns in uns selbst zu erschließende Hälfte. Durch ihn beleben wir die Erinnerung an den paradiesischen Zustand des Einsseins. Mit ihm erleben wir den Eros im Moment des Orgasmus als kurzes Aufleuchten, das die brennende Sehnsucht nach Ganzwerden stillt. Ein paar Atemzüge – mehr nicht; und wir fallen unerbittlich wieder zurück in die trennende Halbheit. So sind wir unermüdlich damit beschäftigt, die eigene Hälftigkeit zu überwinden, und suchen eine andere Hälfte, die zu uns paßt und uns ganz werden läßt. Jedoch die originale Hälfte, die als einzige zu uns paßt, können wir niemals in einem anderen, sondern ausschließlich in uns selbst finden. Wenn wir uns ein ganzes Leben lang damit beschäftigen, den anderen in unsere Wünsche und Vorstellungen hineinzuziehen, verschwenden wir unsere gesamte Energie in ein völlig hoffnungsloses Unternehmen. Der andere bleibt immer ein eigenes Universum und wird niemals wie eine Gummimasse in unsere Wunden des Hälftigseins hineingeknetet werden können.

Die ewige Sehnsucht nach Ergänzung treibt uns von Lektion zu Lektion. Und wie wunderbar, daß sich alles stets als eine Illusion enthüllt. Das schützt uns davor, die Hände in den Schoß zu legen und uns zufrieden auszuruhen.

Die Sehnsucht läßt uns immer wieder erneut aufbrechen, läßt uns zu lebenslang Suchenden werden. All die Stationen, die wir hoffnungsvoll mit dem innigen Wunsch erklimmen, endlich ans Ziel zu kommen, entpuppen sich nach kurzer Zeit als Trugschluß. Die Sehnsucht nach dem anderen ist eine verschlüsselte Sehnsucht nach mir selbst, nach der Quelle in mir, die als einzige in der Lage ist, mich umfassend zu nähren.

Wenn ich bei mir bin, in meinem Innersten, dann bin ich auch im Göttlichen, denn das ist identisch. Es ist die einzige wirkliche Heimat, die es für uns gibt; die Heimat in uns selbst.

In der Partnerschaft vermögen wir uns gegenseitig auf dem Heimweg zu begleiten. Dabei geschieht es leicht, daß wir durch den manchmal steinigen Fußweg die Orientierung verlieren, uns irgendwo hinsetzen und vom Partner erwarten, daß er uns glücklich macht. Die Partnerschaft aber ist nicht das Ziel, sondern lediglich der Weg, der uns zu der eigentlichen Aufgabe des Menschseins hinführt. Wir können voneinander lernen, wir können allmählich jene Bereiche zurückholen, die der Partner stellvertretend für uns lebt und verwaltet, um selbst ganz zu werden. Das bedeutet, daß wir unseren Organismus vom anderen abkoppeln, das Glück nicht von ihm fordern, sondern selbst die Verantwortung für uns übernehmen.

Es ist großartig, diese Signaturen zu entschlüsseln, um dahinter den eigentlichen Sinn unserer Existenz zu erkennen!

Die Liebe ist ein Entwicklungsweg, der von uns als Pflicht geleistet werden muß. Sie gehört als wichtigste Aufgabe zum menschlichen Sein. Die gesamte Schöpfung weist in unendlich vielen Variationen darauf hin, macht uns unermüdlich darauf aufmerksam; sie ist ein einzigartiger Liebesakt! Was für ein liebender Bildhauer hat für uns die Weltkulisse modelliert, was für ein liebender Regisseur hat unser Leben inszeniert! Überall sind wir umringt von Liebesbriefen, die uns davon erzählen, was wir als Aufgabe zu erfüllen haben. Jede Blume, ob sie an einem staubigen Wegrand steht oder im Garten eines romantischen Parks, wendet sich zum Licht und schenkt sich liebend in ihrem ganzen Blumenwesen hin; es sind Liebesbriefe, abgesandt von der Weltschöpfung, um die Menschen daran zu erinnern, was Leben heißt. Jeder Schmetterling, der schneeflockenleicht durch den Morgen zittert, ist eine einzigartige Liebesgabe an uns, damit wir unsere zartesten Liebesschwingungen gleichermaßen federfroh durch die Lüfte schweben lassen. Alles ist Aufforderung, es gleichzutun, das ganze Wesen zu öffnen, zu entfalten und die Flügel weit auszuspannen, um alles in sich bis aufs letzte zu erschließen.

Die Schöpfung liebt uns umfassend; der Weltatem liebt uns vom ersten bis zum letzten Atemzug, er ist das einzige und zuverlässigste Element, das uns kontinuierlich liebend und treu auf der Wanderschaft in unser Königreich begleitet. Denn nur dort können wir alles in uns vereinen, alles in uns heimholen und endlich unser prächtiges Schloß mit all den vielen Räumen bewohnen. Damit in uns Königin und König heimkehren, Weibliches und Männliches sich versöhnen. Dann erst werden wir in uns ehefähig und können alles Menschliche in uns zur Vermählung bringen. Die äußere Ehe ist weiter nichts als ein Gleichnis und zeigt uns den Weg zur inneren Hochzeit.

Wir sind nicht in dieser Welt, um vom Partner geliebt zu werden, sondern um Liebende zu werden! Dann verklingt die bange Frage: «Liebst du mich noch?» Und aus dunklen Tiefen erhebt sich eine neue Kraft und schwingt sich auf die weiten Flügel der Liebe, überfliegt die Abgründe der Angst und der Verzweiflung. Diese gewaltige Liebeskraft öffnet uns das Herz und läßt uns jubelnd in den Gesang der Vögel einstimmen. Diese Liebeswoge trägt uns zur Bergesspitze hinauf, in die Höhen allumfassender Liebe, wo wir niemanden ausschließen, sondern den Liebesstrom frei und ungehindert aus unseren Herzen freudig fließen lassen und dadurch unser Dasein zur vollen Erfüllung bringen.

Die Liebessonne in sich tragen, macht uns frei, und wir fallen nie mehr in den trostlosen Schatten hinunter. Wir sind nicht mehr darauf angewiesen, daß uns jemand liebt, denn wir sind selbst Besitzer der Liebe. Und das ist das höchste Glück. Dieses Glück können wir nie mehr verlieren, denn es ist nicht ein geliehenes, sondern ein ewig dauerndes Glück.

Literaturhinweise

Aivanhov, O. M., 1985, Die Sexualkraft oder der geflügelte Drache, Prosveta, Fréjus

Aivanhov, O. M., 1985, Die Freiheit, Sieg des Geistes, Prosveta, Fréjus

Aivanhov, O. M., 1987, Liebe und Sexualität, Prosveta, Fréjus

Eichenbaum, L., *Orbach*, S., 1984, Feministische Psychotherapie, Auf der Suche nach einem neuen Selbstverständnis der Frau, Kösel, München, New York

Fromm, E., 1956, Die Kunst des Liebens, Weltperspektiven, Ullstein Materialien, Frankfurt/M, Berlin, Wien

Guggenbühl-Craig, A., 1981, Die Ehe ist tot – lang lebe die Ehe, Raben-Reihe

Herbst, K., 1979, Was wollte Jesus selbst?, Die vorkirchlichen Jesusworte in den Evangelien, 1. Band, Patmos, Düsseldorf

Herbst, K., 1981, Was wollte Jesus selbst?, Die vorkirchlichen Jesusworte in den Evangelien, 2. Band, Patmos, Düsseldorf

Jellouschek, H., 1987, Semele, Zeus und Hera, Die Rollen der Geliebten in der Dreiecksbeziehung, Kreuz, Zürich

Kast, V., 1984, Paare, Beziehungsphantasien oder Wie Götter sich in Menschen spiegeln, Kreuz, Stuttgart

Leonard, L. 1985, Töchter & Väter, Heilung und Chancen einer verletzten Beziehung, Kösel, München

Olivier, Ch., 1980/1987, Jokastes Kinder, Die Psyche der Frau im Schatten der Mutter, dtv, München, Paris, Düsseldorf

Weidelener, H., 1958, Abendländische Meditation, Eine Einführung, Oesch, Zürich

Weidelener, H., 1957, Wege zum Dasein, Aufgaben auf dem Weg einer inneren Schulung, Goldmann, Augsburg

Weidelener, H., 1958, Innere Weisheit, Abendländische Meditation, Goldmann, Augsburg

Weidelener, H., 1955/1987, Die Götter in uns, Lebenserkenntnis durch die Bilder der Mythen, Goldmann, Augsburg

Weidelener, H., 1966, Vom Reich und von der Herrlichkeit der Liebe, hrsg. von Religionsphilosophische Arbeitsgemeinschaft e.V., Augsburg

Weidelener, H., 1967, Vom Reich und von der Macht christlicher Liebe, hrsg. von Religionsphilosophische Arbeitsgemeinschaft e.V., Augsburg

Weidelener, H., 1971, Die Nöte als Not-Wender, hrsg. von Religionsphilosophische Arbeitsgemeinschaft e.V., Augsburg

Weidelener, H., 1959/1960, Wie er hatte geliebt die Seinen..., hrsg. von Religionsphilosophische Arbeitsgemeinschaft e. V., Augsburg

Weidelener, H., 1970, Über die Liebe, hrsg. von Religionsphilosophische Arbeitsgemeinschaft e. V., Augsburg

Weidelener, H., 1970, Aus der Welt des Schweigens, hrsg. von Religionsphilosophische Arbeitsgemeinschaft e. V., Augsburg

Vortragskassetten:

Hellmut Wolff: Über die Ehe, Bernadette Wolff Verlag, Kempten

Hellmut Wolff: Eros und Erotik, München 5. 2. 80, Bernadette Wolff Verlag, Markt Rettenbach

Hellmut Wolff: Metaphysik der Ehe, München 10. 9. 81, Bernadette Wolff Verlag, Markt Rettenbach

Informationen über Paarseminare bei:
Bodensee-Seminare
Hauptstraße 23
CH-8280 Kreuzlingen
Tel. (0 72) 72 79 11
Fax (0 72) 72 89 04

Julia Onken
Feuerzeichenfrau

Ein Bericht über die Wechseljahre
6., durchgesehene Auflage 1990.
207 Seiten. Paperback
Beck'sche Reihe Band 352

Wechseljahre: Altern, Verlust der Weiblichkeit, Depressionen, Hitzewallungen, Hormonmangel – oder Auftakt zu einer neuen schöpferischen Phase? Humorvoll und offen beschreibt die Schweizer Psychologin Julia Onken ihre eigenen Erfahrungen. Sie begibt sich auf Entdeckungsreise, liest Bücher, fragt andere Frauen, horcht ins sich hinein und lernt schließlich den tieferen Sinn der Wechseljahre verstehen: «Die Zeit der körperlichen Mutterschaft ist vorbei, die geistige Mutterschaft beginnt.»

Julia Onkens sehr persönliches Buch macht Mut, ihre Lebensfreude steckt an, man spürt die Kraft und die Freiheit, die sie in ihren Wechseljahren hinzugewinnt.

Aus dem Inhalt:
Im Wurzelreich der Urmutter – Feuerzeichen mitten im Gesicht – Das große Drama der begabten Frauen – Hurra! Ich bin tatsächlich in den Wechseljahren – Auftakt in die schöpferisch-geistige Lebensphase – Die geistige Mutterschaft – Die körperlichen Veränderungen als Gleichnis – Die Ergänzung durch das Prinzip des Männlichen – Der Wechsel in die Identifizierung im Geistigen – Heraustreten aus der geschlechtlichen Halbheit in die Ganzheit – Während die äußere Lebenslinie absinkt, steigt die innere an – Hinweise auf Literatur und Seminare.

Verlag C.H.Beck München

Frau und Gesellschaft

Michael Mitterauer / Reinhard Sieder
Vom Patriarchat zur Partnerschaft
Zum Strukturwandel der Familie
4., mit einem neuen Vorwort versehene Auflage 1991.
228 Seiten. Paperback
Beck'sche Reihe Band 158

Elisabeth Beck-Gernsheim
Die Kinderfrage
Frauen zwischen Kinderwunsch und Unabhängigkeit
2. Auflage 1989. 193 Seiten. Paperback
Beck'sche Reihe Band 362

Ute Gerhard
Gleichheit ohne Angleichung
Frauen im Recht
1990. 269 Seiten. Paperback
Beck'sche Reihe Band 391

Christa van Winsen (Hrsg.)
Schluß mit der Männerwirtschaft
Frauen in Beruf und Ausbildung
Mit einem Vorwort von Rita Süssmuth.
1990. 154 Seiten. Paperback
Beck'sche Reihe Band 406

Katharina Zara
Mein kriminelles Tagebuch
Aufzeichnungen aus dem Gerichtsalltag
2. Auflage. 1990. 104 Seiten. Paperback
Beck'sche Reihe Band 404

Sibylle Meyer / Eva Schulze
Balancen des Glücks
Neue Lebensformen: Paare ohne Trauschein,
Singles und Alleinerziehende.
1989. 252 Seiten, 8 Tabellen und 10 Schaubilder. Paperback
Beck'sche Reihe Band 381

Verlag C.H.Beck München